五代十国全史

黄巢起义

麦老师 ——著

中国出版集团　现代出版社

图书在版编目（CIP）数据

五代十国全史．Ⅰ，黄巢起义 / 麦老师著．— 北京：现代出版社，2020.8
ISBN 978-7-5143-8584-7

Ⅰ. ①五… Ⅱ. ①麦… Ⅲ. ①中国历史 - 五代十国时期 - 通俗读物
②黄巢起义 - 通俗读物 Ⅳ . ① K243.09 ② K242.409

中国版本图书馆 CIP 数据核字 (2020) 第 080998 号

五代十国全史 . Ⅰ, 黄巢起义

作　　者：麦老师
责任编辑：姚冬霞
出版发行：现代出版社
通信地址：北京市安定门外安华里 504 号
邮政编码：100011
电　　话：010-64267325　64245264（传真）
网　　址：www.1980xd.com
电子邮箱：xiandai@vip.sina.com
印　　刷：固安兰星球彩色印刷有限公司

开　　本：710mm×1000mm　1/16
印　　张：15.75　　　　　　　字　　数：240 千
版　　次：2020 年 8 月第 1 版　印　　次：2024 年 11 月第 5 次印刷
书　　号：ISBN 978-7-5143-8584-7
定　　价：39.80 元

前　言

　　冯小刚的古装大作《夜宴》上映，我弟弟看过之后，问了我一个问题："五代时有无鸾这个人吗？"因为是在电话里聊，我误以为他说的是"吴峦"，便回答说："有，不是太重要，但算得上一个真正的英雄！"后来，自己也看了一遍电影，我才知道，我是大错特错了。

　　那是无鸾，是大帅哥吴彦祖演绎的悲情王子，他的原籍是丹麦，原名叫作哈姆雷特。不是五代时那条正直刚烈的山东汉子；不是那个不顾被朝廷抛弃，仍率众英勇抗击外敌，屡败契丹人的云州知州；不是那位威武不能屈，在被叛徒出卖后，以身殉国的伟丈夫……

　　声称以"五代十国"作为历史背景的影片并不是只有一部《夜宴》，起码我知道的，还有张艺谋的《满城尽带黄金甲》和余明生的《独孤九剑》，这些大片的剧情尽管各不相同，但有一点是共通的：没有一个人物、一个事件，甚至一个国家，能在五代中找到历史原型。都是在"五代"这个羊头招牌之下，堂而皇之地贩卖着没有丝毫羊分子存在的狗肉。

　　虽然我认为戏说剧能娱乐大众，完全有其存在的必然性和合理性，但诸位大导演在"戏"乾隆的时候，至少不会把弘历是清朝皇帝这件事弄错；"戏"三国的时候，至少关羽、赵云、诸葛亮之类的真实人名还会出现一下，就算要捏造一个假人，如《见龙卸甲》中的曹婴，也还会给她安排个曹操当爷爷。像"五代"这样，既没有一个史实人物出现，也没有丝毫当时的社会特色（如在《夜宴》中，葛优仅凭一个口令，就让几个行刺吴彦祖失败的武士自杀那一幕，在五代几乎不可能发生），被影视"戏"得完全找不到北的时代，还是不多见的。

五代是一个灾难深重的不幸的时代，也是一个极为独特的时代。它有乱世的精彩，但又绝对不是之前三国或十六国的翻版。它在很多方面与我们平常印象中的中国古代格格不入。

这是一个将鲁迅先生的"吃人"这个词由文学比喻转变为大规模实践的时代，这是一个将"下克上"变成了惯例的时代（日本战国的"下克上"与五代比起来，完全是小儿科），这是一个全社会都弥漫着重武轻文与好勇斗狠风气的时代，这是一个实用主义盛行、忠义观念遭唾弃的时代，这是一个强大的地方自治与虚弱的中央权威并存的时代，这是一个将丛林法则发展到极致的时代……

大概可以用一句话概括：五代是中国历史上最彻底的乱世！

它是中国历史的一个重大转型期，对随后的中国产生了巨大的影响，不能了解五代横暴的人，也就很难理解之后赵宋的文弱，以及再往后直至明清，以文制武为何成为历朝不变的国策……

这些，大概就是我在踌躇良久之后，不自量力地想给朋友们展示五代的原因吧。

就像讲三国故事的人，从来不把曹丕代汉当作故事的开端，同样地，五代乱世序幕拉开的时间，也远早于朱温代唐。原先，我觉得最合适当作五代开端的标志性事件，是大唐中和四年（884）的"上源驿之变"，后来考虑，要交代乱世出现的背景，前面几年是不能省的，故而将叙事的开始时间，又上推九年。

虽然知道吴峦的人，可能永远也不会有知道无鸾的多，但在下还是不揣浅薄，希望能用简陋的文字，让更多不熟悉那个时代的朋友，了解一个比那些影视作品更接近真实的五代，于愿足矣。

是为前言。

目录

第一章

乱世的序曲

唐僖宗 黄巢 李晋王 朱温

僖宗皇帝和他的"阿父"

那是一个凉爽的秋天，有一大群体长只有几厘米的小生灵，扇动着它们灰绿色半透明的翅膀，正在华夏大地上做着逍遥自在的自助游。因为它们的数量比较庞大，远远超过了每年春运的人流，沿途自然会给当地带来一些麻烦，所以一路上，它们遮天蔽日，像移动的乌云，将几乎所有的绿色都吞进腹中，身后只留下光秃秃的黄土地和农夫绝望失神的目光。是的，你猜对了，它们的名字叫蝗虫。

它们的旅游路线，大致是从今湖北出发，北上扫荡了河南的庄稼，又向西进入了今天的陕西，前方目标就是当时全世界最大的城市，大唐帝都——长安。突然，蝗虫停下了前进的脚步，因为它们惊奇地发现：这里的天子无比圣明，这里的大臣都是贤良方正，这里的官吏全部恪尽职守，这里的百姓人人安居乐业！也许传说中的上古尧舜盛世就是这样吧？

蝗虫被眼前这一派安定团结的和谐景象深深打动，从而在心灵深处产生了强烈的共鸣，为自己曾给湖北、河南的人民带来的损失感到了真诚的忏悔！

显而易见，这不但是一群熟读儒家经典、通晓天人感应理论的知识型蝗虫，还是一群经世致用、知行合一的实干型蝗虫。亡羊补牢犹未晚，浪子回头金不换，意识到这一点，这群拥有崇高精神修养的蝗虫便做出舍己为人的伟大选择：它们拒腐蚀，永不沾，再不看一眼田野里那些即将收割的可口庄稼，用超乎常虫的顽强毅力，压制了自己填饱肚子的生理本能，绝不再吃一口粮食，紧紧抱着荆棘枯木，义无反顾地绝食而亡！

这是一群多么伟大的千古义虫啊！于是，这亘古未闻的义举很快便四处传扬，百姓感动了，大臣感动了，连大明宫中至圣至明的天子也被感动了……

这是发生在一千多年前的一段真实的谎言。

说它真实，是因为它确实以公文的形式，出现在了当时长安市长（京兆尹）杨知至的官方报告中，并且通过了大唐中央政府最权威的鉴定，证明此事真实可靠。帝国的精英，包括政事堂各位宰相在内，都被蝗虫的高尚行为震撼，为此特向皇帝表达了最诚挚的祝贺。大家都在感慨，陛下的圣德果然是地厚天高，连虫子都被感化了……

而说它是谎言的原因，就不用解释了吧？

在长安近郊，天子脚下，官员都可以如此明目张胆地糊弄朝廷，并且轻轻松松取得成功，其他地方还用得着说吗？

此时是大唐僖宗皇帝乾符二年，875 年。

今天的读者，尽可以把它看作一个笑话，但对于当年京畿的百姓来说，这意味着他们在大灾之年将得不到任何赈济，连上缴的两税也不会有任何减免。贫穷的人家，即将卖儿卖女，家破人亡……

一年前，暂时还有良心的翰林学士卢携，就在他的一篇著名的奏章中，为唐末这些小民的生存状况做了一番令人印象深刻的描述：

"臣曾亲眼看到关东（指潼关以东）去年的旱灾，西至虢州，东至于海，春麦的收成只有正常年景的一半，秋粮寥寥无几，冬季菜蔬几乎绝收。贫穷的百姓只能将蓬草的种子磨成细粉，掺和着冬季前采摘积存下来的槐树叶子下肚。还有人比这更为贫苦，惨状更难细述。年复一年地歉收，让还有点儿气力的百姓向灾情轻一些的其他州县逃荒，留下的全是最弱、最贫的饥民，他们没有地方可以投靠，只能坐困荒村之中，慢慢等死！

"朝廷纵然下达免除捐税的命令，也没多大意义，因为就算不免，也很难再收到一文钱。但实际上，各地州县政府仍然必须向三司（指盐铁转运、度支、户部这三个中央的财政部门）缴纳税金，所以各地官吏继续对穷苦百姓催逼勒索，动辄使用酷刑拷打，无所不用其极！但是穷苦百姓即使卖掉自己的小破屋，让妻子去当别人的奴婢，再把儿女出卖，所得的几个钱，也不过够税吏一顿吃喝而已，根本就到不了国库！更糟的是，在朝廷的正式税收之外，地方上还有五花八门的各种杂费和差役，对百姓层层盘剥！如果朝廷不马上采取行动，百姓将无法活命！

"请陛下赶快下旨，对于民间拖欠的捐税，应该一律豁免，不再征收。同时打开各地的义仓，从速赈济，才能使百姓熬到晚春。那个时候，各种野菜、树叶开始发芽，才有吃的，接着桑葚成熟，饥荒才能度过。眼下这几个月情况最为急迫，行动不可迟缓！"

书毕，上呈当今天子李儇（xuān）。

接到卢携此份上书这一年，大唐僖宗皇帝李儇未满十三岁，即位才几个月，按照今天的常例，小学还没毕业。李儇，原名李俨，爵位是普王，在被确立为新皇帝人选时才改的名。"儇"字的字义，是轻薄而有小聪明，不知是谁给他改的，竟能如此名副其实——真是太有才了！

本来，去世不久的一代昏君唐懿宗李漼有八个儿子，因为不曾立皇后，所以不存在嫡子，而李儇在八个皇子中排行老五，按照"有嫡立嫡，无嫡立长"的儒家礼法，皇位是轮不到他的。

不过，大唐帝国到中期以后，在皇帝由谁干这个大是大非的问题上，儒家礼法早就靠边站了，皇宫中的"公公"才拥有最终决定权。大唐帝国的宦官集团，是一个牛人辈出的"阴雄"（多耍阴谋的高手，故名）团体，那可不是一般的了得。

不比不知道，如清朝有名的所谓"大太监李莲英"，如果以唐朝同行的业务标准来看：他至死也不过是"老佛爷"的一个跟班，没带过兵，没杀过亲王宰相，没制造过皇帝，要什么没什么，还不如一头撞死得了，就别给咱太监行业丢人了！看看我们的业绩：从安史之乱结束时的代宗算起，到僖宗，大唐共出现十一个皇帝，其中就有八个的上台是由我们拍板决定的，超过了总数的三分之二，同时我们还杀了两个（宪宗、敬宗），吓死一个（肃宗），废掉一个（顺宗），狠狠地教育了一个（文宗）。至于杀个把亲王、宰相，那就和捻死个臭虫差不多，然后举朝吓倒如蝼蚁，试问天下谁能敌？

唐朝的宦官为何能如此牛气冲天？因为他们在制度下掌握了中央兵

权，正所谓：流氓会武术，谁也挡不住！

晚唐的军队大致可以分成两大体系，由各地节度使或观察使、采访使控制的藩镇军队和以左右神策军为主体的中央禁军（唐后期的中央禁军有十支，除左右神策军外，还有左右羽林军、左右龙武军、左右神武军、左右神威军，多数时候也由宦官控制，但与神策军相比，它们的实力和影响力均微不足道）。

藩镇军队是唐军的绝对主力（距此时间最近的唐军总数统计，在宣宗大中年间，共有"九十九万七百一十五人"，除去十多万中央禁军，藩镇军队数量超过八十万人），但自安史之乱以后，就有相当一部分藩镇脱离中央的控制，剩下那些还听命于唐廷的藩镇，对中央命令的执行力度也多半要打折扣。按当时的规定，藩镇军队在自己辖区内的开支由自己负责，一旦接受朝廷命令外出征战，一离开辖区，费用即改由中央拨款（自然，能不能足额及时发放是另一回事，一般都不够用，仍需本镇补贴）。所以各藩镇军队即使奉调出征，只要战事不涉及自身利益，离开本镇后，多数出工不出力，坐享朝廷的粮米银钱。

神策军原本也是藩镇军队，最早隶属陇右节度使哥舒翰，驻防临洮。后来奉命入援京师，防区让吐蕃人乘虚攻占了，从而因祸得福，变成了待遇优厚而工作清闲的中央禁军。神策军最初只有一千余人，但好工作自然会有很多有门路的人想方设法往里钻，所以神策军人数不断膨胀，后期保持在十万人左右，最多时高达十五万人。由于安史叛变后皇帝信不过外臣，从德宗朝起，神策军的两个最高职务左军中尉和右军中尉就固定由宦官担任。自此，直到朱温入京，在中央掌握兵权的，一直是这些"身残志不残"的公公。面对几乎赤手空拳的朝中大臣，掌握兵权的人，能不牛吗？

唐朝后期的宗藩制度也对宦官掌权非常有利。读过明史的朋友想必知道，在明朝，成年的皇子除太子外，都不能留在京城，而必须到封地就藩，称为"之国"。明神宗就是因为不愿意让爱子福王朱常洵"之国"，而和朝中大臣死磨硬蹭了多年，最终仍不得不向祖制屈服。而晚唐的情况则恰恰相反，自玄宗朝开始，皇子皇孙出生以后，就必须住在长安"十王宅"

（又称"十六宅"）和"百孙院"，没有特别允许，不能离开京城，也不能入仕或做别的营生，从此变成原生态的高级囚徒。

这种制度是为了防止皇子造反，或被外地强藩挟持，另立中央。但同时，它也为宦官集中管理收拾李唐皇族，以及后来强藩对皇族的集中屠杀，提供了非常大的便利，使在唐朝末年出现与中国多数朝代末年大不相同的情况：李唐皇族对局势的影响力近乎为零。

正是在这些"良好制度"的帮助和一代代"杰出"宦官的不懈努力下，大唐的宫廷逐渐被改造成一个大型的"皇帝饲养场"，平时负责生产"候补皇帝"，待现任皇帝出缺时，再从中择优选帝。当然，这个"优"，是从对"饲养员"有利的角度来衡量的，并非指对国家有利。

那么，从宦官的角度出发，一个怎样的皇帝才是好皇帝呢？对于这一重大的理论课题，在拥有丰富干政经验，积累下大量宝贵精神财富的大唐宦官界，早有达人进行了深入的研究。几十年前，一代名阉仇士良公公，在他功成身退之际，就用非常精辟的语言总结了自己一生的工作经验，堪称操作性很强的"皇帝使用指南"：

"对于天子这玩意儿，不能让他闲着没事干，我们要不断用各种好玩的、好吃的、好看的、好听的东西去引诱他，让他沉迷于其间，再无心管其他事。如此一来，天下大事都由我们掌控，想干什么就可以干什么了！尤其要注意的是，不能让天子读书！更不能让他接近那些读书人！否则，他就有可能知道前朝的兴亡故事，就会产生忧患意识，从而疏远排斥我们，那样麻烦就大了。"

懿宗临死前，神策军左军中尉刘行深、右军中尉韩文约两位公公，正是根据仇前辈留下的谆谆教导，而杀掉年长的皇子，拥立了李儇这株"好苗子"的。

李儇的"好"，就好在他贪玩。

据《资治通鉴》记载，李儇精通音律和樗蒲，对当时的骑射、剑槊、法算、蹴鞠、斗鸡等娱乐活动都很感兴趣，最拿手的则是打马球。有一次他曾对宫廷演员石野猪夸口说："假如有击球进士举的话，朕去赶考，一定能得状元！"总之，都不怎么用引诱，自己就已经沉迷于玩乐了，这样"优秀"的皇帝可不是次次都能选到的（要知道，就算是仇老前辈也曾看走过眼，立过一个很扎手的武宗皇帝）。

不过，打江山的也不一定就能坐江山，李儇即位后，真正能摆布帝国政府的人并不是刘行深和韩文约两位前辈。这要怪就只能怪大唐宦官实在是能人辈出，内部竞争太激烈了！

取代刘、韩两位的，是僖宗皇帝的"阿父"。

当然了，那位被埋没的击球状元，在血缘上的阿父肯定是懿宗皇帝李漼，现在已经被埋进了京城北郊的简陵，所以这个"阿父"自然不是他，而是另一个从生理上说，已经当不了阿父的人。这个人的名字，叫田令孜。

田令孜，字仲则，蜀地人，出身低微，自然，这是一句废话，出身高贵的人是不会去做宦官的。他原本姓陈，原名不详，后来认了一个姓田的不知名宦官为义父，才改成现在的名字。他在强人如林的同行中，原本只是个不起眼的小角色，但幸运的是，他被分配到普王李儇身边做事，早早接近了这位未来的天子，使他有了飞黄腾达的良机。

不过，古往今来，机会都只偏爱有准备的大脑，田令孜能够成功，更因为他是一个时刻准备着抓住机会的人。尽管当时普王李儇并不受宠（懿宗皇帝最爱的孩子，是郭淑妃所生的女儿同昌公主），但田令孜还是敏锐地认识到，这是一张有八分之一头奖概率的巨奖彩票！而且负责开奖的，并不是懿宗皇帝。既然如此，谁敢说普王就不会中奖？

因此，田令孜小心翼翼地保护着这张到手的彩票。他原本就通书史，精谋算，哄小孩儿的本事胜过多数幼儿老师。他常常带上一盘水果、一盘点心，陪着小普王一边吃，一边开心地聊天，终日形影不离。

五岁就死了母亲，也从来不被父亲关注的小普王不缺少点心，但最缺少亲情和关爱，他很快就把这个"可敬可亲"的田公公当成了自己无可替代的亲人，甚至连就寝时都要田令孜陪着他才能安睡。田令孜实际上已从心理上代替了他的父母。到后来，这个孩子这种畸形的情结进一步发展，甚至步当年东汉那位声称"张常侍是我父，赵常侍是我母"的孝灵皇帝的后尘，也称田令孜为"阿父"了。

数年后，懿宗驾崩，僖宗继位，田公公收藏多年的彩票中了头奖，被立即提拔为枢密使，变成宦官中最有权势的"四贵"（两枢密史和两神策军中尉）之一。

一个发展成熟的权力集团，内部总会分裂出各个派系，田令孜在巩固了他的"阿父"地位后，便巧妙地利用了小皇帝的能量和宦官集团内的派系矛盾，使自己脱颖而出。他先是与实力最雄厚的杨氏家族（宦官不能生子，所谓"家族"是通过养子这种虚拟亲属关系建立起来的，如汉末奸雄曹操，就是大宦官曹腾的名义孙子）合作，于乾符元年挤走了韩文约，又于乾符四年逼迫刘行深退休。扳倒两个老前辈后，田令孜拉拢在右神策军中人脉颇深的西门氏家族，联手打压前盟友杨氏家族首领杨复恭，登上左神策军中尉的高位，成为大唐宦官中的第一人。更由于僖宗对他的无比信任和依赖，至此，朝廷政事基本上都由田令孜说了算。田公公权倾一时！

修身、齐家、治国、平天下，是儒家的理想人生。但对于很讲实际的田公公来说，身和家都是天然残缺的，自然也就没有治国平天下的动力，权力在手，就是用来创收的。

一个大进项是卖官，田公公成了各色官服的批发商（按唐制，一至三品官的官服为紫色，四品绯色，五品浅绯色，六品深绿色，七品浅绿色，八品深青色，九品浅青色），甚至出售紫色或者绯色官服时，都不用知会僖宗皇帝一声。

不过，大唐的官职爵位，毕竟是有名额限制的，光靠这项收入，来钱还太慢。为了满足小皇帝的任意挥霍赏赐和自己中饱私囊的需求，田公公采取了操作更简便的"拿来主义"，派人清查长安东西两市所有商人的家产，看看有什么值钱的东西，然后全部没收，送进内库。有人胆敢不服，就抓起来，交由京兆尹杨大人（就是那位奏报"仁义蝗虫"的杨知至），大棒打死！

自然，这类不和谐的画面，小皇帝是看不见的，他看见的，只是可敬的田"阿父"能力超群，总能像变戏法一样，给他弄来大批钱财，让他玩得更开心。这个世界真美好啊！

所以，当小皇帝看到卢携的上书时，还是受到了不小的震动。他只是年幼，贪玩，不懂事，并不是本质恶毒。他立即下旨，批准卢学士的建议，让有关部门遵照办理。

不过，天真的李儇显然不懂：当圣旨没有有效的执行监督手段时，免税和赈济带来的亏空没有有效的填补手段时，从收税中能够大量牟利的各级官员和吏员仍然负责实际操作时，这道圣旨就不可能不变成一纸空文。

于是，大唐各级地方政府用文件落实文件，很快就将此事大事化小，小事化了，消失于公文往来之间。而下达圣旨的僖宗皇帝，估计也在愉快的马球赛中，将此事忘到九霄云外去了。

不久，连它的首倡者都不再热心了，因为卢学士高升了。卢携上书之后，通过今天我们已无法确知的幕后交易，他经田令孜推荐，被加授同平章事（全称"同中书门下平章事"），此后便全力配合田令孜，在外朝与其一唱一和。

那个曾为民请命的卢学士不见了，多了一个为田公公当走狗的卢相国，一个本可能成为国家柱石的人，再次被环境加工成了国家蛀虫……

厕所中的"能臣"

这一年的正月初三，在大唐朝野得到交口称赞，被公认为文韬武略均是一时无双的能臣高骈，由天平（总部郓州，辖区在今山东西北部）节度使调任西川（总部成都，辖区在今四川中部）节度使。这次人事调动的原因，是南诏国（此时的真正国名是"大礼"）皇帝酋龙（原名"世隆"）又一次入侵巴蜀，已攻抵雅州（今四川雅安）。

之所以说"又"，是因为在酋龙这个好战的南诏君主当政十六年来，这已经是南诏军第七次大规模侵入大唐了，仅对巴蜀地区而言，也已经是第四次了。

虽然今非昔比，大唐的边境早已不是严防死守，但让一个西南小国一次又一次地习惯性蹂躏，仍然是让大唐备感痛苦和丢面子的事。于是，朝廷决定选派能人，担当西川重任。这位曾于安南（今越南中部、北部，时属大唐领土）大破南诏军的高节帅（"节帅"是当时对节度使的尊称），就成了朝野上下的希望所在。大家都指望他能出手不凡，在巴蜀之城再建安南的辉煌。

高骈，字千里，其祖父是曾位至南平郡王、官拜同平章事的中唐名将高崇文，父亲高承明也是神策军中的高级将领，算得上系出名门。从高骈的人事档案上看，他也确实值得众人期待。

据说高骈在年轻时任军中司马，曾一箭射落双雕，技惊同僚，号称"落雕侍御"。升任大将后，高骈先后败党项、破南诏、复安南，战功赫赫，在此时的唐军将帅中首屈一指。同时，这员名将自幼便与儒士交往，勤学好问，喜欢谈经论道，同时是一名有很高学识修养的诗人，文采不俗，有诗集一卷传世，其中一首《山亭夏日》最为有名：

绿树阴浓夏日长，楼台倒影入池塘。

水晶帘动微风起，满架蔷薇一院香。

诗歌在大唐的时尚程度，如同六朝的清谈，此道的行家里手自然会赢得众多的赞誉，为其原本就光彩照人的履历增色不少。

背负着众人期望的高大帅，一出手便不同凡响。他才到剑州（今四川剑阁），便命成都大开城门，并解释说："我曾在交趾大败南诏的二十万大军，他们听到我来，逃都来不及，哪里还敢侵犯成都？现在春天已到，气温回升，如果让几十万人继续挤在一座孤城里，难免不发生瘟疫。"稍后的事实证明，南诏皇帝非常配合高骈的豪言，果然在得知高骈将到任后，就不敢再打了，从雅州解围南撤。

高骈干净利落地赢下了第一个回合，不过接下来的事，就没那么好办了。

　　一人，一团体，乃至一国，常有两件事是很重要又很不好干的：一是挣钱，二是花钱。不好干的原因是，挣的钱常常不够花。比如，高骈刚刚走马上任的西川。

　　西川原是天府之国，沃野千里，物产丰富，在唐中期以后，天下有"扬一益二"（扬州第一，成都第二）之称，本属大唐的富庶之地，不差钱。但财主再有钱，也斗不过好劫匪，在南诏十余年来一次次串门式的侵掠骚扰之下，大片田地抛荒，百姓逃亡，官府的仓库也随之大幅瘦身。更糟的是，高骈到成都可不是一个人来的，他还带来了天平、昭义（总部潞州，辖区在今山西西南及河北南部一块）、义成（总部滑州，辖区在今河南北部）三镇的特遣兵团，一下子增加这么多张吃财政饭的嘴，使本就已经很拮据的西川库府更加难以为继。所以，精兵简政，势在必行。

　　哪些倒霉蛋会被优先裁掉呢？自然，高骈是不会拿自己的心腹下手的，削减预算的刀，首先要宰向那些最缺少关系的人。

　　几年前，酋龙第三次进攻西川，南诏军一直打到成都城下，而城中兵微将寡，几乎不能抵挡。当时守卫成都的唐将杨庆复，认为重赏之下必有勇夫，于是用最高的价码（每个人都能占有实缺编制，薪饷与赏赐也高于常规），招募三千名具有敢死队性质的新军，号称"突将营"。在那次战斗中，突将营为保住成都立下了汗马功劳，成为西川镇最精锐的地方部队。但同时，由于突将营属于"破格"进入的人员，与官方、军方其他旧人的联系不深，一旦杨庆复卸任，就变成了没娘的孩子。你说，我不宰你宰谁啊？

　　于是，高骈一到差，就收缴了突将营所有官兵的委任状，剥夺他们的身份。然后，又声称因为财政困难，终止了突将营的军饷发放。有人不服，就大刑伺候。

　　不仅如此，高骈出兵追击南诏军，集合队伍之后，先要施展巫术，烧些纸人纸马，又朝天撒豆，并得意扬扬地对众军士宣称："你们蜀地的军队胆小怕事，打不了仗，所以我派神兵先行！"

　　先是政治打击，接着经济压迫，现在又无视突将营曾经立下的功勋，对他们进行公然的人格侮辱！只要还是个人，岂能不怒？

四月的一天，这团压抑的怒火不知被什么原因引爆了。大批赤手空拳的突将营官兵，突然大声鼓噪着，冲进节度使的官邸，要找高骈算总账。

惊慌失措之下，高大帅往日的英明神武完全没了踪影，东躲西藏，神案上英勇的"纸神兵"和"豆神兵"也不见赶来救驾。最后，冲不出去的高大帅慌不择路，逃进了府衙内的厕所，暴动的突将营官兵在官邸内四处搜索，竟然没能把他找到（在下怀疑有一点儿洁癖的高大帅是不是跳了粪坑，不然，藏身厕所，也算不上有多隐蔽）。

片刻，高骈从天平镇带来的五百名全副武装的亲兵卫队赶到，为营救高大帅，他们也冲进节度使衙门，试图打垮暴动的蜀兵。狂怒的突将营官兵毫不退让，冲入公堂，夺取两侧作为仪仗使用的武器，拿不到武器的，随便找一根木棒，与高骈的亲卫队恶斗起来。

结果，横的还是怕不要命的，一场群殴下来，装备精良的高骈亲卫队竟然招架不住，败回营房，闭门死守。不过他们的目的已达到，高骈还是得救了，突将营官兵离开了节度使衙门，追击亲卫队，一直追到营门前，但一时也冲不进去。

僵持间，成都的另外一个头面人物，西川监军宦官派人出场了，堆着笑脸，向暴动的突将营官兵说了一大堆好话，保证恢复他们原有的职称，发还被扣下的薪饷及服装、食品补贴。条件得到满足，突将营官兵本来就不算多的战斗意志也就消退了，便纷纷返回自己的营地。

高骈的天平亲卫队等突将营官兵走远，突然打开营门，威风凛凛地杀出来，做出搜捕叛军的架势，直扑城北。此时城北正在维修球场，有几百名工匠在那里施工，没想到祸从天降，杀气腾腾的天平亲卫队将工地包围，将这几百名无辜的工匠全部杀掉，然后砍下人头，去向高骈报功请赏：作乱的叛军已经被我们全部消灭了！

第二天，高骈贴出布告，公开向突将营道歉，表示自己一定会改正一切错误，完全恢复突将营原有的待遇。

不过，这并不是事件的结束，而是阴谋的开始。高骈让自己的心腹在私下里秘密调查突将营每名官兵的情况，准备着血腥的反扑。

两个月后，一天深夜，高骈突然调动大批军队，将突将营官兵的家分别包围，然后破门而入，将住宅里的所有人，不分男女老幼，统统拖出去砍头，然后将尸体一车车拉走，扔进岷江！顿时，成都古城被哭喊声淹没！有不少还在襁褓的婴儿，被从哭号的母亲怀中抢走，直接摔死在台阶或门柱上！

有一个在哺乳中被夺去孩子的母亲，在临死之前，对天发出悲愤的诅咒："高骈，你无缘无故剥夺有功将士的职务、薪俸，激起众怒，侥幸逃脱后，又不反省自己的过错，反而用诈术滥杀无辜，万余名冤魂和天地鬼神都在，岂能容忍你的罪恶？我死后一定要上告天帝：终有一天，要让你像我们今天一样被全家屠杀！让你像我们今天一样受尽冤屈和污辱！让你像我们今天一样惊慌、恐惧和无助！"

大屠杀结束了，冤死者的鲜血很快会被冲洗干净，成都市面秩序井然，人心稳定。没人会因这次杀戮而受处分，高骈会因为办事干练，果断制止骚乱蔓延而获得新的赞誉。要知道，高大帅不仅是在地方上声名显赫，他在朝廷的后台同样坚实无比：那便是卢携卢相国和"阿父"田公公！

一年后，他还会因为重修成都外城有功，加授检校司徒，进封燕国公。

但，冤死者的诅咒，悠悠苍天，是会记住的……

平心而论，高骈在此时大唐的封疆大吏中，仍属于较为优秀、能干实事的一个。他作为"南诏克星"，并不是浪得虚名，他主政西川以后，西南边境确实实现了大体上的安宁。甚至他打压突将营的动机，也不能说完全没有道理。大唐的其他大部分封疆大吏，能力还远远不如他。

但我们从"突将营事件"的前因后果，从高骈和其天平亲卫队的所作所为不难看出，这已经是一个什么样的世道！以此推之，可知此时大唐的官场已经达到怎样黑暗肮脏的程度！所谓能文能武的高骈，也不过是这座巨大茅房中的"能臣"而已……

天下藩镇

今天首都北京西城区广安门火车站附近，一个方圆大约 8.2 平方千米的长方形区域，就是一千多年以前大唐帝国的幽州城。

当年发动叛乱的范阳、平卢、河东三镇节度使安禄山，就是在这里起兵造的反。安禄山、史思明父子相继失败之后，这里变成了大唐强藩卢龙镇的总部所在地，依然是个时时出事的新闻热点地区。比如，本年度的六月（高骈在成都大开杀戒的同月），卢龙镇发生重大人事变动，首领换人了。

所谓藩镇，有时也被称作方镇，最早出现在玄宗年间。当时为防御周边族群，在大唐的北方和西南边境设置了著名的天宝十镇。那时藩镇数量并不太多，区域仅限于相对落后的边疆地区，独立性也仍然有限。谁知在安史之乱开始后，大唐中央军连战连败，不久就丢失了洛阳、长安两京，玄宗皇帝在仓皇出逃途中，被迫饮鸩止渴，在中原内地"分命节帅以扼要冲"，并且大规模放权，下诏准许各地节镇自募军队，自调兵食，自署官吏。从此以后，藩镇变成了军政一体、独立性很强的"特区"，并且越来越多，遂渐遍布全国，致使"特区"不特。最后，唐王朝的中央直辖区只剩下两京附近的一隅之地。

藩镇的首领一般是节度使，如卢龙镇就是如此，有些藩镇级别不够，首领又称防御使或观察使等，有时还会出现另外一个名称"留后"，这不是正式官名，而是代理节度使或代理防御使的意思，表示自发上台，尚未得到中央承认的非正式首领。

如今新上任的，就是一位未经中央任命的"留后"，大名李茂勋（本书还会出现一个李茂勋，大家可以称这位为"李茂勋一号"）。不过不要被这个汉人味十足的名字给骗了，其实就在三十年前，他还是回鹘阿布思部落的一个小头目，肯定不姓李，甚至史书上也没有留下他的原名。后来回鹘的乌介可汗被当时的卢龙节度使张仲武打败，这个小头目没同他的多数族人那样西迁，而是投降了张仲武，变成卢龙军将领。积累一些功劳后，他受赐如今的姓名。

卢龙的前任节度使名叫张公素，因为上任之后，表现暴戾，致使支持率下降，而不支持率骤升。与此同时，卢龙老将，李茂勋的上级领导，纳降军使陈贡言的人气度正高，被士卒视为新节度使的理想人选。

于是，心怀叵测的李茂勋认为机会难得，暗杀了陈贡言，然后打着他的旗号，率军直扑幽州。张公素出战，因为军心不附，被李茂勋打败，连幽州也不敢回，便弃军逃往长安。等叛军进了城，幽州人才知道来的不是陈贡言，不过这也没什么，大家将错就错，李"留后"顺利上任。

按照大唐帝国在高宗永徽年间制定的《唐律疏仪》，里面有十项罪行被认为是极其严重、不可赦免的，即所谓的"十罪不赦"。

其中第一条为"谋反"，"谓谋危社稷"，意指策划、实施推翻现有政权。

第九条为"不义"，"谓杀本属府主、刺史、县令、见受业师。吏、卒杀本部五品以上官长；及闻夫丧，匿不举哀，若作乐，释服从吉及改嫁"，简而言之，下级官员杀害上级领导，就是不义。

总之，按大唐律法，李茂勋的行为已经同时触犯了两条"十恶"大罪，可以这么说，性质非常恶劣，后果极其严重，社会危害性极大，怎么严惩都不过分！

但是，在长安方面得知卢龙镇发生的这次"谋反"加"不义"的恶性事件后，大唐朝廷却显得极为淡定，表现完全不像是自己国内发生的事。

不久，朝廷发下的旌节送到了幽州，李茂勋只干了两个月的留后，就转正为节度使，非法的"反对派"没遭遇任何麻烦，就变成了中央承认、合法注册的"执政当局"。

没天理是吧？没王法是吧？不过，你如果了解到，这时距离大唐朝廷上一次"尊重卢龙人民的选择"，让张公素张留后转正为张节帅，才过去三年零三个月，就不会大惊小怪了。就是嘛，李茂勋固然不是个东西，也不见得会比张公素更不是东西，就算他真比张公素更不是东西，朝廷又能如何？

大唐帝国早已患上了一种被称为"藩镇割据"的不治之症。其病状，很像日剧《一公升眼泪》中，女主角池内亚也所患的脊髓小脑萎缩症，即大脑慢慢失去对身体各部分的控制，最初只是手脚不灵便，渐至半身不遂，最后连说话的能力都丧失了，而且在这个过程中，即使治疗得当，顶多是症状偶有改善，不可能被真正治愈。不过，在天下大乱的导火线被黄巢正式点燃之前，这个进程并不算快，在乾符二年时，朝廷对大多数藩镇仍有相当的控制力，像卢龙这种差不多相当于外国的藩镇仍属少数。

总的来看，朋友们可以将大唐的藩镇近似看成东周时的诸侯国，在黄巢起义以前，大家的冲突基本上点到为止，这是大唐的"春秋时代"。到黄巢起义以后，彼此之间开始了真正你死我活的生存竞争，进入大唐的"战国时代"。因为在未来的数十年间，它们将成为神州大地上的真正主角，所以在下觉得，虽然可能略显枯燥，但在讲述未来的故事之前，最好还是简单介绍一下几个最重要的"大唐诸侯国"。

先介绍一下几位老牌明星吧。

魏博镇，老资格的割据者——"河朔三镇"之一，由安史叛将田承嗣建立，堪称天下至乱之源，曾多次领头和大唐中央政府对着干。总部魏州（今河北大名），辖区包括魏、博、相、澶、卫、贝六州，大致相当于今河南北部和山东东北部一部分。地方富庶，人口较多，民风强悍，军力不俗，在诸藩中属于强镇，本年节度使为韩简。

成德镇，"河朔三镇"之一，由安史叛将李宝臣建立。总部镇州（今河北正定），辖区包括镇、赵、深、冀四州，大致相当于今河北中南部。成德原为强镇，但自从易、定二州分离为义武镇，沧州分给义昌镇之后，实力大衰，变成三镇中的软柿子，在天下诸藩里边算中等。可能正因为实力不够强，它在三镇中对朝廷最为友善，内部也相对最稳定，本年节度使为王景崇。

卢龙镇，也称作幽州镇，"河朔三镇"之一，由安史叛将李怀仙建立。总部幽州，辖区包括幽、檀、蓟、妫、涿、莫、瀛、平、营、顺、儒、新、武，共十三州，大致相当于今河北北部、京津地区以及辽宁西部。在三镇中领土最大，超过了魏博镇与成德镇之和，但富庶度稍差，是当时最强的藩镇之一，本年节度使先为张公素，后为李茂勋。

明星也是会过气的，所以在接下来的数十年里，身处聚光灯中心的藩镇并不是它们，而是下面两个。

宣武镇，总部设在汴州（今河南开封），辖区包括汴、宋、亳、颍四个州，大致相当于今河南东部一部分和安徽北部一部分，本年节度使由宰相王铎兼任。宣武镇因地扼大运河与黄河的交汇之地，交通便利，经济较发达，是江南财帛输往关中的重要中转站，对朝廷意义重大，但所相邻的四面藩镇都不算弱，且四面无险可守，是所谓的"四战之地"，在当时诸藩镇中基础实力只能算中上。在乾符二年时，还很难看出它将在今后约两百年的时间内，成为中国的政治中心。

河东镇，总部太原府（今山西太原），又称晋阳，辖区包括太原府与朔、岚、汾、代、忻、仪、石、沁，共一府八州，大致相当于今天山西中部与北部的大部分，地方广大，兵力强劲，为诸藩镇中的强藩。这里曾是大唐帝国的龙兴之地，不知是否真的因为有王气所聚，它在未来的年岁里，又一次次成为新王朝的培育基地。河东镇本年节度使为萧邺，将来的各种风云变幻，与他毫无关系。

一幕剧情错综复杂的大戏，不是仅靠几个主角就能演下来的，除此之外，还有一些重要配角也值得一提。

忠武镇，总部许州（今河南许昌），辖区包括许、陈、蔡三个州，大致相当于今河南东南部，本年节度使为杜审权。在影响了五代时期的藩镇中，忠武镇是个有点独特的地方，它辖区不大，约为大唐的百分之一（此时大唐的州、府总数在三百个左右），也从未成为强镇。但这里曾是三国时曹魏王朝龙兴之地，可谓藏龙卧虎。将从这里走出的风云人物，数量颇为众多，今后将一一认识。

淮南镇，总部扬州（今江苏扬州），辖区包括扬、楚、滁、和、庐、舒、光、安、沔、泗十州，大致相当于今江苏、安徽两省的中部以及河南一小块，是大唐最大且最富的藩镇之一，本年节度使为刘邺。几百年前，曹操与刘备在许都青梅煮酒论英雄，刘备头一个便说："淮南袁术，兵精粮足，可谓英雄？"以袁公路的草包程度，就因为占有了淮南，便得到了一个"英雄"候选人的名额，可知这块地方，在东汉末年就已经很发达了。到了唐朝，淮南发展更为迅速，扬州已成为富庶的代名词，得到它便意味着拥有雄踞一方，甚至逐鹿天下的资本。

西川镇，总部成都府，辖区包括成都府与戎、眉、茂、彭、雅、蜀、嘉、汉、黎、简、邛，共一府十一州，相当于今四川中部，是"剑南三川"（指西川、东川、山南西道）中最大、最强的藩镇，本年节度使前面已介绍过——声名赫赫的高骈高大帅。自古以来，素以山川险固著称的巴蜀，便是军阀割据于乱世的最佳选择，而要控制巴蜀，必先控制西川，对即将到来的五代时期，自然也不例外。

凤翔镇，总部凤翔府，辖区很小，只包括凤翔府和陇州，共一府一州，相当于今陕西西部一小块，本年节度使由宰相令狐绹兼任。论基础条件，凤翔镇可谓又小又穷，但由于它紧靠长安，加上一些复杂的历史因素，凤翔节度使常常成为关中诸镇的领袖，其影响力一般都会越过凤翔府，成为左右朝廷政局的一支举足轻重的力量。

好了，我们已经拜访了在875年时，大唐这座外表依然巍峨的"帝国大厦"，看过它的地基，认识了它的业主（僖宗李儇）和物业公司代表（田令孜），以及几位大厦维护人员（杨知至、卢携、高骈、李茂勋），还简单参观了其中几个房间（藩镇）。想来已经清楚，此时的大唐帝国，已经不再是那个曾让中国人无比自豪的大唐，不再是贞观之治、开元盛世的大唐，它在不久的将来轰然倒塌，并不是出人意料的事！

序幕已经拉开，就让正剧上演吧……

第二章
王、黄起兵

唐僖宗

黄巢

李晋王

朱温

数风流人物，还看盐贩

假如在乾符二年的年底，让大唐史官做一个"年度要闻回顾"，在长垣（今河南长垣）和冤句（今山东菏泽马头集），先后有两个盐帮头目聚众造反这档子事儿，可能还进不了"十大"。

【作者按：王仙芝起义的时间，在正史中有两个不同的记载，一为乾符二年五月（见《旧唐书·僖宗本纪》），一为乾符元年末（见《资治通鉴》）。相比之下，个人认为前者较为可信。前文说过，唐廷在乾符二年正月，将名将高骈从天平调任西川，另换素不知兵的薛崇接任天平节度使，同时抽调天平、义成、昭义三镇军队驰援成都。王仙芝起兵的地点长垣属于义成镇管辖（黄巢起兵的冤句属于天平镇管辖），假如他在乾符元年起事，唐廷似不可能做出这种火上屋顶时还关水闸的决策。反之，王仙芝如起事于乾符二年五月，则正好利用了中原唐军抽兵调将，实力大为减弱的空子，不管从唐廷，还是从王、黄方面来说，都比乾符元年一说在逻辑上合理得多。方积六先生在《黄巢起义考》一书中，比较了各种史料的异同，也认为王仙芝起义的真正时间应在乾符二年五月，仅比黄巢起义早一个月。】

这一来是因为这年头造反的报告太多，中书门下那几位同平章事的耳朵都快听出茧子了：三月，感化军闹事儿；四月，西川发生成都突将营暴动，而浙西的狼山镇遏使王郢的造反，更加声势浩大，聚众达一万余人，船队横行长江下游以至两浙、福建，连克苏州、常州，重创国家的摇钱树，其声势丝毫不比稍后的北方那两个盐贩子小；五月，盐贩王仙芝在长垣造反；六月，盐贩黄巢在冤句造反，同时卢龙镇兵变，李茂勋驱逐了张公素；

十月，昭义镇兵变，赶跑了朝廷任命的节度使；入冬以后，大批失去正常生路的饥民，更让中原大地变得遍地皆"贼"，支数已经多到没法准确统计（想想卢携的奏章和蝗虫的"义举"，这种状况出现的原因，应该不难明白了）！一片叶子一旦放进一堆叶子，它也就不那么醒目了，这道理是很好理解的。

二来，也是因为田公公和大唐的不少官吏都充满爱心，很注意"保护"大明宫中那个未成年天子的健康成长。对孩子，就应该多向他们展现光明的一面，如那些了不起的蝗虫。像造反杀人之类的负面消息，血腥暴力，你怎忍心告诉少年天子？

因此，在很长一段时间内，僖宗皇帝根本不知道，在山东那边已经发生怎样的大乱子了。

但在很多年后，重新审视历史的人们，会发现其余的事件都很快变成了过眼云烟，而黄巢起兵，才是本年度的第一大事，它成为引爆天下大乱的最重要的一根导火线，并在后世以"黄巢起义"或者"唐末农民革命战争"的提法，浓墨重彩地写入了中小学历史课本。

不过，同历史课本上多数"农民战争"一样，这次领头的也不是农民，而是按当时法律来看，是挖国家墙脚的非法商贩。

那时贩盐违法，是有经济方面的深刻背景的。

在大唐帝国，除掉两税，盐铁专卖就是朝廷最大的收入进项了，而其中又以食盐专卖最为重要。毕竟铁是耐用消费品，如一把菜刀只要保护得好一点，爷爷传给儿子，儿子传给孙子，孙子传给重孙子，那也不是不可能的。人却不能不吃盐，而一袋盐巴，够吃多久？一旦对它实施垄断经营，还能不财源滚滚，赚个盆满钵满乎？比如，就在乾元元年（758），食盐专卖刚开始执行那一年，盐价就由专卖前的每斗十文上涨为每斗一百一十文（到唐后期涨到每斗三百文以上，而且请注意，铜钱不是纸币，它不那么容易大幅贬值），这是多么巨大的利润空间啊！（在下想，假如水资源不是这样多，这样易得，大唐帝国很可能会出台"饮用水专卖制度"。）

到代宗大历年间，大唐在食盐专卖上取得的收入达到顶峰，每年六百万贯（理论上一千文铜钱为一贯），号称"天下之赋，盐利居半"！当然，这是古人写史时常用的夸张手法，并不属实。据《通典·赋税下》记载，德宗建中年间，两税收入总额是钱三千万贯、粟一千六百万斛。按一般粟一斛合钱五百文算，总计三千八百万贯，盐利收入只相当于两税的百分之十五点八。

但到唐末，垂垂老矣的帝国早已半身不遂，对不少藩镇失去了控制，根本不能从那些地方收到一分一文。即便是那些仍然听命于中央的藩镇，为应对内外的威胁，也多数卷入了不见尽头的军备竞赛，收到的捐税供养自身都不容易，实在没有多少盈余能上缴中央。正常的两税征缴变得越来越困难，税收收入不断减少，对比之下，只要控制了少数产盐地，就能坐地收钱的食盐专卖制度，由于征收成本低，操作难度小，下降幅度也相对要小一些，其优越性越发明显。

比如，宣宗大中七年（853），朝廷总收入只剩下九百二十五万余贯，其中两税五百五十万余贯、茶酒税八十二万余贯、盐利二百七十八万余贯，盐利收入占财政总收入的百分之三十，已上升到两税的百分之五十点五。

美中不足的是，制盐业并不是一个技术门槛很高的行业，巨大的利润空间加上复杂程度有限的制作工艺，必然会给大唐政府创造出海量的私人竞争者。显然，假如百姓能买到便宜的私盐，就不会选择昂贵的官盐，这不是靠一纸法令就能真正制止得住的。一个前途远大的朝阳产业——私盐贩应运而生。他们的经营活动，重创了帝国政府的盐利收入。

帝国政府对有人敢从自己盘中夺食，自然会感到分外不爽。想想看吧，在我们州官放火的时候，竟然有百姓点灯？反了你！钱帛攸关（唐朝的流通货币以铜钱和绢帛为主），是可忍，孰不可忍？

因此，帝国政府不断出台对制贩私盐的惩治办法。据《新唐书·食货志》记载："一斗以上杖背，没其车驴，能捕斗盐者赏千钱；节度观察使以判官、州以司录录事参军察私盐，漏一石以上罚课料；鬻两池盐者，坊市居邸主人、市侩皆论坐；盗刮碱土一斗，比盐一升。"最严厉时，私自制贩盐达到一石（约合五十三千克），即可处死！

不过，仅靠这些，就能禁绝私盐，让官府独享盐业盘中的那块大蛋糕了吗？

私盐从来就不曾被大唐帝国的严打禁绝，一次次的严打反而锻炼了盐贩，就像被抗生素锤炼出的耐药菌。正是在帝国政府的严刑峻法和重拳打击下，私盐行业如大浪淘沙，胆量和魄力稍差一点的朋友全部被淘汰出局，剩下的私盐贩子，全都是胆大包天，勇气过人，具有亡命徒气质，要钱不要命的主。

显然，要吃这碗饭，就得同大唐政府的缉私部门斗智斗勇，靠单打独斗是不行的。为了利润和生存，私盐贩子拿起刀枪，组成了一个个武装走私团体。他们整日里行走江湖，纵横大江南北，广交各地黑道白道的朋友，神通广大。不久大家就会发现，在未来数十年间的风云人物中，出身是私盐贩子的比例也空前地高。就这样，大唐帝国通过饮鸩止渴式的食盐专卖制度，间接为自己的灭亡做好了人才储备工作。

盐贩不容易，天天过的都是火中取栗、刀口舔血的日子，尤其是如今，经济那叫超级低迷，旱、蝗相继，千里赤地，阊无炊烟，野有饿殍，连私盐都不太好卖了！

现在，就让我们对一位大唐乾符年间的私盐贩小头目，进行一次假想的跟踪采访吧。

在人迹罕至的山间小道上，这位小头目正和几个伙计一起，赶着几头驴，驴身上背的，除了从河中解县那边盗采的十几石食盐，还有暗藏的刀枪。他们一路南来，寻机贩卖。谁承想，霉气无比：很多村庄已渺无人烟，而收不上两税的官府更加重视盐利收入，进一步增强严打力度，结果害得他们这一路，碰上缉盐衙役的概率比碰上买盐主顾还高，这生意真没法做了！

不过还好，他们在两天前和均州盐帮的王八（王家老八）商量好了，王八愿意完全吃下这批货，只是价钱要打打折扣。虽然这位小头目的几个伙计都不太情愿，说王八这个人信誉不好，上次和他做买卖时，他明明说好用足陌钱付账，可收到一数，全是短陌钱（理论上，每一千文铜钱为一贯或一缗，每一百文铜钱为一陌，但大唐的货币发行量低于经济的实际需要量，因此在民间流通时，出现了不到一千文也算一贯，不到一百文也算一陌的现象，不足一百文的一陌即称短陌）。但话又说回来，如今这私盐市场不景气不说，非经营性风险还格外大，能够一次把这批货脱手已属不易，大家也没资本再挑肥拣瘦了。

好，快到说好交货的那片林子了，小头目多了个心眼儿，他让毛驴停了下来，吩咐一个伙计去前边探探路，如果情况不正常，就放支响箭。

这伙计刚走，却见一个身材中等的白脸汉子突然从旁边的林间便道跑了出来，一把拉住了小头目，低声叫道："孟掌柜，快走！"

"等等，你是谁啊？"吓了一跳的小头目问道。

"在下曹州黄六先生的外甥林言。"白脸汉子答道。

"哦，原来是黄六先生的人，出什么事了吗？"

"孟掌柜还不知道吗？王八反水了，带着他那帮人投了官府，现在已经在忠武军中当上了军官，正抓其他贩盐的兄弟当投名状呢！"林言话未说完，远处一支鸣镝带着尖锐的啸声，划破了山谷的宁静。小头目情知不妙，忙抛弃驴和盐，带着其余的伙计，由林言带路，急速顺小道逃走。

一个时辰过去了，他们总算躲开了追捕，逃到了安全的地方。这个姓孟的小头目出离愤怒了："这个该死的贼王八！当初他在许州偷盗事发，被关进官府的死囚牢，还是我一个远房的族叔救的他，将他偷放出来呢。今天他要改行吃官饭倒也罢了，可竟然拉我孟楷当垫脚石，真真是太不仗义了！"

"就是，"黄六先生的那位外甥林言附和说，"现在盐不好卖了，换个营生吧。濮州的王大帮主正打算拉起杆子和官府干呢！"

"这个，我也听别人说了，也不是不行，但是……"

"而且，你没听到那句民谣吗？"林言突然一脸神秘，压低了嗓音。

"什么？"

"金色蛤蟆争努眼，翻却曹州天下反！"

翻却曹州天下反

在这句下里巴人级的民谣中，"金色"，就是"黄"的意思，曹州姓黄的人物还能有谁？当然是黄六先生了！

所谓黄六先生，正是在后世大名鼎鼎的黄巢。他生于曹州冤句县（今山东曹县西北），一个世代靠贩私盐发财的富商之家，在兄弟中排行老六，所以又有"黄六"之称。

这位黄家的小六子，自幼就显得天资过人。传说在他八岁那年（也有说法是五岁或六岁时，但在下感觉那样似乎过分天才了），他的父亲和祖父以菊花为题联诗，父亲先成两句，祖父一时未及对出后句，小小的黄巢便脱口对出两句："堪与百花为总首，自然天赐赭黄衣。"

父亲怪他没有礼数，但祖父对小孙儿的表现颇为吃惊，不予怪罪，要他尝试着重作一首。片刻之后，小黄巢写下了以下诗句：

> 飒飒西风满院栽，蕊寒香冷蝶难来。
>
> 他年我若为青帝，报与桃花一处开。

神童啊！黄家虽然是地方上的小豪门，但因为是靠贩盐而起的暴发户，从没出过官员，社会地位仍比较低下，做梦都想培养出一个当官为宦的，给黄家的家谱镀镀金，洗刷盐贩子之名。这一联诗句，让家族长辈都把光宗耀祖的希望寄托在了这位小六子身上！

虽然后来一代大儒欧阳修，在《新唐书》上对黄巢的知识水平的评价仅仅是"稍通书记"，但这可能与正统观念强烈的欧阳永叔先生，不愿给这位反贼头目说好话有关。从黄巢留世的几首诗作来看，豪迈大气，其水平比千年后那位同样科考失败，只能写些"看主当准看到肩，最好道理看胸前"此类打油诗的太平天国洪天王，要高得多了。

当然，后来也有人从"赭黄衣"和"为青帝"这两个词中，证明黄巢是天生反骨，这恐怕就有点儿反应过度了。九百多年后，在福建侯官有个少年作过一副有名的对联："海到无边天作岸，山登绝顶我为峰！"揣摩一下，是不是也"反意"浓烈？但这位少年的名字，叫林则徐。

总之，在青少年时期的黄巢，孜孜以求的也是如何通过科举，进入大唐帝国的统治阶层，而不是去推翻它。

懿宗咸通年间，黄巢曾多次到长安参加进士科考试，但结果次次都是名落孙山。黄巢通过合法途径出人头地的小小梦想，终究还是被大唐的科举制度击得粉碎！

根据这一结果，有些网上文章把黄巢说成史上最牛的"高考落榜生"之一，说实在话，这种比喻不太恰当。首先是两者的性质不同，高考被录取者还是学生，将来就算大学毕业，找不到工作者仍然比比皆是，而进士科的中举者已经端上了朝廷的铁饭碗，进入了让大多数人羡慕的官老爷行列。

其次，它大大低估了在唐代进士科考试中中举的难度。高考算得了什么？当年连不才如在下者，都曾蒙混过关，现今高校不断扩招，录取率已超过百分之五十，就更不用说了。

其实，如果把科举比喻成国家公务员考试，那还有几分接近。据清人所著的《登科记考》统计，在大唐帝国二百八十九年的历史上（包括武周），高中的举子总共也只有六千四百四十二人，平均到每年不过二十二人，编成一个班，都嫌人数偏少。参加考试的举子总数超过五十万人次，平均录取率不到百分之一点三。

然而，更让黄巢这一类缺少强力背景的考生绝望的，还不是进士科那奇低的录取率。

如果和后来的宋、明、清三朝做一比较，不难发现，唐朝的科场弊案数量很少。这当然不是因为在唐朝负责科考的官员比宋、明、清三朝干净，而是因为大唐的科举制度，已经在操作层面上基本实现了舞弊的合法化，不用再花心思钻空子了。

合法舞弊之一：考试开始前，考生可以主动拜见考官，呈献自己的作品（会不会顺便呈献点儿别的东西，那谁也说不准了），打好印象分。同时疏通疏通感情，如让主考大人了解到，我四叔的二女婿的堂哥的表姨妈是大人您的小舅子的岳母的表妹之类。

合法舞弊之二：唐代科举没有"糊名""誊抄"的制度，考官一看见考卷，便对考生姓名、籍贯等情况一目了然。考试内容，又是以不存在单一答案的诗赋为主，评分的主观伸缩性极大，考官要上下其手，可谓易如反掌。

合法舞弊之三：大唐科举规定的选拔人才标准，是以平时成绩为主，以考试成绩为辅。假如考官确实是一心为国，绝对大公无私，又非常了解考生平日的情况，那这的确是个好制度。但大家都清楚，在真实世界里，出现这种极不正常考官的概率会有多大。所以，这条看起来似乎很合理的规定，才是最要命的一条。即使你的考试成绩无懈可击，让考官没有纰漏可抓，但只要你在第一个舞弊环节的工作不到位，考官仍然能以你平时表现不好为由，轻松将你淘汰出局，反之亦然。

因此，著名的"诗圣"杜甫，曾两次参加进士科考试，结果都被淘汰；而同样热衷于入仕的"诗仙"李白，则压根儿就没去考过！所以说嘛，既然连李、杜这两位宗师级的文坛巨匠，都不能仅靠自身才学进入那百分之一点三，黄巢你没能考上，那也是顶顶正常的，应该淡定点儿才对。

可黄巢没法淡定，他是家族亲友眼中的天才，是背负着黄家几代人的梦想而来的啊！

而且，他可是自幼曾攻经史，长成亦有权谋，精通击剑骑射，好与黑道上的勇武豪侠之士结交，"喜养亡命"，在江湖上声名赫赫，自我期许极高的黄巢啊！

当他最后一次来到长安赶考，并且确认了自己再一次榜上无名后，已经被兜头浇过多盆冷水的黄巢，这次终于浑身凉透，科举入仕的火苗彻底熄灭了。

于是，就在那日暮斜阳下的长安西市，游人喧闹中的花街酒肆，一首货真价实的反诗，终于从一位酩酊醉客的笔下发泄而出：

待到秋来九月八，我花开后百花杀。

冲天香阵透长安，满城尽带黄金甲！

　　这位即将回乡的落第举子兼资深私盐贩子，望着这座富丽繁华的帝都，用这种极为露骨的宣言，发下了誓愿：长安，我还会回来的！而且，将以主人的身份回来，洗刷今天所有的耻辱！

　　假如我不是一千多年后，已经了解未来的故事，坐在电脑前码字的业余写手，而是和黄巢一起来到长安，又一起名落孙山的难兄难弟，一定会对他的表现嗤之以鼻：这可是一百多年前，连那个身兼范阳、平卢、河东三镇节帅的安禄山都没能做到的事（虽然安禄山的叛军曾短暂攻下长安，但他自己一直没敢离开洛阳，直到被儿子和属下一刀捅死），就凭你一个落第举子，也做这种白日梦？别喝高了，明天还要上路呢，早点儿洗洗睡吧。

　　可谁知道，在天灾与人祸交相辉映的晚唐，时局的变化是很快的。"恰如猛虎卧荒丘"的黄巢，"潜伏爪牙忍受"的时间并不太长。

　　从咸通九年（868），感化镇（总部徐州）有一批被长期下放到桂林地区锻炼的士兵，发动兵变，杀掉长官，推举一个管粮草的小官庞勋当首领，造大唐的反开始，帝国气数将尽的味道，已逐渐弥漫大唐的天空。

　　此后数年，旱灾与蝗灾，成双结对，摩肩接踵地光临山东、河南，与猛于虎的苛政默契合作，将大批本分朴实、与人为善的农夫，改造成了为一碗粥能与人拼命的饥饿难民。只要稍有风吹草动，便有几乎是用之不绝的兵源。这便如同在大唐帝国的地基之下，埋设了一个大火药库。

　　在与大唐盐政的对抗中，经历千锤百炼的私盐贩子，由于受灾荒影响，遭遇全局性行业危机，急需转业。早已挣过大钱，见过大世面的私盐贩子自然不会甘于平庸，回去种地，他们或者吃官家饭，或者造官家反。这就像为火药库的炸药装上了性能优良的引信。

　　南诏王酋龙的入侵，使唐廷将高骈和中原部分兵力调往巴蜀，这等于最后擦出火星，点燃引信的那个动作。

于是，一切条件都已成熟，即将把大唐帝国带入深渊的大爆炸，便很合理也很正常地发生了。第一响的时间是乾符二年五月，地点在义成镇滑州长垣县（今河南长垣县，但此时唐朝并无长垣县，另有一说是在天平镇濮州的濮阳）。

带头大哥正是濮州盐帮的首领，黄巢生意上的合作伙伴王仙芝。可能是为了增加对失业贫民的吸引力，王大头领创造性地提出了一个鼓舞穷人心，但从不认真兑现的漂亮口号——天补平均！

朱门酒肉臭，路有冻死骨，怎么办？没关系，跟着我上吧，上天让我王仙芝来给你们这些穷汉和那富人均一均！对于一无所有、走投无路的大批饥民，还有什么能比这更具诱惑力的说辞呢？于是，三千多人几乎是眨眼的工夫，就聚到了这面大旗之下，号称"草军"。这个军名虽然有点"草"，但王仙芝自封的职称听起来威风无比，叫作"天补平均大将军兼海内诸豪都统"，也就是说，宋公明的替天行道和天下武林盟主，全都被他占了。

不过，据《新唐书》记载，"王盟主"此时成色并不太高，他手下所谓的"诸豪"，也就是那些被称作"票帅"的小头目，不过尚君长、柴存、毕师铎、曹师雄、柳彦璋、刘汉宏、李重霸等十多人而已。这些人多数只在史书上露过这一次脸，混得比较久的只有毕师铎和刘汉宏两位，而且后来的表现都颇为平庸。

短短一个月内，王仙芝的"草军"先克濮州（今山东鄄城），再克曹州（今山东定陶），人数更像吹气球一样膨胀到几万。濮州、曹州都是天平镇辖区，因此水平比草军诸将更次的天平新节帅薛崇，不得不出兵镇压，结果被打得大败，逃回郓州（今山东东平）。

形势一片大好，蓄势已久，而且可能与王仙芝早有秘密协议的黄巢，再也按捺不住自己跳动的雄心，便与黄揆、黄邺、林言等心腹八人共谋，借着"金色蛤蟆争努眼，翻却曹州天下反"这条很可能是由他原创的民谣，聚众数千在家乡冤句起事，而后与王仙芝合兵一处。

黄巢在江湖上名声大，辈分也不低，因此他一来就像宋公明上梁山，马上越过了尚君长、柴存等一干票帅，成为"草军"中仅次于王仙芝的二把手。打破天下平衡的黄巢起义，正式开始。

毫无疑问，乾符年间的大唐王朝，绝对是一个极端黑暗腐朽的王朝，它的存在已经变成万民苦痛的重要根源。王仙芝和黄巢的起义，无疑是对暴政的反抗。

招　安

本来，田公公认为，对于山东、河南有几个刁民造反，不过是芝麻绿豆大的小事。只要压一压，地方上的衙役自然会把他们像打苍蝇一样清除干净，好让他与小皇帝的幸福世界继续保持清静。但时局的发展，总是偏离田公公与大唐各级官吏的良好期望，他们很快发现，用纸包火是一项难度系数很高的工作，对少年皇帝的消息封锁，马上就维持不下去了。

到乾符二年的年底，王仙芝、黄巢的"草军"已达数万之众，而由他们带动兴起的大大小小的"盗匪"，"多则千余人，少则数百人"，已经充满了从黄河到长江间的广大区域。面对遍地的火苗，再不灭火，只能等着被烧死了。

十一月，朝廷不得不承认现实，下诏命淮南（刘邺）、忠武（杜审权）、宣武（王铎入朝，改任穆仁裕）、义成（李种）、天平（薛崇）五镇节度使及监军宦官，要切实转变工作态度，把消灭"草军"当成现阶段压倒一切的核心任务：你们调兵进剿也好，招安怀柔也罢，总之要从速从严，给我抓出实效！

可朝廷的计划赶不上前方的变化，实效不是这么容易就能抓出来的。十二月，王仙芝率军东进，越出朝廷划定的剿匪区域，以数万大军围攻沂州（今山东临沂，时归泰宁镇管辖），一下子打乱了朝廷原先的部署，暴动的范围进一步扩大。

不过，对大唐中央政府来说，这个月既有坏消息，也有一个好消息。辖区内还算安定的平卢节度使宋威，可能考虑到，与其等"草军"入境后围追堵截，不如趁王、黄未到，以邻为壑。所以他竟然自告奋勇（此时大唐这种勇于负责的节度使颇为少见），愿意出马挑大梁，率步骑五千出征，讨伐王仙芝。

不过，让朝廷欣喜的，主要还不是宋威这种积极肯干的精神，而是他过硬的专业技能。

在此时大唐的职业军人中，宋威虽然没有高骈那么有名，但也算是一员有着光荣履历的老将。六年前，徐州庞勋兵变时，宋威曾担任徐州西北面招讨使，攻取萧县，为最后剿灭庞勋立下功勋。五年前，南诏皇帝酋龙第六次扰唐，时任左武卫上将军的宋威率两千忠武军救援成都，在新都大败南诏军，杀敌五千余人，一仗打响了他宋威的"威"名。现在由他出马，当然比草包薛崇、贪官刘邺、书生杜审权这些人更让朝廷放心。

于是，备感欣慰的大唐中央下令，任命宋威为"诸道行营招讨草贼使"，也就是此次讨伐"草军"的"总司令"，规定黄河以南各藩镇派遣的军队，都要统一归宋威节制，并从中央抽调禁军三千、铁甲骑兵五百，交给宋威指挥。

应该说，宋将军至少在开始时的表现没有辜负他以往的名声。王仙芝得知唐军援兵正向沂州会集，并不敢与唐军主力交战，便解除了对沂州的包围，在今山东地界与宋威指挥的唐军玩起了猫捉老鼠的游戏。

不过，山东毕竟不算大，让几万人躲闪腾挪的空间不够充足，这也就决定了这个游戏的时间不会太长。乾符三年（876）七月，宋威在沂州附近抓住了王仙芝、黄巢主力。起义以来，"草军"主力与唐军主力之间的第一场恶战，终于爆发。

这次会战的具体经过，史书上没有记载，但它似乎可以证明，此时王仙芝、黄巢手下由饥民临时凑成的数万大军，只不过是一支庞大的乌合之众，他们大多数是为了能在死前吃上一顿饱饭来的。真正有战斗力的骨干，多是盐贩子或土匪头出身，人数并不太多。要同唐朝诸藩镇的主力正规军较量，赢的机会很低。

因此，一仗下来，"草军"遭遇惨败，尸体布满了沂州的郊外，让山东南部的乌鸦兴奋了好几天。当然，临阵被打死的，大多数是那些缺乏训练、体力欠佳的饥民。经验丰富、身强力壮的盐贩子是不那么容易被干掉的，更不用说他们的首领王仙芝、黄巢、尚君长等人了。

不过，拥有谎报战功优良传统的大唐军队（还记得高骈的天平亲卫队在成都干的好事吗？），在向上级呈递的报告中，习惯成自然地将击毙这些"匪首"的性命，也列入了此次的战果名单。可能多少已经有点儿老糊涂的宋威在得意之余，也没有进行核实，便兴冲冲地向朝廷上报：贼首王仙芝已经被诛杀，此次刁民暴动已基本被平定！

随后，宋威体恤兵艰，命令将各藩镇抽出来的特遣兵团解散：大家辛苦了，各自回各自的防区休息，等待领赏吧！宋威本人也回青州（今山东青州，平卢镇总部所在地）慰劳自己去了。

宋威的捷报传到长安，满朝洋溢的喜庆气氛，就同一年前蝗虫飞到长安时一样。有资格上朝的文武官员，全都盛装入宫，向皇帝李儇表示对"剿灭草贼"的衷心祝贺！

可惜，实际上还活得好好的王仙芝等人，对朝廷大员难得的愉悦心情缺乏起码的同情心。仅仅三天之后，便有州县政府向朝廷上报：王仙芝又回来了，而且攻城劫财，"工作态度"仍和过去一样认真。得知实情，大失所望的朝廷只好再次下旨，命令刚刚各自回乡，还没来得及好好休息的诸镇兵马重新集合，给我打仗去！

但命令好下，事却不好做。大唐的藩镇军队早已骄悍成风，早在今年一月时，就发生过这样的事。天平镇派遣过一支部队救援受围攻的沂州，因王仙芝主动离开沂州，便又奉命返回，可就在返回途中，上级听说北边又出现新的"匪情"，便命他们不许回去，原地驻防。谁承想，这群老兵油子得知自己的休假被取消，干脆拒绝接受命令，发动兵变，大声喧哗着，擅自奔回郓州（今山东东平，天平总部所在地）。

郓州的两员守将得知此事，急忙出城，不过不是去镇压兵变，而是去求情讨好。两位将军撕裂衣袖为誓，保证大家的人身安全，并自掏腰包，设宴款待这些擅自返回的士兵，好像他们有功似的。经过好一番折腾，这件事才算平息下去。之后，朝廷还特别下旨，要妥善处理此事，不许追究任何人的责任！

事儿不大，但很有代表性，表明了那个时代，不愧是悍卒的牛市与朝廷的熊市。

现在可好，所有参战部队都被取消休假了！不难想见，这些骄兵悍将不闹几次兵变，已经是很给面子了！还想让他们斗志激昂、英勇战斗、欢欣鼓舞地勇为前驱，是不是有点儿过分啦？

所以，诸镇军队消极怠工是可以理解的，宋威在这次谎报事件后声名扫地，要有效节制这些骄兵就更难了。而"草军"在大败之后，仍能进出中原诸州，如入无人之境，也是可以理解的。

而在另一边，成功从沂州大败中逃出来的王仙芝等人，也在总结经验教训：山东已有重兵云集，继续在这儿玩"躲猫猫"的游戏已经不容易了，但在山东之外的广阔天地，仍大有可为。北边有黄河，南边有淮河，继续往东是大海，王仙芝、黄巢不是孙恩、卢循，他们的人马既没船，也不熟水性，下不了海，那干吗不到西边去试试呢？（当然，王仙芝可能还在内心总结出了其他的经验：当"贼"的危险性太高了，如果有机会，还是当官好）

于是，在沂州战败一个月后，西进的王仙芝出现在东都防御使下辖的汝州（今河南临汝）境内。河南的灾情一点儿也不比山东轻，到处都是生计无着的饥民，所以"草军"的队伍又像滚雪球一样，重新膨胀起来，并先后攻占阳翟（今河南禹州）、郏城（今河南郏县）两县。

受惊不小的唐廷，急忙出台了一连串手忙脚乱的对策：一是调精明干练的江西观察使崔安潜升任忠武节度使，代替杜审权，命他迅速出兵从后方"追剿"王仙芝；二是命昭义节度使曹翔统率步骑五千，会合义成镇派来的援兵守卫东都的行宫；三是以左散骑常侍曾元裕为招讨副使，负责防守洛阳；四是命山南东道节度使李福，精选步骑两千，把守通往汝、邓二州的要道；五是命邠宁节度使李侃、凤翔节度使令狐绹从各自的镇兵中抽出步兵一千、骑兵五百，守卫长安的东大门陕州、潼关。

但这一系列措施似乎没有马上见到成效。九月初二，王仙芝攻陷汝州，生擒刺史。

汝州城并不算很大，但距离大唐的东都洛阳很近，换句话说，也就是距离很多朝臣元老、名门望族的豪宅别墅区很近，众多有头有脸的士绅官僚，以及害怕被"天补平均"的富裕殷实之家，都开始成批地逃离洛阳。这也是自王仙芝、黄巢率领的这支"草军"兴兵以来，给朝廷最大的一次震动！

而在这些受惊的朝廷大员中，表现最不冷静的，要数刚从宣武节度使任上调回中央的宰相王铎了（唐朝宰相同时有数人任职，大唐此时的宰相，也就是能进政事堂的同平章事，共有四人，按权势排行大致是卢携第一、郑畋第二、王铎第三、李蔚凑数）。

王铎，字昭范，出身仕宦名门太原王氏，其伯父王播在穆宗和文宗朝两度出任宰相。王铎本人字写得很好，在武宗会昌年间考中进士，而后仕途顺利，历任右补阙、集贤殿直学士、中书舍人、礼部侍郎，到懿宗咸通十二年（871）升任同平章事。就个人素质来看，王铎能力一般，是一个典型的唐末大官僚，文凭不低，水平不高，酒、色、财、气一样不少。

王相爷着急上火，倒不是因为他操心国事，先天下之忧而忧，而是因为被王仙芝俘虏的汝州刺史，名叫王镣，正是他的堂弟。打仗嘛，死人总是难免的，几个官兵被杀或杀死几个草民之类的寻常事，都不会打动王铎已经很肥厚的中枢神经，但如果连自家兄弟都有了生命危险，我们的王相爷就不能再无动于衷了。

一般来说，在绑架案中，被绑架人质的家属只能有两种选择。一是讨好绑匪，向他们支付赎金。这样做的好处是人质的安全系数比较高，但坏处是容易产生反面的示范效应，吸引更多想走捷径发财的人投身绑匪行业。二是报警，借助武力打击绑匪。这对绑匪行业的打击比较大，从长远看，社会效应良好，但人质的安全难以保证。

显然，在宰相王铎看来，堂弟的安全是第一位的，至于将来更多的人想当官时，再选择"杀人放火受招安"这条路怎么办，那他就管不着了！

于是，在王铎格外高效的朝中运作下，仅仅在汝州被攻陷的第九天，即九月十一日，长安城中的皇帝李儇，就下达了朝廷招安的诏书：只要王仙芝、尚君长等人归降，就赦免他们的罪过，候旨封官！

圣旨拿到了，这就等于赎金凑齐了，但是，怎么让"绑匪"王仙芝知道这个利好消息呢？王铎突然发现，这看起来应该不太难的任务，竟然比他从贪玩的皇帝和贪财的田公公那里弄一道圣旨还要困难。

那时没有电话、没有电视、没有互联网，信息只能靠人工递送。且不说王仙芝这个收信人的地址天天在变，就算"草军"不挪地方，又有谁敢去联系绑匪？谁知道那个"天补平均大将军"是怎么想的，万一他的意志和他自封的称号一样坚定，那去联系"草军"的官员，不就变成打狗的肉包子了？毕竟要找到一只敢于主动前往猫脖子上系铃铛的老鼠，实在太不容易了！

其实，王仙芝正等着这一天呢。做"草贼"虽然自由痛快，来钱畅快，但掉脑袋也快，如何比得上做官？不用千里奔波，风餐露宿，更不用一刀一枪地玩命，便可坐享俸禄和贿赂，多好啊。所以当他得知刚刚拿获的这位王刺史是当朝宰相的堂弟时，立即感到，自己抓住了一块通往荣华富贵的敲门砖。就像宋江捉住高俅，王仙芝颇有奇货可居之感，他吩咐好好款待王镣，将他裹挟于军中，待价而沽。

惊魂未定的王刺史，发现王仙芝心底的这个秘密后，为了活命，忙投其所好，信誓旦旦地表示，自己愿意借助堂兄在朝中的势力，为王大头领实现由匪变官的华丽大变身，穿针引线。只是，王仙芝的想法与王镣给他的建议，大唐朝廷暂时也无法得知。

就这样，尽管朝廷有情，仙芝有意，但招安协议还是没能迅速达成。所以，落后的通信设备多害人啊，本来已经时刻准备"叛变"，到朝廷做官的王仙芝，由于不知道大唐中央已经降旨招安，仍得带着那帮弟兄继续四方流动，转战南北。

攻下汝州不久，王仙芝、黄巢先是率"草军"挥师北上，克阳武县，但由于唐朝北方诸藩镇兵力较强，"草军"回攻郑州不克，在中牟又被昭义军击败，于是王、黄改变策略，率军大踏步南下，进入唐军兵力相对较弱的山南东道。

十月间，王、黄率军攻入唐（今河南泌阳）、邓（今河南邓州）二州。十一月，进入江汉平原的王仙芝攻下郢（今湖北京山）、复（今湖北天门）二州，声势越来越强。十二月，"草军"又东进杀入淮南，流动战的水平再上新台阶，不到一月，横扫申（今河南信阳）、光（今河南潢川）、庐（今安徽合肥）、寿（今安徽寿县）、舒（今安徽潜山）五州。害人有术、作战无方的淮南节使度刘邺无力招架，只得频频向朝廷和周边藩镇求救。

但在朝野舆论交相攻讦下的宋威，因为又老又气，得了病，对"草军"此时已经没了"威"，只剩下"送"，他待在亳州，拥兵自保，"殊无进讨之意"。唐廷只得急命感化军援淮南，一路尾随"草军"南下的招讨副使曾元裕，保守蕲、黄。仗，是越打越大了，由王铎全力推动的招安大计，似乎要黄了。但历史之所以能够精彩，就是因为在平常中总会夹杂着些意外，那只勇敢的老鼠，终于让王铎找到，他的名字叫裴渥。老鼠之所以勇敢，是因为已经落到了猫的嘴边，避无可避了！

十二月底，王仙芝、黄巢的人马抵达鄂东重镇蕲州（今湖北蕲春）城下，他们的兵并不太多，只有五千人，但似乎都是以盐帮子弟为核心的骨干力量，较为精锐。

与此同时，曾元裕的援兵离蕲州还很远。那位急得像热锅上的蚂蚁的蕲州刺史，正是裴渥。这位裴市长也是进士科班出身，他赶考高中的那一届主考官，正好是王铎，他算是王铎的门生。因此，他和王镣也是老相识。王镣乘机说服了王仙芝，暂停攻城，让他与裴渥联系，争取朝廷的招安。

就这样，准备招安的大唐朝廷，终于和准备就抚的王仙芝对上了话，一切问题似乎都应该迎刃而解了。

不过，要能顺顺当当办好一件事，不打折扣，不出岔子，那就不是僖宗朝的大唐中央政府了。两个多月前就已经下达招安诏书的朝廷，此时又想反悔了。原因是不难理解的：王仙芝这帮人目前已经不在汝州了，而去了千里之外的蕲州，这意味着洛阳的达官贵人又可以返回豪宅，听着曲，品着茶，从容地谈论如何剿灭"草贼"了。

而这种情绪，反映在朝堂上，便是几位宰相对招安的反对。当然，理由是很高调的："当初懿宗皇帝坚持不赦免庞勋，也只花一年工夫就将他诛杀。如今的王仙芝不过一个小蟊贼，声势与实力根本比不上庞勋，对他赦罪封官，只会助长那些刁民逞凶作恶的气焰！"（史书上没有记载是哪位宰相的言论，在下怀疑是卢携与李蔚，因为王铎入朝为相，是郑畋推荐的结果，而卢、郑二相一向不和，郑畋的后台是神策军右军中尉西门思恭，权势略逊于卢携的后台左军中尉田令孜。）

但在王铎的力争之下，朝中各派进行了妥协：朝廷招安的计划在趺趺撞撞中还是通过了审议，但降低了规格，原先说好"除官"的名单包括王仙芝、尚君长等人，现在改为只限于王仙芝一人。而且那官位也给得没一点儿诚意。

尽管如此，当长安的消息传来，在蕲州城还是出现了一幕化干戈为玉帛的和谐景象。

仗不打了，城上守军与城外"草军"都回营休息。裴渥打开城门，将王仙芝、黄巢、尚君长等三十余名"草军"首领迎入城中，并在府衙内大摆宴席，热情款待各位首领。

在欢快的气氛中，从长安来的中使（朝廷的使节，一般由宦官担任）宣读了招安诏书，并当场颁发了两份委任状。自然，都是给王仙芝的，别人没有。职务分别是左神策军押牙（大致是左神策军亲卫队队长，等中尉大人田公公出入朝堂时，负责在前方开道，级别属于未入流。押牙接近主帅，常由主帅的心腹担任，故官虽小，地位却较重要。但王仙芝的情况显然不属此列，田公公不可能用个"贼首"来保卫自己的安全）和监察御史（品级正八品下）。

官很小，级别还不如县太爷（唐代的县令，根据所在县城的大小不同，品级可从正五品上到从七品下），说句实在话，大唐中央政府在这件事上的表现，真是吝啬得可以。

但就这样，也已经把王仙芝乐得满脸桃花开，不知道是因为他"天补平均"的雄心壮志就只值一个八品小官，还是他身为老粗，和刚上天宫的孙猴子一样，不了解上头的行政编制。前任汝州刺史王镣和现任蕲州刺史裴渥，也连连向这位即将成为下级小同事（唐代刺史是三品、四品官）的王大头领表示祝贺，此次招安"草军"的行动，似乎马上就要有一个大团圆的结局了。

招甚鸟安

然而，如此和谐美好的动人场面，还是被堂下突然发出的一声非常不礼貌的大吼打破了。

习惯了在宣读圣旨后，听跪在下边的人高呼"谢主隆恩"的中使大人，瞪大了惊愕的眼睛，想看看是哪个家伙如此缺少教养，竟敢在中使面前高声喧哗？

只见"草军"的副首领黄巢跃众而出，当场痛骂王仙芝："当初我们发下誓言，要横行天下，现在你一个人跑到神策军中做官，想把我们这五千弟兄放到哪儿去？"说罢，他便抢起钵盂大的拳头，照准王仙芝刚才还乐呵呵的脑袋，挥了过去。

据史书上说，黄巢武艺过人，但没说过王仙芝在这方面的功夫怎么样，从这次打架的情况来看，估计不怎么样，"武林盟主"算是白当了。黄巢几拳下来，打得王仙芝头破血流，后来"镇关西"被鲁提辖痛扁时看到的景象，王大头领差不多都提前欣赏了一遍。

更让王大头领心寒的是，一同而来的尚君长等心腹，一个个或袖手旁观，或干脆给黄巢高声喝彩，好像现在挨揍的不是他们的老大。是啊，凭什么就你王仙芝一个人去做官，完全不考虑我们的出路，把我们当成你的嫁衣裳了吗？众怒难犯，王仙芝已经犯众怒了。

而王镣、裴渥两位刺史大人和长安来的中使大人，都是斯文人，何曾在酒宴上见过这副阵仗？他们全吓得不知所措，更不可能来帮他了（就算插手，估计也只能是挨扁的料）。

俗话说得好，不吃眼前亏的才是好汉，王仙芝显然也是这样的一条好汉，所以当他弄明白自己的处境后，连忙高呼饶命，并发誓和弟兄们共进退，绝不再独自接受招安！

眼见情形不妙，裴刺史和传旨的中使趁众人不注意赶快开溜了，王镣的反应稍慢，又被鼓噪起来的"草军"头目当场拿住。不仅如此，王仙芝为了挽回威信，抚慰部下受伤的心，便和这三十多个头领冲出衙门，打开城门，让城外的"草军"杀进城来，进行了一番痛快淋漓的洗劫。据《资治通鉴》记载，在这次人祸中，蕲州城差不多被"草军"放的火烧成了灰烬，城中居民半数被杀，半数被"草军"强行征兵（这一条记载存疑，假如半个蕲州城的居民都成了"草军"，随后王仙芝与黄巢分兵时，总数不应该还是五千）。

在这整个过程中，大唐的蕲州守军仿佛是纸糊的，完全不堪一击，连困在城中的三十几个"草军"头领都搞不定。难怪见机早的裴刺史那么热衷担任招安中介人，而且在招安搞砸后，也没有组织抵抗，而是立即弃城出走，向西逃到鄂州（今湖北武昌）。长安来的中使，别看是个公公，身体不健全，人家腿脚比裴刺史还快，一溜烟跑到了襄州（今湖北襄阳）。总之，这次招安完全失败，起义仍将继续。

现在，让我们暂停一下叙事的脚步，回过头来好好分析一下蕲州城中发生的这件事吧。

不同的时代，不同的人，对这起事件发生的原因，给出了截然不同的解释。古代史籍给出的解释是，朝廷封官的名单中没有黄巢，害得黄巢红眼病发作了；旧版教科书的解释是，黄巢是一位坚定的革命者，在革命面临中途夭折的危急时刻，挺身而出，与王仙芝为代表的投降主义者进行了坚决的斗争，从而挽救了革命！

古史的说法，不存在直接的证据，仅仅出自旧史家略带一点儿恶意的主观臆断，不过看起来似乎更合乎人之常情。但按此说，大唐朝廷只要再多发几份八品、九品小官的委任状，让"草军"的大小首领有官同做、利益均沾，就会真的天下太平了吗？

恐怕，这又把黄巢的野心和水平估计得太低了。空口无凭，让我们来看看同时期另外几个实例吧。

比如，前文提到过的，横行江南十余州，声势不低于王、黄"草军"的狼山变军首领王郢，就已经向朝廷申请招安，时间比王仙芝向唐廷乞降还早几个月。他通过温州（今浙江温州）刺史鲁寔向长安方面传话，他的要求不太高，只希望归顺之后，朝廷能给他一个望海（今浙江宁波东北镇海镇）镇守使当当。

但朝廷不答应，任命王郢为右率府率（太子东宫的侍卫长，级别正四品，比朝廷给王仙芝的官大），到长安任职，并保证，他这几年掠取的财物仍归他所有。

虽然看起来唐廷给王郢开出的价码，好像比给王仙芝的更优厚，但经过长达半年的讨价还价之后，这一轮谈判仍告破裂。愤怒的王郢诱擒了鲁寔，接着破望海，掠明州，克台州，继续反唐。

又如，半年之后，离开王仙芝，自立门户的"草军"首领柳彦璋，攻陷了江西重镇江州（今江西九江），抓住刺史陶祥。柳彦璋取得这次胜利后，接下来的做法和他曾经追随的王老大很相似，命陶祥替他上表朝廷，请求招安。史书上没有记载他开出的要价，但联系前后文，在下猜测他很可能是请求当江州刺史。

不久，朝廷做出答复：任命柳彦璋为右监门卫将军（天子禁军南衙十六卫中的中高级军官，从三品，级别又比率府率高。但十六卫如今仅存虚名，故该职务无权无势，只具有装饰性），同时命他立即解散部众，前往长安任职。而江州刺史一职，则由中央派来的左武卫将军刘秉仁担任。

同王郢一样，柳彦璋拒绝入朝和解散军队，这笔交易也没做成。

至于黄巢本人，今后还会提到他向朝廷开价天平或广州节度使，朝廷还价率府率的事。与上两个例子情况相同，双方谈崩了。

好了，综合以上几个事例，我们差不多可以给这一时间段的反唐军的谈判条件与大唐的招安政策做几点小结了。

一、除了给个官就行的王仙芝外，王郢、柳彦璋、黄巢这三个"贼首"

提出受抚的条件都有三个共同点：不解散军队，给一块地盘，地方任职。

二、大唐朝廷给这些"贼首"安排的招安条件也有三个共同点：解散军队，不给地盘，中央任职。

三、正是因为在这三个最关键的原则性问题上，彼此都不肯让步（王仙芝例外），所以招安协议总是达不成（就连《水浒传》中，宋江受招安后也没有解散人马，等他征完方腊，军队一解散，死期马上就到）。至于入朝后官位的大小，不过是浮云一类的东西，不能太当真。所以实力最弱的柳彦璋，朝廷给予的官位反而最高。

至此，在下大概已经揣摩到黄巢等人的真实想法，可以将他们的心声喊出来了：招安，招安，招甚鸟安！

你王仙芝，还是那个自命豪雄的大丈夫吗？还是那个堂堂的"天补平均大将军兼海内诸豪都统"吗？就算要倒下，你多少也该中枚口径大点儿的糖衣炮弹吧？这回好了，一颗小小的糖衣子弹就把你给崩翻了！

更何况，这还远远不是官职大小的问题。一旦你解散部众之后，还有什么本钱和朝廷讨价还价？等到了长安，就只有受人摆布的份儿。孙猴子够牛了吧？可到了天上又怎么样？封你个"弼马温"时，你是看马的，就算封你个"齐天大圣"，你也不过就是个看园子的！

而且，王老大，你知道自己是什么人吗？如果你只是个"胁从"，朝廷还有可能放过不问，可你是"贼首"啊！人家可能对你放心吗？只要稍有嫌疑，随时可以置你于死地。太久远的事儿咱就不用说了，在本朝之初，就有过恶例。

那时李唐正开国，雄踞江淮的农民军首领杜伏威，审时度势，认为天下必将为唐朝一统，便向唐朝称臣，并且主动放弃权力，前往长安朝见，而且留在了中央，以身为质，大唐因此而轻取江淮。

最初，高祖皇帝李渊，为了给众多割据一方、还在与唐军对抗的群雄树立一个自废武功的"好榜样"，也给了杜伏威极高的礼遇，远远不是朝廷赏给王仙芝的那两个芝麻小官可比。先是任命为东南道行台尚书令、江淮安抚大使，赐爵上柱国（勋官，正二品），并赐姓"李"，编入大唐皇室的家谱，封为吴王。入朝后又改任太子太保（从一品）兼行台尚书令。这样，就使他成为此时大唐帝国名义上的第四号人物（前三号分别是皇帝李渊、太子李建成、秦王李世民），位在齐王李元吉之上。

可是，镀金的笼子还是笼子，再显赫的虚衔也只是虚衔。尽管他已经改姓李，尽管他从未与唐军为敌，且对唐朝平定天下立有大功，但他做过"贼首"，便永远是人家眼中的异己分子。随着天下一统基本已成定局，大唐不再需要这个颇有威望、有可能带来威胁的不安定因素，"李伏威"在朝中的身影，自然变得越来越碍高祖李渊那警惕的眼睛。

果然，到武德七年（624）二月，大唐朝廷找了个捕风捉影的借口——杜伏威参与了其旧部辅公祏的反叛——便将他削爵革职，抄家没产，逮捕入狱，妻儿全部送入官府为奴。不久，杜伏威不明不白地暴亡于狱中。

好了，王老大，不妨看看，论功绩、实力、官职，你有哪一项比得上当年的老杜？老杜入朝后都保不住自己的性命，你凭什么认为你入朝就能幸免，还要连累我们？

总之，大唐朝廷这次蕲州招安的失败，一点儿也不让人意外，让人意外的是，它竟然差点儿成功了。

黄巢挥拳的原因，不是他革命信念坚定，也不仅仅是招安诏书中没让他做官，而是王仙芝太笨！朝廷的招安，根本就没有让黄巢等人放心的诚意，可王仙芝竟然接受了，暴露了这位王大盟主不过是个鼠目寸光的浅碟子。在下相信，即使长安来的中使多带几份闲散京官的委任状来，让其他头领也见者有份，黄巢的老拳仍有极高的概率，邂逅王仙芝的鼻子。

经过这一事件，王仙芝的威信大受打击，已经没法继续保持他的"武林盟主"地位。与他打了一架的黄巢，不愿也不能继续在他的手下做事了，于是便在蕲州各自带上自己的支持者，分道扬镳。五千部众中，有三千余人跟着王仙芝、尚君长西进鄂州，其余两千多人跟随黄巢，北上回老家，从此各奔前程。数月后，王仙芝手下的"票帅"柳彦璋也率部脱离了王大盟主，东下江西。

第二章

双雄登场

唐僖宗 黄巢 李晋王 朱温

金吾之叹

分兵之后，"草军"的声势不减反增，横行中原，呈烈火燎原之势。

乾符四年（877）二月，西进的王仙芝攻下了鄂岳道的总部鄂州，前蕲州刺史裴渥，再一次毫发无损地逃走了，他和"草军"的交情还没有结束。同时，杀回老家的黄巢，攻下天平镇总部郓州，天平节帅薛崇很荣幸地成为第一个被"草军"击毙的节度使。三月，黄巢又打下了沂州，为他们去年的败绩，报了一箭之仇。

"匪情"如此严重，那位身负重任的宋威将军，到哪儿凉快去了呢？

他其实也没走远，仍停留在宣武南部亳州、颍州一带，只是如今备受指责的他，已经心灰意冷，没有了一年前的进取精神。宋威不但自己消极怠工，还要带领大家一起退步，他曾在曾元裕面前，阐述了不作为的理论依据：

"小曾啊，不要冲动，冲动是魔鬼。要知道：狡兔死，走狗烹啊！你难道没听说过当年康承训康总司令的事吗？咸通年间，他担任主帅进剿徐州贼寇庞勋，才刚刚把庞勋的脑袋砍下来，朝廷不但不论功行赏，反而立即降罪撤职，令人寒心哪！作为前辈，我对这些事，可是历历在目。如果真把草贼都剿灭了，不就轮到我们大祸临头啦？所以，只有留着草贼，才是聪明之举，那样有麻烦也是皇上的麻烦，而我们可以一直当功臣，永远得到朝廷的器重！"

平心而论，宋威说的应该算是实话，大唐中央政府的赏罚不明，早已是有口皆碑。但差不多也可以肯定，他说的不全是真心话。假如他真的认为必须养寇方能自重，那么当初他干吗主动请战，去年在沂州干吗打得这么卖力，还奏报击毙贼首？万一那时王仙芝真的死了，或者从此蛰伏山野，不再出来，这不就成了自己挖坑往里跳吗？

其实，宋威更大的担心可能是，曾元裕如果表现良好的话，很可能顶替自己"总司令"的职务。宋威知道，虽然在朝中，卢携卢相国暂时还是他的靠山，但另一宰相郑畋已经弹劾自己好几次了，长安城中，换马呼声不断，曾元裕、崔安潜、张自勉、李璪……排队等着顶他位子的候选人多的是！如今王仙芝、黄巢用兵比以往更狡猾了，而他自己则威信大减，对诸镇兵马指挥不灵，又有病在身，再打出一次"沂州大捷"的可能性不大，要想继续稳坐钓鱼台，就只有让其他人表现也同样平庸。

总之，如果我不行，那也不能让别人行！

古往今来的职场上，抱着这一宗旨混日子的业务主管，从来就不乏其人。

可惜，树欲静而风不止。尽管宋威并没有用心去找王仙芝、黄巢的麻烦，但势力已经壮大起来的王、黄，却要回来找他这个老对头算算旧账了。

七月，王仙芝北上，黄巢南下，两人在嵖岈山（今河南遂平县西）再次会师，联合进攻宣武镇中部的重镇宋州（今河南商丘）。近在咫尺的威胁，迫使宋威不得不指挥三镇联军前往救援。

已存芥蒂的王仙芝与黄巢，肯再次合作，估计就是为收拾宋威，打一场复仇之战。宋威出击，正中王、黄之下怀。结果一仗下来，今非昔比，宋威被打得大败，溃入宋州城中，死守不出。王仙芝、黄巢联军随后将宋州城团团包围。堂堂"总司令"眼看就要让"匪"给剿了！王、黄的反唐军，因此役而声威大振。

就在王仙芝、黄巢联军围攻宋州的日子里，一个将在未来数十年内，掀起万丈波澜的重要人物，丝毫不引人注目地加入了黄巢领导的"草军"行列。他将是五代时期这出乱世大戏中，第一个真正的领衔主演，他的名字，叫朱温。虽然此时，他还只是一个无名小卒。

将来这一切故事的缘起，要上推到二十五年前的那个冬天。

据宋初大学者薛居正先生在《旧五代史》中的报道，时间是宣宗大中六年十月二十一日（852 年 12 月 5 日），在河南道宋州砀山县北郊的午沟里村（唐砀山在今安徽最北端砀山县县城之东三里，距离汉高祖刘邦"斩白蛇而义"的芒砀山约四十公里，但午沟里的具体位置今已不详），发生了一起灵异事件。

那时午沟里有一个比孔乙己阔气不了多少的穷文人，名叫朱诚，因为一直考不上什么功名，只能在乡间靠教私塾糊口。那时学生的学习科目没有今天这么多，教材也就《周易》《尚书》《诗经》《礼记》《春秋》五本，即后世所谓的"五经"（南宋的朱熹老夫子给《大学》《中庸》《论语》《孟子》四部古书作注之后，中国学生被迫增加了学习量，法定教材才变成著名的"四书五经"），而教书的朱诚也就被村里人习惯地叫作"朱五经"。

这天晚上，村里人惊奇地发现，从朱五经家的旧茅屋方向，突然发出一阵耀眼的红光，直冲霄汉，就像今天有人在加油站的地下油库里点燃了打火机。"不好了，朱五经家失火了！"随着一声惊呼，质朴的村民忙抄起水桶、扁担，赶来救火。可当大家冲到朱家小院子一看，发现一切正常，只是从屋子里传出新生婴儿的啼哭。朱诚走了出来，乐呵呵地告诉众人，他的娘子王氏刚刚给他添了个儿子，等满月请大家都来喝酒！

目睹了这一奇异的超自然现象，平日里看不到《探索发现》或《走进科学》，因而封建迷信思想浓重的众乡民无不惊异，不禁议论纷纷：难道这孩子是天上星宿下凡，将来要大富大贵？他们猜对了，这个带着探照灯出世的朱家老三，就是后来的后梁太祖皇帝。

对史书上这类难以用现代物理学解释的事件，其实用不着大惊小怪。也许是因为五代是个战火纷飞的时代吧，所以据《旧五代史》记载，这个时代的不少大人物都是带着火光或火灾前兆诞生的。例如，李克用"是时，虹光烛室，白气充庭"，郭威"载诞之夕，赤光照室，有声如炉炭之裂，星火四迸"（显然，这两位出生时，火已经着起来了），李存勖"紫气出于窗户"，石敬瑭"时有白气充庭"（这两位出生时，刚开始冒烟）。

后来的国学大师欧阳修老先生，可能比较具有唯物思想，不语怪力乱神，或是认为，这些五代君主没有资格同宋太祖赵匡胤一样，享受"闹火灾"的待遇，便充当了一次义务消防员，在他的《新五代史》中将这几次灵异火灾都扑灭了。

不管朱温出生时有没有出现不明发光现象，他的童年都没显出什么过人之处，完全就是个患有多动症的淘气顽童，刁滑任性，整日舞棍弄棒，与群童打闹，在村中惹是生非。放在今天，就是一个天天让家长、老师着急上火的问题儿童。身兼朱温的家长与老师的朱五经，不知是不是因为上火次数太多，不数年后，便抛下妻子王氏和尚未成年的三子一女，一病身亡。

丈夫死后，朱家的家境越发困难，王氏只得带着孩子，前往砀山东面不到百里的萧县，投靠朱五经一个富有的旧日相识刘崇，为其帮工过活。王氏给刘家做饭、织布，朱温的大哥朱全昱（这个名字可能是在朱温发达后改的）给刘家种地，二哥朱存放牛，朱温放猪。

朱家三兄弟中，只有大哥朱全昱是本分勤劳的农夫，放牛娃朱存和放猪娃朱温都性情粗暴，不爱劳动。尤其是朱温，顽劣不改，在新环境中，渐渐长成了一个身强力壮，却以狡狯好斗、游手好闲、人见人怕而闻名乡里的混混儿，人送外号"泼朱三"。

刘崇虽然不是什么黄世仁之类的恶霸地主，但也不是开福利院的慈善家，当然不喜欢在家里养个光吃饭不干活的无赖，所以一旦看到朱温该工作时慵懒偷闲，或又在外边招惹事端，就抡起棍子，给朱三品尝一顿棍子炒肉。只是每到这种时候，刘崇的母亲，一个慈眉善目的老太太，就往往站出来制止，还告诫刘崇说："朱三可不是个平常人，将来肯定会大有出息，你要好好待他！"（要说这刘家老太太的眼光，也真不在三国许子将之下，她平时待这个"泼朱三"极好，据说常常给他洗头梳发，视同亲孙）

不过，这时并没几个人相信刘家老太太的眼光，在下要是当时的刘崇，也不会信：大有出息？就那个"泼朱三"，也配？

不久，朱三第一次显示了自己存在的价值。那时，随着大唐最后一个明主宣宗皇帝去世，时局越来越混乱。萧县出了一个名叫张占的土匪头子，带着十几个土匪来刘崇庄上抢劫，谁料正当他们得手回归之时，撞上已经长成健壮勇武少年的朱温、朱存，被两兄弟打得落花流水。土匪只好退赔全部赃物，向朱温叩头求饶，保证不敢再来冒犯，才得以仓皇逃去。

经此一事，朱家两兄弟在村民和刘崇眼中的形象骤然提升，俨然成为混乱时局下全村的保护伞。此后，他们不用继续给刘家放牛、放猪，而是操弄刀箭，发挥强项，入山林打野味，比以前自由舒心多了。如果日子就这么过下去，好像也不错，直到那一天的到来……

那是一个阳光明媚的清晨，刚刚捕获了一批猎物的朱家两兄弟，前往宋州的集市贩卖。在唐朝，宋州是宣武镇所辖四州（汴、宋、亳、颍）中最大的州，总人口有八十九万多，放在同时代的欧洲，够得上一个中等国家的水平了（如在11世纪以前，英国总人口一直不到一百万）。宋州的集市固然比不上长安的西市，但也是很热闹的，自然是销售山货的好市场。卖完了捕到的猎物，手头赚到几个闲钱的朱家兄弟，趁着天色尚早，决定去城郊一座大寺游玩。

来到翠柏苍松掩映下的古刹，他们发现今天有些异样的热闹。山门之前缓缓驶来两辆精致的香车，数十名衣着鲜亮的家丁、丫鬟在前后小心侍候着。素来没有敬上习惯的朱温并不在意，跃步欲进，几名家丁马上把他拦住："哪来的野小子，想找打吗？现在不准进去，须等我家刺史夫人和小姐进香完毕，你们才能进去。"

朱温不悦，正欲发作时，却无意中听到一声少女胜似银铃的轻斥："老爷不是让你们不要在外边欺人吗？"

随着这一声宛若天籁的悦耳嗓音，老爹朱五经那本破旧的《诗经》上，曾经干巴巴的诗句"窈窕淑女，君子好逑"，这时第一次物化成了一个美丽的倩影，肆无忌惮地闯入了少年朱温那尚未被美女滋润过的眼帘。

先露出车帘的，是一只白嫩的小手，春葱般的柔荑纤指之上，可见一段羊脂般洁白的玉腕。可还没等朱温细细品味这双手的妙处，少女已经下了车，不见正面，只能从身后看见她身着锦绣粉袍的窈窕身段和发髻之下几缕披肩的柔顺青丝。

正在朱温微感失落之际，他见到了终生难忘的销魂一刻：少女悄悄回过头，冲着他优雅地一笑，粉嫩的瓜子脸上，一双灵动的大眼睛清澈无瑕，胜过农夫山泉，精致的瑶鼻之下，嘴角露出浅浅的笑意，有点甜……

难怪西方人将男女相爱，比喻成心灵被爱神丘比特的小箭射中，少年朱温感到自己的心脏似乎也中箭了，在那一瞬间仿佛停止了跳动，全身的感官似乎只剩下部分视觉还能正常工作。他望着那位富家小姐的方向，如痴如醉，全然没有注意到少女身旁一位中年贵妇的不悦神情。

少女进了寺、少女又出了寺、少女再次上了车，直到香车离去很久，朱温仍呆呆站着，并且不甘心地重重呼吸着周围的气息，希望能够再从中捕捉到她留下的哪怕最后一丝淡淡芬芳……

朱存发现三弟的傻样，不由讥笑道："老三，发什么呆啊？你不会看上那个小姐了吧，那可是宋州刺史张蕤（ruí）张大人的千金啊！那门第，像你我这样的穷小子，就是爬上梯子再踮起脚，也够不着人家的地板，还是趁早死心了吧！"

不，不对，二哥，你忘记老父朱五经生前，曾讲过的汉光武帝刘秀的故事了吗？刘秀发迹之前，也不过南阳一耕夫，少年时，他见到同乡少女阴丽华，一见钟情，从此爱慕难舍，后又到长安，看到执金吾出巡时豪华漂亮的排场，便发下誓言：仕宦当作执金吾，娶妻当得阴丽华！为达成心中的志愿，刘秀后来奋斗不已，果然娶到了阴丽华，更成就了一番千秋伟业！

燕雀岂知鸿鹄志，王侯将相有种乎？张家小姐，你等着我，终有一天，我要娶你为妻！你就是我的阴丽华……

朱存吃惊地看着满嘴疯话的老三，只好苦笑着摇摇头：三弟这次病得不轻。

这是朱温这个五代头号情痴兼头号淫棍，一生情欲史的开端。很可能也是他从乡村流氓到天下枭雄，这一长篇励志史的起点。

目标是有了，但怎么去实现呢？找个媒婆去提亲？别说刘刺史那关，估计媒婆这关都过不去，毕竟人家也不想给自己的工作履历增加污点不是？以朱三现在这条件，如果去参加《非诚勿扰》，估计顶多到第二轮，台下的灯光就会像生日蛋糕上的蜡烛一样灭个精光。通过正常手段娶到张家小姐的可能性基本为零。

难度很高，高到几乎看不见一丝希望，如果是在下这类平庸常人的话，早放弃了。但刘崇老母亲说得好，"朱三不是个平常人"，他从未被困难吓倒过，现在没有，今后面对更多困难时也没有，仍旧满怀信心，时刻准备，等待着实现梦想的时机。

乾符二年，朱温二十三岁，王仙芝和黄巢在离他家乡不太远的滑州和曹州分别起义。两年后，朱温二十五岁，王、黄联军杀到了距离萧县不过百余里的宋州，并且大败了官府的讨伐军主帅宋威。各种无法证实的小道消息，出现在了萧县的大街小巷与田野村庄，一个比一个更让人有"变天"的感觉，一些生活无着的平民，开始把参加"草军"看成一个有诱惑力的人生选项。

这其中无疑有朱温。当他听到西边宋州方向传来的各种消息时，多半比其他打算投奔"草军"的人更加心潮起伏。

因为他知道，在那里，有一个热闹的集市，有一所宁静的古寺，可能更有一个让他数年来一直魂牵梦萦的窈窕身影。

于是，朱温深藏着那个出人头地，娶张家小姐为妻的念头，说服了朱存，和自己的二哥一道离家出走。兄弟俩离开了萧县，奔往宋州，奔往黄巢的"草军"大营，奔向前方那不可预知的未来。

历史在这一刻被悄悄推动了，而推动它的最初原动力，也许就来自一个美丽少女那无意间的回眸一笑……

【作者按：关于朱温认识元贞张皇后的过程，本书参考了曹书杰的《后梁太祖朱温传》。】

尚君长之死

这些天来，宋州城外越来越热闹，当然，来的不只是像朱家兄弟这样的，揣着改变命运的理想，投奔"草军"的草民，还有赶来镇压草民，救援宋威的大唐正规军。

大唐的忠武节度使崔安潜，虽然和宋威共事的经历并不融洽，但在宋州告急之时，仍集合了手头忠武军全部精锐，共七千余人，由右威卫上将军张自勉率领，驰援宋州。

诚然，参加"草军"的人多是江湖草莽，但参加官军的人，也不见得就是守法良民。比如，在张自勉带来的这七千名忠武精锐中，就有一位校尉（校尉始置于秦，原为中高级军官，尤其像司隶校尉，地位更为重要。但后来这个职务像放弃金本位的纸币一样逐渐贬值，到唐代时只能算低级军官，按正常编制可指挥三百人）是王仙芝和黄巢的老同行，他便是未来的另一位知名人物：王建。

死后被谥"高祖神武圣文孝德明惠皇帝"的前蜀国创建人王建，字光图，忠武镇许州（当年曹操的大本营许昌，今天还叫许昌）舞阳县人。其父王庆原是乡里豪右，但后来遭遇变故破产，所以王建虽然是地主出身，却是在平民的环境中长大的。因为没钱，王建自幼失学，终生斗大的字不识一筐，还比不上乡村穷教师的儿子朱温。不仅如此，青少年时代的王建，在偷鸡摸狗、不务正业方面的造诣，又大大超过砀山的朱三，在家乡，人送外号"贼王八"。

如果说，在投军之前，宋州的"泼朱三"还只是具备了成为江湖老大的潜质，那么许州的"贼王八"，早已是货真价实的江湖老大了。他在许州和另一江湖头目晋晖合作，建立了一个横行许州、蔡州的集团，以盗窃为集团的主营业务，如果条件合适，也不介意干点儿抢劫之类的其他业务，著名的小弟，有他的亲戚王宗裕、王宗寿等人。

后来，这个盗窃团伙很不幸地碰上了忠武镇的"严打"行动，团伙头目王建和晋晖都被抓捕，关进了许州的死囚牢。眼看掉脑袋在即，王建求救于狱中的牢头孟彦晖，发誓如能救他一命，日后必当厚报。孟彦晖也不知出于什么考虑，私自将王建与晋晖都放了。

【作者按：没有证据证明孟彦晖是孟楷的族叔，故前文《数风流人物，还看盐贩》一节中孟楷与林言的那一段对话，仅仅出自在下的想象。】

侥幸逃生的王建接受了教训，放弃盗窃这种不入流的小打小闹，改行当上了更有前途的盐贩子。有一段时间，在均州、房州一带的私盐市场上，"贼王八"的名头，还是很响亮的。可惜，在大唐乾符年间，私盐行业遭遇的危机是全局性的，感到生意难做的王建，听从了武当山一个和尚处常的建议，回到许州，投身忠武军，结束了自己的江湖生涯（按说他在许州可是有案底的在逃囚犯，不知何时销的案）。和他一起投军的，还有老搭档晋晖。

由于王建"机略权勇，出于流辈"，再加上他与王仙芝、黄巢等老同行作战时，积极敢干，"从讨有功"，得到上一任忠武节度使杜审权的赏识，被"拔为列校"。此次又跟随张自勉，救援宋州。

于是，宋州城郊，战事再起。张自勉挥军破围，"贼王八"一马当先，王仙芝、黄巢联军列阵抵御，万箭齐发，王建所乘的战马中箭栽倒，但他跳起身再战，官军攻势不减，终于冲破了"草军"的阵列。这一仗，王仙芝和黄巢共损失两千余人，眼看官军的援军到达，攻下宋州的机会已经不大，两人解除了对宋州的包围，然而王仙芝向南，黄巢向北，继续各走各的道。

据说这次战斗结束后，王建把自个儿被射死的战马大卸八块，熬了一大锅马肉汤来慰劳跟着他的众小弟。当剖开马肚子的时候，发现有一条类似小蛇的奇怪动物，在战马的心脏附近蠕动（请问兽医朋友，马可不可能得这种寄生虫病？），让王建颇觉惊异，隐隐有天命在身之感。

【作者按：王建以小校身份参与讨王仙芝，以及剖马见蛇的记载，见

《蜀梼杌》，后一条让人生疑，大家姑妄听之。】

　　宋州再战，官军虽然算不得大胜，但好歹也是这大半年来，长安朝廷收到的第一条货真价实的捷报，可祝捷之余，在如何开展下一步行动方面，朝廷内部吵翻了。

　　宰相卢携认为，宋州解围后，张自勉的军队应该按照惯例，归宋威指挥，以便统一事权。按世界战争史的一般经验来看，在一个战场只设一个总指挥，一般要好过权责不明的多人统率，卢相国的建议看来是有道理的。

　　但卢相国的意见并未得到政事堂的一致赞同，反对者是他的对头，此时四个宰相中相对而言，为人最正直的郑畋。曾多次弹劾宋威，并提议以崔安潜、张自勉来取代宋威、曾元裕的郑相国认为，张自勉已经得罪了宋威，如果让他归属宋威麾下，必定会被宋威谋害！（从后来宋威弹劾张自勉的事实来看，郑畋并没有低估宋威的人品，他确实记仇不记恩）

　　派系矛盾尖锐，两人各不相让，而第三号宰相王铎，见朝中还是田公公、卢携一派的势力更大，也见风使舵，附和卢携的意见。郑畋见连自己推荐入朝的王铎也站到了对立面，气得上表要求辞职，回浐川养病。

　　可这种戏法人人会变，卢携、王铎也不示弱，同样上表请求免职。一时间，政事堂的四位同平章事，就有三个以撂挑子相威胁，中央政府面临着瘫痪的危险。

　　没办法，僖宗皇帝只好暂停了他心爱的马球，回来处理此事。毕竟在业余时间，他的岗位还是皇帝。李儇下诏，三个宰相的辞职申请统统不批准。然后，他和了一次稀泥：张自勉本人不用归并宋威麾下，但他的七千精兵要交给部将张贯，归宋威统一指挥，自己一个人回去许州就行了。

　　就这样，张自勉打了胜仗，解了宋威的危，未闻奖励，先被剥夺兵权。大唐朝廷再一次用事实证明了宋威的话：它确实赏罚不明。

　　尽管大唐朝廷内部黑幕重重，党同伐异，让郑畋之类比较正派的官员愤愤不平，几次想辞职不干，但后世钱锺书先生说得好，当华屋高墙内的某些人想冲出去的时候，墙外还有更多的人正想冲进来呢。

王仙芝，就是这些想冲进墙内的众多志愿者中，比较突出的一个。虽然上次在蕲州接受招安的活动，被黄巢破坏而遭到失败，但王大头领转行吃皇粮的念头，一刻也没有放松过。

在与黄巢第一次分兵之后，王仙芝曾多次致信宋威，希望朝廷能再降旨招安，给他安排一份吃皇粮的工作。但王大头领显然拜错了码头，因为我们聪明的宋"总司令"，根据当前政局与战局的精确考量，已经明确一个信念：王仙芝只有活着并且继续当反贼，才能实现宋"总司令"的自身利益的最大化；而一个吃皇粮的王仙芝，对宋"总司令"是有害无益的。

于是，王仙芝寄出的这些请降书信，全部被宋威扣下，就像掉进流沙河的石子，连个泡也不见冒，便消失得无影无踪。这次宋州之役，王仙芝肯与黄巢合作收拾宋威，也不排除正是要报一报对这位"无德邮递员"的私怨。

不过，王仙芝盼星星盼月亮一样盼望招安，终于还是盼来了一位"亲人"。宋州之役后四个月，王仙芝绕过宋威，与正在邓州的大唐招讨副使兼都监军杨复光杨公公接上了话，通过今天已经搞不清楚的渠道，定下了再次招安的合作意向。

对这一成果，王仙芝高度重视，为了表示自己投降的诚意，他决定派出以二把手尚君长为首的高级代表团，前去面见杨复光，商议受降封官的具体事宜。

说起这位杨复光，也是一个大有来头的人物。他出身的杨氏家族，在大唐的权宦世家中属于百年老字号，论根基深厚，远非如今最得势的田公公可比。

杨复光的名义曾祖父杨志廉，官至枢密使兼左神策军中尉，曾参与拥立唐顺宗为帝，为定策国老；杨复光的名义祖父杨钦义，官至左神策军中尉，是"牛李党争"中李党的政治盟友，有可能是名臣李德裕得以入朝辅政的幕后推手；杨复光的义父杨玄价，虽没有前两代这么辉煌的业绩，也官至神策军中尉，进入宦官最高阶层的"四贵"行列；他的堂兄杨复恭，前两年也曾干到左神策军中尉，但在宦官集团的内部斗争中，杨复恭不敌田令孜，又被挤下了中尉宝座。只是瘦死的骆驼比马大，杨氏家族数代经营，非田公公能轻易铲除，因此杨氏兄弟的位置仍然不低，虽处弱势，但也是宦官集团中能与田令孜对抗的一大派系。

【作者按：杨复恭与杨复光只是通过上一代的收养关系建立起来的虚拟亲戚，并没有真正的血缘关系。杨复恭本姓林，籍贯不详，杨复光本姓乔，福建人。】

一般而言，在体制内既得利益较多的人，总希望维持体制稳定，而既得利益较少的人，总有改变现状的渴望。作为著名宦官家族杨氏第五代传人中的佼佼者，杨复恭和杨复光兄弟对暴发户田令孜的当政都是非常不满的，但在与田"阿父"的正面对抗失利之后，杨氏兄弟只得"曲线救国"，从其他方面想办法。比如，做出一件引人注目的实际业绩，就可以大大提升影响力，重振杨氏家族的声威。

撇开日渐昏聩的宋威，招降王仙芝，结束旷日持久的"剿匪"战争，这是多么重大的功勋啊！如能成功，显然会大大加强杨复光及杨氏家族在北衙的发言权。再加上杨复光的为人，比较重节义，敢担当，属于唐代宦官中少数公忠体国的有识之士，对于这一既利国也利己之事，自然当仁不让。

但是，这样的事如果让杨复光办成，肯定也会相应降低田令孜、卢携、宋威一派的地位，因此在成功之前，一定得保密，田公公等人如若提前得知，要搅黄这件事，有的是办法和手段！

人算不如天算，尽管杨复光处处设防，这条绝密的情报，不知通过何种渠道，还是让宋威知道了。这位在战场上已经越来越没用的"总司令"，此时反应却格外灵敏，他当机立断，派兵在中途设伏以待，将乔装改扮赶往邓州的尚君长一行人全部抓获，然后厚颜无耻地向朝廷上报：他在颍州打了大胜仗，生擒"草军"的副首领尚君长！

发生这样的变故，杨复光当然不能不说话，他立即上奏，说明尚君长等人是来商议投降的，并不是被宋威在战场上擒获的！可他原先为了安全而进行的保密工作，现在起到了反作用：皇帝李儇与朝中大臣都不知道他招降王仙芝的事，孰是孰非，一时竟辨不清楚。

于是，李儇下诏，命侍御史（从六品下）归仁绍负责调查这件事的真相。

从刑侦角度来看，这件事似乎算不上什么疑案，要弄清真相并不困难：尚君长等十几个大活人都在宋威关押之下，假如他们确实是战场被擒，那时候又没有电话，他们自然不可能与相隔数百里外的杨复光串证；杨复光那里保存的与王仙芝往来的密信又可作为物证；而颍州唐军有没有打胜仗，更不难查清。

但是，就这样一个低难度的案件，还是给归仁绍带来了不小的难题，难点不在于弄清事实真相，而在于如何摆平真相背后的利益博弈。

为了让大家看得更清楚一点儿，就让在下来替归大人分析一下，在三个对局层面，"投降说" VS "擒获说"背后的力量对比吧。

第一局，中原前线："投降说" VS "擒获说" = 杨复光 VS 宋威。虽然杨复光的位置也很高，但宋威毕竟是主帅，地位更高。杨复光有后台，宋威也有后台，而且更硬。因此，第一回合，"擒获说" 1：0 胜出。

第二局，中央政事堂：谁都知道，当今头号宰相卢携是宋威的靠山，如果调查结果是尚君长等人竟然不是被擒的，那肯定会得罪卢相国。而让尚君长"战败被擒"，则没什么事（没有证据表明郑畋与杨氏兄弟是一党，即使讨厌宋威的郑畋站在杨复光一边，那也一样，因为朝中郑相国的权势一直被卢相国压着一头）。因此，在第二回合，"擒获说" 2：0 再次胜出。

第三局，大内北衙：杨复恭 VS 田令孜，这都不用说了，杨公公早就是田公公的手下败将，总裁判李儇也一直是偏向田公公的。至此，三个回合下来，"擒获说" 3：0，获得压倒性的胜利！

这样一算，对于尚君长，只能让他"战败被擒"，绝不能让他"投降"！

但话又说回来，政治这种游戏，常常是三十年河东，三十年河西，现在固然是田公公占上风，谁知将来会不会又变成杨公公得势呢？（后来杨复恭果然咸鱼翻生了）到时候如果杨公公记仇，只要略使眼色，就能让一个六品小官死无葬身之地！

两难啊，这不是在逼一个好干部犯错误嘛！

于是，经过一番调查核实，聪明的归大人来了一回"难得糊涂"，对于杨复光和宋威的两种说法，都用"证据不足，事实不清"给糊弄过去了，调查等于没调查。尽管尚君长等人如何下榻大唐牢房的具体途径不明，但他们还是必须享受"战败被擒"的待遇，用日式汉语说，就是"死啦死啦的"，反正造反的人该砍头，是遵照《大唐律》执行的，也不能算太冤。

如此一来，归仁绍既充分满足了田公公、卢相国、宋"总司令"一派的实际需要，也没有过分得罪杨公公兄弟，钢丝走得恰到好处，充分体现了归大人作为一名合格的大唐官僚，那高超的政客智慧。

只是，大唐的中央政府，在顽童皇帝、弄权公公，以及这样一群聪明政客的领导之下，要做出一个真正利国利民的决定，难度该有多大啊！

随着尚君长等人的人头落地狗脊岭（长安市郊），王仙芝改行吃官家饭的美好愿望彻底破灭。在求招安的过程中，他不但一无所获，还失掉了两个最能干的部下：黄巢和尚君长。这可能是曾为生意人的王仙芝，平生做的最大的一笔亏本生意吧。

感到被朝廷愚弄的王仙芝怒不可遏，决计报复。要进攻洛阳、长安，王仙芝一时还没有那样的实力，他决定南下，连克安州、随州，击败忠武、宣武两镇的特遣兵团，接替张自勉指挥忠武军的唐将张贯战败之后，从申、蔡两州之间的小道逃回。王仙芝接着又下复州、郢州，兵锋所向，直指荆南节度使驻地江陵府。

沙陀"飞虎子"

除了山清水秀的黄梅，朔风凛冽的代北，也在不久之后给长安朝廷带来平叛胜利的消息。这也是大唐帝国中央，在彻底沦为藩镇图章之前，军事上的最后两次雄起。

在王仙芝、黄巢们与曾元裕、张自勉们大战于中原的时候，代北又发生了什么事呢？这就有点儿说来话长了，得从一个人数虽然很少，却剽悍无比的族群讲起。这个族群，就是在前文中已经露过一次脸的沙陀人。

就当时而言，沙陀并不算一个历史悠久的族群。按通常的说法，他们属于突厥处月部的一个支系，原先总数有六七千帐（对应"户"），约三万人。

一个族群风俗习惯的形成，受制于它最初的生活环境，在物产丰饶、生活富足的条件下，一般是产生不了尚武之风的，因为没这个必要。这一小支突厥人恰恰相反，他们的祖先可能眼光不太好，从塞北西迁后，移居到准噶尔盆地南部一块水不算丰、草也不算美的游牧地——今天叫古尔班通古特沙漠，当时叫沙陀碛，沙陀人的名称正由此而来。

与南边的图伦碛（今塔克拉玛干沙漠）相比，沙陀碛不算贫瘠。它的总面积达四万多平方公里，由数片零散的沙漠组成，年降水量可达70~150毫米，冬季还有积雪，能够提供最基本的用水。星星点点的绿洲点缀其间，可供人类与牲畜生存，当然，富庶是谈不上的，在寒冷与干燥兼备的沙漠中顽强繁衍下来的族群，一定要有一副铁打的好身板。

同时，古老的丝绸之路也从这里经过，往返于东西方的商人，为这里带来过境的财富与远方的见闻，让他们并不闭塞，也为他们提供了通过武力来谋生甚至发财的机会。大唐、西突厥、回纥、吐蕃等称雄大陆的各大BOSS，或为控制丝路贸易，或为保证自身的边防安全，都参与到这个地区的角逐中来，使得这个地区长久以来一直战乱不休。当地生存的各小部族，不得不反复于各大国之间，学会夹缝求生与苦斗求存的本事。

在这种严酷的环境下，小小的沙陀部异军突起，成为一个以强悍尚武闻名西域的雇佣军族群。

沙陀部的世袭首领，有一个听起来带着点儿诡异之气的姓氏——朱邪。

据《五代史补》记载，朱邪氏的祖先是一个来历不明的婴儿，当时沙陀部先民从一个老鹰窝里发现了他，老酋长让族人轮流将这个孩子养大，这个孩子长大后便以"诸爷"为姓，表示不忘众人的养育之恩。后来时间长了，"诸爷"便讹传成了"朱邪"。不过，这种说法基本没有可信度，因为"诸爷"只能用汉语来解释，但唐初的沙陀部并不讲汉语。比较可信的说法是，朱邪来自突厥语"涿邪"一词，沙漠的意思。

早在唐高宗龙朔年间，沙陀首领朱邪金山，便随唐军大将薛仁贵讨伐铁勒，因表现突出，被授予墨离军讨击使、金满州都督、张掖郡公。此后，沙陀部长期是唐朝重要的西北藩属，为唐朝守卫西北边疆，立下了不小的功勋。

但安史之乱发生后，大唐帝国在中原的兵力不足，不得不靠拆西墙来补东墙，抽调了大批西北军队用于关东作战，见有机可乘的吐蕃趁火打劫，出兵与大唐争夺西域，将唐朝的势力一步步挤出了中亚与河西走廊。

贞元五年（789），吐蕃赞普赤松德赞发兵扰北，次年，吐蕃军队击败大唐与回纥联军，攻陷了北庭都护府。大势所趋，附属北庭都护府的沙陀部落不得不向吐蕃人表示臣服。曾身任唐朝金吾大将军、封酒泉县公的沙陀首领朱邪尽忠（"尽忠"应为沙陀东归后，唐廷追赐之名，他的真名可能叫朱邪思葛），又被赞普赤松德赞任命为吐蕃的军大论（相当于中原的指挥使，中高级军官），同时沙陀整个部落也被迁往甘州（今甘肃张掖）附近。

不过，做吐蕃的藩属，那待遇可就比做唐朝的藩属差多了。

中国古代的中央王朝，在富裕和文明程度上长期居世界之冠，远远高于周边的部族和藩属国，所以大唐帝国一般是不从藩属身上榨油水的。以唐的标准来看，这些藩属国也没有多少油水可榨，强行去勒索显得得不偿失，只要保持友好，让他们不扰边，甚至替自己守边，那就是大唐最大的利益所在了。所以，唐廷对藩属国从来是极为优待，回赐一般都会大大超过他们的进贡（其实不只唐朝，中国古代的中原王朝基本都遵循这一原则，向中国进贡的资格和次数，是值得周边小国挤破头来争的）。

吐蕃就不同了，虽然在当时也算是排得上号的，可论起文明程度和经济水平，却比周边几乎所有的邻居都低，不管袭扰或压榨哪一个，都显得利润丰厚。即使面对并不富庶的沙陀人，也没有影响到吐蕃那些敬业的税收官来回压榨的工作热情。当时吐蕃不断对外袭扰，骁勇善战的沙陀人正是吐蕃赞普眼中最佳的炮灰原料，他们既很能打，又不属于自己人，死了不心疼。而且这些炮灰的忠诚度也不敢保证，谁知道过了今天，明天沙陀人还会不会归你指派？总而言之，对他们是不用白不用，用了也白用，用废拉倒！

于是，吐蕃每与唐廷、回纥开战时，都要拉沙陀人当先锋，使得沙陀人在与自身利益无关的战场上，每每死伤众多。抛头洒血的时候打头，大秤分金的时候靠边；缴纳税赋的账簿上有，救济抚恤的名单中无！这种处境，就是沙陀人在吐蕃治下享受到的"国民待遇"！

自然，以骁勇豪爽著称的沙陀人不喜欢过这种二等公民的日子，他们对吐蕃的残暴统治怨声载道。首领朱邪尽忠也对当初投降吐蕃的决定懊悔不已，一心想找机会，逃离这条贼船。

后来，吐蕃在与回纥汗国的交战中失利，重镇凉州（今甘肃武威）失守。打了败仗的吐蕃高层推卸责任，迁怒于以往同回纥人交情不错的沙陀人，认为是他们暗中与回纥勾结，才导致本方战败！

有"罪"当然要罚，同时为了防止沙陀部投奔回纥，吐蕃赞普赤松德赞准备将沙陀部迁往祁连山以南，高寒荒凉的河外之地（约在今青海西北一带），对全体沙陀人实施流放。消息传出，早就心存不满的沙陀部举族怨愤，首领朱邪尽忠与儿子朱邪执宜商议之后，决定全体脱离吐蕃东归，前往灵州（今宁夏灵武，当时是唐朝朔方节度使驻地），投靠老东家大唐帝国。

这是一次异常艰辛的旅程。朱邪尽忠最初选择的路线是由甘州北上，假道回纥控制的漠北走个"n"字形入唐。但对沙陀人有可能叛逃已有准备的吐蕃对此严防死守，早出动大批军队堵塞了北去的道路，并不断调兵对他们围追堵截。于是，沙陀人北上三天后，被迫改道向南，一路辗转作战，行至洮河（今甘肃临洮一带），而后北上突破石门关，几经波折，才终于到达灵州。

在这个过程中，沙陀人经历了大小数百次战斗，首领朱邪尽忠战死，由朱邪执宜接替。出发时的三万部众到灵州时，只剩下人一万、马三千（另一说更惨，只有人二千、骑七百），时为元和三年（808）六月。与九百多年后，著名的土尔扈特部东归相比，沙陀人走的路程没有土尔扈特人长，但付出的代价更大，而他们在之后得到的回报，以及对后世的影响，更是让土尔扈特部望尘莫及。

此时在位的宪宗皇帝李纯，为中唐少有的英主，一向有平定河朔、中兴大唐的志向。要实现这些目标，精兵良将自然是必不可少的宝贵资源。因此，他对沙陀部的归附一事极为重视，这就像天降大雨时捡到伞，囊中羞涩时中大奖。总之，沙陀人来得太是时候了！大概也因为如此，他们得到了唐朝格外的优待。

在大唐朝廷的安排下，朔方节度使范希朝给这些经历过九死一生，接近一无所有的沙陀部民安排了住所，提供了牛羊、牧场，让他们差不多重获新生。稍后，朱邪执宜入朝面圣，又得到了"金币袍马万计"的重赏，并且加授特进（荣誉官衔，正二品）、金吾将军（禁军军官，从三品）。

如此鲜明的对比，让"虏性悍固，少它肠"的沙陀人感激涕零。在后来，宪宗皇帝讨伐成德镇王承宗、淮西镇吴元济的战争中，朱邪执宜都率沙陀军参战。他们干得非常出色，屡立军功，只要有沙陀军参战的地方，必然取得胜利。他们成为大唐手中最强悍的一支王牌军。

不过，鉴于沙陀人曾在大唐与吐蕃之间反复，同时西北贫瘠，供粮也困难，唐廷便从沙陀部中挑选精骑一千二百成立沙陀军，设军使，置于河东，其余部众移居朔州定襄神武川（今山西北部定襄县至应县一带）。

沙陀人到达代北后，与早已从中亚移居于此的昭武九姓胡人逐渐融合，形成新沙陀三部——沙陀、萨葛、安庆。后来所谓的"沙陀人"，其实已是多族群混杂的群体，这使得原本只剩下万余人的沙陀部实力得以迅速壮大，但其民族特征也随之渐渐淡化。

而后来所谓的"沙陀军"则更不纯正，包含了沙陀人、契必人、吐谷浑人、回纥人、汉人等。其中仅汉人所占的比例，可能就不低于从西北迁移过来的"真沙陀人"。例如，在文学作品及民间传说里著名的"十三太保"，其中李存审、李存贤就可以肯定是汉人，而李嗣昭、李存进、李嗣本所属不详，很可能也是汉人。

到朱邪执宜的儿子朱邪赤心任沙陀首领时，因为在镇压庞勋兵变时表现格外卓著，勇冠诸军，功盖众将，得到了唐廷赐姓的殊荣。朱邪赤心被赐名为"李国昌"，并且在皇家的家谱中列入郑王（名李元懿，唐高祖李渊的第十三子）的后裔。从此，朱邪氏一族改姓了李，成为大唐帝国的名义皇族。

也正是在这次打击庞勋的战斗中，一个年仅十四岁的沙陀少年开始崭露头角、冲锋陷阵，勇冠唐军诸将，成为沙陀三部与沙陀军中冉冉升起的耀眼新星。他，便是李国昌（朱邪赤心）的第三子，后来被后唐王朝尊为太祖武皇帝的李克用。在未来的数十年间，这位沙陀李三将是砀山朱三的死对头，两人共同担当起乱世大戏的领衔主演。

据说，李克用的诞生颇具传奇色彩。一般孩子经过十月怀胎的准备期，也就该与这个世界见面了，但他一直在母亲秦氏（从这个姓氏来看，可能是汉人）的肚子里待了整整十三个月，才终于有了挪窝的打算。但他的第一次"搬家"非常不顺利。可能是因为孕期时间太长，发育有些过度吧，秦氏临产时难产，痛苦挣扎将近一个晚上，焦急万分的接生婆没能把他小人家请出来。

此时，他的父亲朱邪赤心正为国效力，戍边于外，族中人都非常担心、害怕，如果秦氏夫人和孩子都死了，等首领回来，如何交代？大家紧急商议了片刻，觉得还是大地方的医院、诊所更让人放心一些，便急忙派人前往雁门请名医、买良药。

派出去的人走到半途，遇到一位神秘的老人，对他说，秦氏夫人的这次难产，不是靠巫师或医生能解决的，你应该马上回去，带着全体族人披上盔甲，挥动军旗，敲响战鼓，骑着战马大声鼓噪，围着产妇所在的房子奔驰三周，让这个善战的孩子听到战场的声音，他就会自己出来了。

于是，李克用便以这样一种充满了铁血色彩的方式，呱呱坠地。母子平安，皆大欢喜。

这可能是所有中国古代大人物的诞生神话中，最显豪迈质朴、最具个性的一个，也非常形象地契合了李克用征战不休的一生。

此时，是唐宣宗大中十年丙子岁九月二十二日（856 年 10 月 24 日），地点在神武川之新城（今山西朔县东南五十里夏官城村）。

此时沙陀三部定居的代北之地属于大同防御使的管辖区。大同镇，是唐武宗会昌三年（843）时，从河东镇分割出来的一个小藩镇。它北倚燕山，山那边便是回纥、契丹等时常南犯的游牧部落，南抵雁门关，保卫着晋中之地的安全，辖区包括云（今山西大同）、朔（今山西朔州）、蔚（今山西灵丘）三个州。对大唐来说，大同虽然不大，却是兵家必争的边防要地，这也是当初唐廷将沙陀这个雇佣军族群安置于此的主要原因。

在这个地方，杂居着汉、沙陀、粟特（昭武九姓）、吐谷浑、鞑靼、奚、回纥、党项、契丹等多个族群，民风骁勇，号称"番民杂居，刚劲之心，恒多不测"。总之，这是一个让王法靠边站，主要以力量说话的地方，谁强，谁就是老大！

真是近墨者黑啊，在这种地方长大的李克用，刚刚学会说话，内容就不是"爸爸、妈妈、抱抱"之类，而"喜军中语"。稍大一点，他与同辈小伙伴比试骑马射箭，每次都是第一，从小表现出的，就是一名卓越武夫的不凡潜质。

可能是因为出生时难产，李克用自幼一目失明，人送外号"独眼龙"，这虽然让他此生与帅哥二字无缘，但似乎对他练就一手百发百中的高超箭术有所帮助（还有个意外收获，在七百多年后，他成了日本战国时著名独眼大名伊达政宗的终生偶像）。

据说有一次，沙陀部的男子结伴出猎，有两只不幸的野鸭子从他们头顶高高地飞过。由于距离远了些，众多老猎手都觉得没有把握射中时，却见年仅十三岁的李克用不慌不忙地张弓搭箭，两发两中，让在场的所有老猎手大为敬佩。

独眼少年闯出了他生平的第一次名头。不久，他的名声也传到了北边邻近的鞑靼部落（后世蒙古人的祖先）。这让以骑射自豪的鞑靼人感到有些不服气，其中几个高手特意跑来找他比试箭术，指着远处翱翔于天空的两只雄鹰说："你有本事把它们一箭射落吗？"李克用二话不说，立即弯弓射大雕，一箭飞出，二雕齐落，原来已经像糖葫芦一样被箭杆穿在一起了！（唉，从长孙晟，到高骈，到李克用，这都多少次了！我要是鹰族长老，一定要制定一条新的交通规则：外出活动时，大家要保持安全距离，不许飞得太近）

当然，雕射得再好，也只是一个好猎手，要做沙陀人心目中的英雄，必须是战士，不能只是猎人。但不久席卷江淮数十州的庞勋起义，又非常及时地给了李克用一个证明自己的机会。

他随父参与讨伐庞勋的战斗，表现卓越，一跃成为沙陀军中的头号猛将，让尚武精神浓厚的族人都对他的才能心悦诚服。再加上李克用的个性，集暴虐急躁、直率真诚与慷慨豪爽于一身，少架子，能与部属同甘共苦，有一种天生的领袖气质，很对质朴但凶悍的沙陀军士胃口，他很快便赢得了他们的衷心拥护。这些条件凑在一起，产生了乘数效应，少年李克用声名大噪，成为众人默认的沙陀军未来领袖。军中的士兵送给他一个响亮的新绰号——"飞虎子"！十四岁少年的威望直线上升，紧追其父李国昌。

从某个角度说，庞勋真可以算是沙陀李氏家族的恩人，李氏家族在他的"帮助"下，不但得到了赐姓赐籍的精神奖励，还得到了一份沉甸甸的物质奖励：唐廷将李国昌提拔为大同防御使，原防御使卢简方调入中央任太仆卿，这是沙陀李家（朱邪家）在归唐六十一年后，首次加入藩镇的行列，拥有了一块名正言顺的基地，不再是其他藩镇管辖下的客军。

但没过多久，唐廷就为自己的一时冲动感到后悔了：沙陀人定居大同已经有几十年，根基已深，现在又让李国昌执掌大同，这不是为虎添翼吗？沙陀人的凶悍善战，那是有目共睹的，而"非我族类"，又总让人感觉"其心必异"，将来如果尾大不掉，可如何是好？

寻思来寻思去，朝廷想出了一个画蛇添足的办法来加以补救：将李国昌调任振武节度使，表面上看是给他升官（由防御使升节度使），内里则是一条调虎离山之计，因为沙陀人在振武并没有多大的影响力，大多数沙陀人仍居住在大同。这样一来，就将他们的首领和部众切割开来，振武李国昌少众，大同沙陀人缺首，出乱子的概率应该小多了吧？

但朝廷又失算了，因为他们低估了一个人：李克用仍留在大同，任云中守捉使。从此，李克用脱离他父亲的直接领导，成为新任防御使支谟的下属官员。而在事实上，他已成为大同地区沙陀军的首领，风头更盛，根本就不是名义上司支谟能管辖得了的。大同，仍旧是沙陀军的大同！

据说有一天，军队例行的晨练结束后，李克用突然心血来潮，带着他在军中的一帮死党，大摇大摆地闯进防御使的衙门，然后，这群大兵把这个国家权力机关所在地变成了一个大戏台，旁若无人地玩起"升堂"。只见独眼少年怡然自得地坐在防御使的宝座上，像煞有介事地吆五喝六，下边一帮同党跟着起哄，现场乌烟瘴气，甚是滑稽。

这种事在当时，属于严重的"犯上"行为，但防御使支谟不敢按律追究这位跋扈的下属，甚至不敢责问一句。俗话说，强龙尚且难斗地头蛇，何况以他和李克用的能力、实力和影响力来看，就算把这句话主宾关系颠倒一下位置，说成"强蛇难斗地头龙"，也是抬举他支谟了！

于是，很有自知之明的支大人只得调动疲惫的五官，挤出一副"愉快"的笑脸，向这群兵大爷打招呼：好玩不？如果大家玩累了，是不是可以让我办公啦？

不知道我们的云中守捉使坐在防御使的办公桌后面时感觉如何，有没有把它真正变成自己办公桌的想法？我们可以知道的是，在不久以后，他有了这样的行动。

第四章

天下大乱

唐僖宗

黄巢

李晋王

朱温

让子弹飞（上）

乾符三年（876），怯懦但还算聪明的大同防御使支谟离任了，他的继任者，是不怯懦也不聪明的段文楚。

假如要给段文楚这个人定个头衔，那应该就是878年的"年度霉运大奖获得者"吧。

这位新到大同上任的段大人，同此时的名将高骈有一个共同点，他也是名臣之后。

段文楚的祖父，名叫段秀实，是唐中期著名的忠臣良将，论功勋、气节、名望都在高骈的祖父高崇文之上。宋末抗元英雄文天祥，在他所作的千古绝唱《正气歌》中，有"或为击贼笏，逆竖头破裂"一句，说的就是段秀实最后笏击乘乱僭位的朱泚，舍生取义的事。

虽然有这样一位了不起的祖先，但段文楚似乎并没有从爷爷那里继承丝毫做事、带兵的才能，只继承了些许的倔脾气，这点他与高骈没法比。从其生平履历来看，段文楚就是一个一生运气都很背的平庸官僚。

他早年曾任邕管经略史（总部在邕州，今广西南宁），提出过一个合理化建议。当时唐廷为防备南诏袭扰，从中原各藩镇抽调了三千军队驻扎于岭南西道，三年一轮换，已成制度。段文楚到任后，经过实地调查，他认为中原士卒大多不愿意远戍西南，因而士气很低，常常闹事（后来与邕管紧邻的桂林，果然就发生了震动天下的徐州庞勋兵变），而且军队长途调动所需的费用也很高，他便向朝廷提议，将三千兵的军饷直接拨给邕管，在广西当地招募三千土人为兵，这样就不用再从中原调兵了，既省钱，又可以增强边疆防御。

按说这是一个不坏的办法，朝廷也同意了，但才开始执行不久，段文楚便调入京城任金吾将军兼殿中监，此时土兵才刚募到五百人。新上任的邕管经略史李蒙，是个比较标准的贪官，马上不动声色地停止了募兵，好再每年私吞余下那二千五百份空饷。

如果边境平安无事，这的确是个发黑心财的好主意，但遗憾的是，这个发财计划还需要南诏国的配合才能完美不是？而我们也知道，南诏皇帝酋龙并不是一个助人为乐的好酋长，一向缺少成人之美的良好品德。不久，南诏军队便大举进犯广西。只剩下六分之一正常防御力量的邕管如何招架得住？南诏军连下数城，逼死经略使李蒙，接着又打败接替李蒙的新经略使李弘源，攻陷邕州，大肆烧杀掳掠一番，才满载而归。

朝廷无奈，再次调段文楚出任邕管经略使，希望他能够凭借老长官的人脉，来收拾一下残局。没想到广西当地人都在传说，此次南诏袭扰得手，都怪段文楚不要中原调兵的馊主意，他才是"始作俑者"！民怨沸腾之下，大家需要一个反面典型来顶罪，几乎没人在乎事实真相如何。于是，段大人躺着中枪了，几个月内他受到多次攻讦，朝廷也不厌其烦，将他贬为威卫将军分司了事。

之后段文楚一连坐了多年的冷板凳。很久之后，调任天德军防御使（治所在今内蒙古乌梁素海土城子，为唐代西北藩镇中的第一弱镇），享受塞外风沙的洗礼。

僖宗皇帝继位后，段文楚大概在天德军干得还过得去，经人推荐，终于又升任大同防御使兼水陆发运使，不但换了一个好一点儿的地方，还兼得了一个人人羡慕的肥缺，似乎是时来运转了。他哪里想到，这其实才是他终极霉运的开始。

肥缺这种玩意儿，既是发财之本，也是众矢之的。以在下所看到的史料，无法判断段文楚在任时是否中饱私囊（他的爷爷段秀实是出了名的清正廉洁），但在一个动乱的年代，一个既手无寸铁，又不知自忌的文人，坐上让人眼红的位子，前往多族杂居，以难治著称的大同，那就和弱不禁风的林妹妹，单身一人手持万两银票漫步土匪窝一般。你要是相信她还能毫发无损地回来，那是不是太低估土匪啦？

更不幸的是，段文楚到任不久，代北闹饥荒了。虽然代北的灾情并没有中原严重，但这里本来就是唐朝的经济欠发达地区，底子很薄，再加上同时期其他地方也不富裕，从外地转运粮食、钱帛也很困难，别说开仓放粮救济难民了，连士兵官吏正常的薪饷发放很快也变成了大问题。三年前高骈在西川碰到的麻烦，现在以加乘的形式出现在了大同。

巧妇尚且难为无米之炊，何况段文楚大人还算不上巧妇，他既然没有开源的本事，就只能节流了。和高骈一样，段文楚也决定靠削减政府开支来渡过危机。而削减政府开支的具体项目，首当其冲的自然就是士兵的薪饷。但在具体手法上，段大人与高大人不完全相同，高骈对蜀地士兵是拉一批，打一批，段文楚则是大手笔：一视同仁，统统扣工资，减薪没商量！

下面不服怎么办？高骈有自己一批亲兵卫队可供倚仗，段文楚没有，于是他又用了一条自以为聪明的馊主意：用严刑峻法来立威。在段文楚的授意下，负责整肃军纪的判官柳汉璋加大了惩处力度，穷搜律条，深文周纳，属下士卒但凡有过，都要从重、从快、从严处理！

通过杀鸡吓猴子，大同镇暂时在表面上恢复了安定团结的大好局面，这让段文楚认为自己的措施是很得当的，毕竟当年，自己的祖父段秀实也曾在邠州（今陕西彬州）严惩过郭晞（中唐名将郭子仪之子）手下的不法士卒，最后不也没事吗？还传为了千古美谈。

但段大人哪里知道，此一时非彼一时，李克用也不是郭晞，暂时没事，只是因为在他被命中之前，人家得让子弹飞一会儿。此时大同镇的情形，就像姜文那部电影中鹅城的放大版，李克用便是加强版的黄四郎，支谟、段文楚就是"前几任县长"。什么，谁是"张麻子"？对不起，那个人还得再过一段时间才出场。

大同的士卒军官，有很多是平日强横霸道，素来不守法度的沙陀雇佣军，平时无事都要闹三分，何况段文楚已经严重侵犯了他们的利益。因此，他们早对姓段的恨入骨髓，正准备发动一次兵变干掉他。要知道，代北的军队一向好勇斗狠，可不像成都的突将营那么好说话，他们刀一出鞘，是一定要见血的。

兵变的主要策划者，是云州沙陀兵马使李尽忠，同谋的还有牙将（藩镇的亲卫军军官，没有固定的大小，唐时取"爪牙"之意，将负责保卫节帅安全的亲卫军称为"牙军"，牙军军官为"牙将"）康君立、薛志勤、薛铁山、李存璋、程怀信、王行审、盖寓等人。

他们聚在一起秘密商议说："如今天下大乱，朝廷的号令在外边已经越来越不管用，这正是英雄豪杰建功立业、求取富贵的大好机会啊！段公不过一个不晓世事的书呆子，跟着他肯定成不了什么事，我们虽然也都有一些部众，但声望、实力都不足，光靠自身这点力量也难以成事。而李振武（振武节度使李国昌）功大官高，早已名震天下，他的儿子李克用，勇冠诸军，更是当世英雄。我们如果辅佐李氏父子举大事，则代北之地可以轻易平定！"（见《资治通鉴考异》引《庄宗功臣列传》，不知何故，司马光在正文中去掉了"段公儒者，难与共事"这一句）从这段话不难看出，他们起事的原因，不仅是被减工资那么简单。

声望不够的小头目造反时，要拉一个有名望的人出来当首领。例如，四百七十三年前，四川地方部队叛乱，就在轿子里绑了一个参军谯纵当首领。李尽忠向同党隆重推荐李国昌与李克用，说得好听点儿，叫作"内举不避亲"，因为他正是李国昌的老弟、李克用的叔父。如果说得不那么好听，大家可以自己斟酌了（部分学者，如明末清初的王夫之，干脆认为李克用才是兵变的真正主谋，李尽忠不过是在台前出面，替他张罗罢了，但此说缺乏史料依据）。

这几个人都是胆大包天的行动派，说干就干，一点儿不含糊。李尽忠马上派康君立秘密前往蔚州面见李克用（此时李克用的职务已经变成了"沙陀副兵马使"，表面上还没有李尽忠的官大，但实际声望远超他），告诉他这个"喜讯"：恭喜你，中奖了，你已经被我们推举为首领了！

李克用本来就是一头彪悍的猛虎，没有谯前辈和黎晚辈这么多矫情，不过他也没有马上答应："我父现在振武，这件事关系重大，得等我禀报他之后再做决定。"康君立忙提醒说："如今大事已经开始进行，行动稍有迟缓，有利形势就可能一去不返，哪里有时间到千里之外去申请批准？"

正如康君立所言，他们的"大事"确实已经开始了。差不多同时，在云州的李尽忠率亲兵哗变，突然袭击了防御使府衙，轻而易举地生擒了防御使段文楚和判官柳汉璋等几个最招士卒愤恨的人，随后把他们统统关进了大狱。李尽忠宣布自己暂时代理知军州事，派人前往蔚州，恳请李克用尽快来云州赴任。

李克用不再迟疑，立即率部前往云州，并一路招兵买马，壮大实力，"飞虎子"的招牌还是很有号召力的，不少对现状不满意，又怀揣发迹之心的武夫纷纷加入。二月初四，李克用到达云州城外，部众已达一万余人。他并不急于入城，而是将兵马屯驻于城郊斗鸡台（今山西大同奚望山），引而不发，保持对城内的强大压力，以观变化。很清楚，他李克用要来就是来当头的，不可能来当谁的傀儡。

两天后，主持城内事务的李尽忠将防御使的符节、印信等遣人送出，请李克用就任大同镇留后。前防御使段文楚、前判官柳汉璋等五个倒霉蛋，也披枷带锁，被送到了斗鸡台下。如今的段大人估计对自己前一段时间的种种举措，已悔青了肠子，但也许还抱有一丝幻想："沙陀李氏父子一向有忠义勤王的好名声，不至于对朝廷大员痛下杀手吧？"

他没有想到，李克用不但敢下杀手，而且使用的手段不是残忍，也不是非常残忍，而是非常非常残忍！

随着李克用的一声令下，段文楚等五名朝廷命官被扒去衣服，裸身绑在木架上，几名沙陀军士手持牛耳小刀，一刀刀慢慢割去他们身上的皮肉，凄厉的惨叫声顿时回荡于斗鸡台上！但这样的声音和场面，竟然也没有影响到李克用手下那批沙陀军士的好胃口，活剐下的人肉也不烹饪一下，就带着鲜血与热气被他们塞进嘴里，大快朵颐！毕竟人多食量大，没过太长时间，刺耳的惨叫声消失了，木架上只剩下五副血淋淋的骨架，李克用又吩咐将之掷于地上，纵马践踏，踩为骨渣！

活吞段文楚，似乎是唐末乱局开始以来，第一起有组织的食人事件（民间因为饥荒而出现的零星吃人事件不算），而且原因不是饥饿。正是这位在后世名声不坏的李克用，给这个暴虐的乱世，开了一个非常恶劣的头。从今以后，类似的暴行会越来越多，从人咬狗一类的异常现象，变成狗咬人一般的正常事例，直到人们对此神经麻木，习以为常。

由于李克用在后世的史籍和民间故事中，一般是以正面形象出场的，所以作为他被动的对立面，悲哀的段文楚在死后继续中枪。在小说和评书艺人的口中，人们忘记了他是段秀实的孙子，给他安排了一个他实际上从未有过的身份——国舅。

常听说书的朋友，大概已经知道，在传统评书中，国舅、国丈一类的身份，基本上就是邪恶的代名词，如有名的冤假错案中的潘仁美、庞籍等。段文楚自然也不能例外，在小说里，他成了田令孜的帮凶，成为贪赃枉法、陷害忠良的奸臣，最后在一次宴席上公然污辱少年英雄李克用，结果让一时冲动的李克用给"为民除害"了。

谁说民众的口碑总是公正的啊？

让子弹飞（下）

段文楚命丧斗鸡台后不久，长安的朝廷接到了大同镇全体官兵的联名请愿书：请求任命李克用为新的大同防御使。

按说在晚唐，兵变可谓多如牛毛，每年都要发生好几起，正常得都不具备新闻价值，所以这几年发生的多数兵变，本书都没有提到。一般来说，大唐中央政府对此类事件的处理原则，就是多一事不如少一事，少一事不如没有事，特别是对于实力雄厚的兵变者，朝廷大多都会采取绥靖政策，承认既成事实（如前文提到的卢龙李茂勋）。

正是有了这些先例"良好的"示范效应，李克用、李尽忠等人才心安理得地发动兵变。而得知大同方面消息的振武节度使即李克用的父亲李国昌，大概觉得朝廷承认儿子当防御使是迟早的事，为了既得里子，又得面子，也乘机向朝廷卖了一个不值钱的高姿态："请求朝廷尽快任命新的大同防御使，如果李克用不听朝廷的话，臣将率本部兵马加以讨伐，绝不会为了爱一个儿子，而辜负国家的大恩！"

谁知，一向对藩镇比较温顺的大唐朝廷，这次却当了一回倔毛驴，竟然没有"尊重大同人民的选择"！大唐中央政府经过一番斟酌考量，决定不批准请愿书，不承认李克用为大同留后。

不久，朝廷的人事命令下来了，任命曾担任过大同节帅，做过李氏父子老上司的卢简方再次出任大同防御使。同时派前防御使支谟的弟弟司农卿支祥前往振武、大同，告诫李氏父子：只要对卢长官保持过去的礼节，那么这件事就算过去了，朝廷一定会给李克用安排一个让他满意的新职。

这下子，轮到李国昌为自己的表态后悔了：儿子眼看已经到手的防御使之位都没了，还谈什么"满意的新职"？朝廷那帮子大员也真是，人家不过客套两句，竟然就当真了，这都什么智商啊？

其实，朝廷的想法也是不难理解的。毕竟李氏父子与其他藩镇那些兵变上台的骄兵悍将，如卢龙李茂勋之流，不太一样：兵变前的李茂勋，如果去掉了卢龙将领的职务，就是纯粹的光杆司令一个，即使当上了卢龙节度使，也只是有权位而无根基，倘若某一天某个部下想取其而代之，他的失败可能也就是眨眼的工夫（李茂勋当政时间太短，没有等到这一天，但他的儿子等到了）；李氏父子则不同，他们即使没有官方职务，仍然是沙陀部的天然领袖。

如果你知道几百年前十六国时期的故事，就应该了解这种身份是多么让人不放心。当时称号建国的大半枭雄，都是凭借着部族首领的身份起家的。谁能预测李国昌父子不会变成新的刘渊、拓跋珪？

虽然自朱邪执宜东归以来，沙陀人在大唐享受到的待遇，远远高于给吐蕃人打工的时代，甚至得到了列入皇家家谱的荣誉，但这些表面的东西，并不能代表真正的亲密无间。根本原因，只是长安的新老板比逻些（今西藏拉萨）的旧老板财大气粗，并且管理员工的 CEO 经验更丰富而已。事实上，论对沙陀人的信任，唐朝的皇帝从来就没有超过吐蕃的赞普，同样不能容忍他们脱离控制。

另外，这年头兵变虽然很多，但大多不会把事做绝（如卢龙镇被赶跑的前几任节度使张直方、张公素等，都在长安养老），像李克用这样，得手后残忍杀害老长官的，暂时还无先例。

段文楚那种骇人听闻的惨死，让朝廷和各藩镇节帅知道后，谁能不感到脖子后面那一股冷森森的寒气？如果对这样的行为完全听之任之，让它形成风气，谁知道下一个受害者是不是自己？

正好，李国昌言不由衷的表态，又给了年纪尚轻、政治经验不足的僖宗皇帝一个误解，以为可以通过和平手段化解这个潜在的危险。这种种考量，从皇帝赐给卢简方的诏书中，可以清楚地看出：

> 李国昌久怀忠赤，显著功劳，朝廷亦三授土疆，两移旄节，其为宠遇，实寡比伦。昨者征发兵师，又令克让将领，惟嘉节义，同绝嫌疑。近知大同军不安，杀害段文楚，推国昌小男克用主领兵权。事虽出于一时，心岂忘于长久？段文楚若实刻剥，自结怨嫌，但可申论，必行朝典。遽至伤残性命，刳剔肌肤，惨毒凭凌，殊可惊骇！况忠烈之后，节义之门，致兹横亡，尤悚观听。若克用暂勿主兵务，束手待朝廷除人，则事出权宜，不足猜虑。若便图军柄，欲奄有大同，则患系久长，故难依允。料国昌输忠效节，必当已有指挥。知卿两任云中，恩及国昌父子，敬惮怀感，不同常人。宜悚与书题，深陈祸福，殷勤晓谕，劈析指宜。切令大节无亏，勿使前功并弃。

如此一来，李氏父子与李唐朝廷，彼此都不了解对方的底牌，这笔交易注定只能失败了。

人情、面子，只不过是官场的润滑油，润滑油很重要，没有它，机器运转会很困难，但谁见过仅靠润滑油，就能让引擎发动的？对李克用来说，他不可能只为了给以前看着自己长大的卢长官一个面子，就放弃到手的大同，那样才真叫作"前功并弃"。

于是，朝廷的这道人事命令，让被执行方扔进了掷纸篓。进入大同境内的卢简方发现，自己"两任云中，恩及国昌父子"的交情如今完全派不上用场，连云州城都进不了，更别提上任了。想想段文楚的遭遇，他也不敢强闯，只得又退回原地待命。

朝廷见李克用抗命，又想了一个不切实际的新办法：将大同镇节帅的级别由防御使提升为节度使，调振武节度使李国昌为大同节度使，调未能上任的卢简方为振武节度使。你不让卢长官进云州也罢了，总不可能连你老爸来云州，你都挡驾吧？

内心希望朝廷服软，让他们父子两人能够各据一镇的李国昌接到诏书后大怒：这个朝廷，给根棒槌就当针，也太白痴了吧！他再私下一盘算：如今朝廷调得动的军队大半受制于中原的"草贼"，就算我不接令，中央又能如何？

既然面子与实利已不可兼得，那就舍面子而取实利也！激愤之下，一不做，二不休的李国昌干脆杀掉朝廷派到振武的监军宦官，撕毁诏书，派人通知儿子李克用：我们造反啦！

李国昌显然太冲动了，做事欠考虑。与朝廷摊牌，这意味着将很有可能和目前潜在实力仍超过沙陀人百倍的大唐帝国政府对抗，他们需要的只是防御使的委任状，并不是朝廷的讨伐军。即使对于骁勇善战，而且已经杀官夺城的李克用来说，这也不是一个好消息，而对李国昌在远方的几个儿子而言，则更意味着灭顶之灾的来临。

综合各种史书的记载，李国昌的儿子应不少于九个，可知的有李克恭、李克俭、李克用、李克让、李克修（存疑，另一说为克用堂弟）、李克宁、李克章、李克勤、李克柔等。在李国昌毁诏杀使的时候，至少有两个儿子即李克用的哥哥李克俭与弟弟李克让正在长安任职，其实也相当于人质。他们的住宅，位于长安城的繁华地段，东市旁边的亲仁坊，这还是当年朱邪执宜归唐时，宪宗皇帝亲赐的宅第。

当振武李国昌谋反的消息传回长安，天子立即命巡使带兵夜围亲仁坊，抓捕李国昌的儿子。一番恶斗，李克俭被杀，当时正担任金吾将军的李克让虽不及三哥李克用，但也十分骁勇，率十余骑死斗，竟乘乱冲出了长安城（大唐中央神策军的战斗力真够渣的，关上城门抓十几个人，如同瓮中捉鳖，都有本事让"鳖"跑了），夜投南山佛寺。不料寺中的和尚认出了他们的逃犯身份，这群出家人修身不修心，贪图赏金，便乘李克让疲累熟睡之机，将他杀死（关于李克让被杀的具体经过，各种史料记载彼此矛盾，本说为司马光在《资治通鉴·考异》中的推测）。

两个月前，李国昌在上呈给朝廷的表文中说自己不会爱惜儿子。这一条，他做到了。

当然，李国昌承诺的另一半，不会辜负大唐的恩情，现在看来是不容易兑现了。他和儿子李克用已积极整顿军马，四面出击。

在西南方，沙陀军攻陷遮虏军（今山西五寨县西北），直取岢岚军（今山西岢岚县）。正受命前往振武的卢简方又气又急，暴亡于岚州（今山西岚县北）（另有一说，卢简方为李国昌父子派人暗杀）。

南面，沙陀军突破没什么防备的雁门关，绕过代州，焚掠唐林、敦县，进逼忻州。惊慌失措的唐河东节度使窦浣急征民夫，绕太原府所在地晋阳城挖掘护城壕，又急调带有民兵性质的"土团"一千名，北上增援代州。谁知这些土团在大同兵变的示范作用下，刚走到城北，便不再动弹，发出话来：看不见赏赐就不打仗了！因为河东的财政状况也不比大同好多少，窦浣开始只命马步都虞候邓虔空着两手前往抚慰，土团士兵毫不客气，立即把前来慰问的邓大人绑起来，活活剐死（真是活学活用啊，只差没吃人肉了），然后抬着支离破碎的尸体前往节度使衙门示威，吓得窦浣刮干库府，又向城中商人强借钱五万贯，给土团士兵每人赏钱三百、布一匹才算了事。由于窦浣的表现过于软弱无能，朝廷将他革职，以曹翔接替，同时从中央还可调动的昭义、义成、忠武、河阳四镇抽调军队，组成特遣兵团，支援河东。

东面，沙陀军袭击了宁武军（今河北怀来县东南），遭卢龙节度使李可举（李茂勋的儿子）的反击，沙陀军进展不大。这应该算李克用的一个失误，此举非但劳而无功，反而刺激了本可能保持中立的强藩卢龙。李可举很快高调响应朝廷的号召，出兵参加中央进剿李克用的战争，成为沙陀军东面的劲敌，而且这种敌对关系一直保持了几十年。

不过，比起东边的卢龙军，李氏父子更大的霉头来自西方。

当年冬，李国昌出兵，准备进攻依附唐朝的宥州刺史、党项人首领拓跋思恭。不想出师不久，隶属天德军的一支吐谷浑雇佣军突然挥师东进，奔袭振武，一举攻克振武镇总部单于都护府（今内蒙古和林格尔北土城子），已进至定边军的李国昌顿失根本，家属大半被俘。振武军原先就不是李氏父子的嫡系，此时人心浮动，纷纷逃离，最后，李国昌身边只剩下五百骑兵。

为救危在旦夕的父亲，李克用只得停止南下，率军紧急西渡黄河，直趋定边，把李国昌迎回大同。但振武的丧失，使李国昌父子在代北的威信大受打击，其最铁杆的拥护者又被李克用拉到了陕北，结果没等李克用回来，云州发生第二次兵变，守将反正归唐，拒绝李克用归来，并将吐谷浑雇佣军迎进云州。

指挥这支吐谷浑军队，通过这次奇袭便害得李国昌、李克用都无家可归的主将，名叫赫连铎（名义主师是李克用的老熟人，前大同防御使支谟，他刚刚又被朝廷重新任命为大同节度使，位在赫连铎之上，但他手里没兵，只能是挂名）。如果大家还记得前文中的类比，那么可能已经猜到几分了吧？是的，他就是这幕大戏中的"张麻子"。

吐谷浑，原是十六国时期由鲜卑慕容氏分支建立的地方政权，其主要统治区域在今青海北部，是一个说强不算强，说弱但也还过得去的政权。它因所在的地方偏僻落后，极少受到侵犯，与它同时代开基的各强国全都灰飞烟灭之后，吐谷浑仍顽强地生存在祁连山之南。

不过，这种好运气到唐初终于结束了。因为在南边更荒凉的高原上，强大的吐蕃崛起了。高宗龙朔三年（663），吐蕃芒松芒赞发兵大举入侵吐谷浑，尽夺其地，吐谷浑的末代君王慕容诺曷钵携妻弘化公主（唐宗室女）逃入大唐避难，建国长达三百多年的吐谷浑王国灭亡。

亡国之后的吐谷浑人，除了少数幸运儿内迁，得到大唐的庇护外，大多数与东归前的沙陀人一样，沦为吐蕃的二等臣民，被迁往今柴达木盆地一带的荒漠地区，并要承担苛重的赋税和服不见天日的兵役。

沙陀人感觉到的痛苦，吐谷浑人当然也感觉得到，因此，不断有小股的吐谷浑人逃离吐蕃，投奔大唐。其中，在文宗开成元年（836），吐谷浑人中一个之前不为人所知的小部落——赫连部逃到丰州（今内蒙古五原之南，隶属天德军），请求内属，随后被朝廷安置于大同川（今内蒙古乌拉特前旗，不在大同）。

投唐时，赫连部的数量仅为三百帐，比沙陀人更少，时间也比沙陀归唐晚二十八年。赫连铎，正是此时世袭的赫连部酋长，从这个姓氏来看，他的祖先可能是十六国时期逃亡到吐谷浑的某个夏国皇族，不会是纯正的吐谷浑人。他们的勇武虽然比沙陀人略逊一筹，但他们算得上大唐雇佣军中的一支劲旅。

赫连部与沙陀部此前的遭遇是如此相似，都是寄人篱下，都是颠沛流离，几乎可以说是难兄难弟。同样的感受给了他们同样的渴望，那就是：得到一块属于自己的地盘。只是赫连铎的实力没有李克用强，胆子也没有李克用大，要挑头造大唐的反，那还是不敢想，更不敢做的。但如果能打着中央的旗号，在各路官军的配合下，抢自己的地盘，那何乐而不为？

更何况这次被杀害的段文楚是天德军的老长官，虽然不知道他在天德军时与赫连铎的相处是否融洽，但可以想见，赫连铎一定很好地利用了为老长官报仇的名义。赫连部的这次出征，实在是名正言顺，算得上合情、合理又合法。

等起兵目的不合理也不合法的李克用，率军再次东渡黄河归来，才知大同已失，但他并不气馁，发起反攻，又夺回了蔚州和朔州。因为怕这些地方再出岔子，李氏父子再次分兵，残存主力由老父李国昌率领守蔚州，李克用自己回到老家神武川新城，打算在沙陀部从乡亲那里重新招募兵马。

赫连铎得知李克用在新城，人马不多，觉得机不可失，便挥军南下，将新城团团围住，企图一举消灭这个叛军首领。李克用率两个弟弟（一为克宁，另一不详）拼死抵抗，苦守数天后，李国昌率蔚州军马赶来救援。内外夹击之下，赫连铎失利，退守云州。李国昌与李克用军重新转危为安。

随后，李克用与朝廷派来讨伐他的河东、昭义、义成、忠武、河阳五镇联军大战于岚州之北的洪谷（今山西岚县北鹿径沟），结果五镇联军大败，副司令昭义节度使李钧阵亡。李克用挟战胜之威，于广明元年（880）二月率军进逼太原，并攻陷城南的太谷县。

紧急情况下，大唐中央比较明智地调整了自身部署：以太仆卿李琢为蔚、朔等州招讨都统兼行营节度使，统率中央调得动的诸镇联军保卫河东，采取守势，顶住李克用的进攻，作为铁砧；以卢龙李可举和吐谷浑赫连铎这两支平常不怎么听话，但此次行动颇为积极的劲旅，作为一东一西的两把铁锤，狠狠地砸向中间的李克用。

李克用、李国昌的处境在这一部署下渐渐恶化了。六月，朔州守将高文集见形势对沙陀叛军越来越不利，便乘李克用远征卢龙的机会，在与赫连铎的密使接触后，献城投降。接着，李氏父子的基本盘也开始动摇，沙陀部酋长李友金、萨葛部酋长米海万、安庆部酋长史敬存等沙陀三部的头面人物均向唐军请降。其中，李友金是李国昌之弟、李克用之叔，关于他投降的动机尚存争议，有观点认为出自李国昌父子的授意，为将来重起留后路。倘若真是如此，那证明连李克用对自己打赢这场战争的可能性，都不再抱有幻想了。

七月，连挫卢龙军，已攻抵雄武军（今河北兴隆县南）的李克用，得知老家丢失，急忙往回赶，筹备反攻朔州。谁料他前脚一动，抓住战机的李可举乘势组织卢龙军大举反击，在雄武军和药儿岭（今北京平谷东北）两次大败有心回家、无心作战的沙陀军。把李克用扶上台的叔父李尽忠和大将程怀信阵亡，沙陀叛军损兵达一万七千余人，元气大伤！

同时，李琢与赫连铎实现了会师，联合进攻李氏父子最后的据点蔚州。守城的李国昌出战，又被联军打败，部众溃散，只得率残部弃城逃走。路上，他遇上了从卢龙败归的李克用，父子二人见已经无法在代北坚持下去，只得带李存璋、康君立等最铁杆的几个心腹，北逃阴山，投奔在那里游牧的鞑靼部落。

沙陀李克用集团与大唐中央的第一次战争，就这样结束了。在交战过程中，李克用英勇善战，面对兵力远远强于自身的中央讨伐军和诸藩镇联军时，胜多败少，但其用兵毫无章法，东一榔头西一棒槌，每个对手都被他打败过，但一个也打不死的结果，也充分体现出他在战略上的稚嫩。李克用与李尽忠等人当初盘算的"旬日而定代北之地"的宏大计划，不但完全破产，连朱邪执宜归唐以来，沙陀部在大同经营数十年的成果，都差不多付诸东流了。愿望很丰满，现实很骨感，假如不是随后大唐帝国遭遇到更大的危机，李克用也许就不会有翻盘的机会了。

而花了数年时间，调动了至少八个藩镇的军队，总算把李克用赶到阴山背后的大唐朝廷，得到的也仅仅是一个胜利的名义。战争结束后，代北之地虽然暂时没有了李国昌父子，但也被新近崛起的地方实力派所得，再也没有回到大唐朝廷的控制中，直至它灭亡。

在讨伐李克用叛军的过程中，功劳最大，重兵在握，已经在云州站稳脚跟的赫连铎，成为这次战争中的真正赢家。他如愿以偿地当上了新的大同防御使（此时支谟已经病逝，唐廷要想收回大同，从中央再任命一个文官来主政，已经极难办到）。

在姜文的电影里，拿下碉楼，大获全胜的张麻子，对手下败将黄四郎说过一句绝对发自肺腑的真心话："你不在，对我很重要。"赫连铎心里显然也是这么想的。虽然赫连铎没有机会像电影里那样面对面地告诉李克用，但并不妨碍他将这个想法付诸实施。只是李氏父子已经逃进了茫茫无边的大草原，出动大军追捕是件事倍功半的事，还可能招惹新的敌人，不如花点儿钱直接向鞑靼人购买李克用的脑袋，也许才是实现这一目标的最好途径。

本来，初到鞑靼部落的李氏父子虽然心情不佳，处境还算不坏，得到了鞑靼人的热情款待。自沙陀人迁居代北以来，与这些蒙古人的祖先交情不浅，曾作为盟友对抗过回纥乌介可汗。而李克用少年时，更在鞑靼勇士面前表演过穿雕肉串的绝技，让质朴尚武的鞑靼人大为心折，他成了这些草原汉子的偶像。现在能把偶像接到家里做客，当然是件很荣幸的事。

但没过多久，一些来自云州的神秘访客出现在了鞑靼各部首领的大帐中，他们一面大把撒银子，一面挑拨离间，请各首领诛杀李克用父子。各首领一琢磨，人家的话不但有"礼"，而且有理啊。

李氏父子此次北上，怎么看也不像是巡回演出，倒有长住的嫌疑。李克用来的时间不长，却已经招揽了不少人手，像什么安敬思、张污落之类，都是以一当百的勇士，在草原上聚集起一大帮铁杆粉丝团，反客为主的可能性越来越明显。万一他有霸占草原的野心，我们谁是对手？因此，即使没有赫连大人给的好处费，李克用父子也是必须杀的！

没等他们动手，李克用已经发觉了鞑靼首领的变化，他决定假作不知，邀请各首领外出狩猎，众首领觉得这是一个动手的好机会，欣然参加。众首领到了猎场，却见百步之外的木桩上挂了一根马鞭，李克用骑于奔马之上，一箭射出，竟将马鞭钉到了木桩之上！众鞑靼首领不由得倒吸一口凉气，他们都是识货的：要知道，马鞭本来就不是个大目标，而且韧性和弹性都极好，如果不能射中鞭子正中间极细的一线，箭矢只会从鞭身上滑开而已。这真是神乎其技啊！于是，各位首领虽心怀鬼胎，谁也不敢先动手，怕一动手就先变成李克用的箭下亡魂。

射猎结束后，李克用杀牛打酒，款待各位鞑靼首领。喝到半醉，只见李克用重重地叹了一口气，心虚的众首领忙问何故。早就等着这一问的李克用，突然站直了身子，面南而拜，连那只独眼也在此刻放射出异样的光芒："唉，我们父子被奸臣谗害，致使流落沙漠，报国无门！不过，听说如今黄巢已北犯江淮，不久必然成为中原的大患，到那时只等天子宽赦我们的罪过，降诏征兵，我将与诸公一道向南，建立大功，安定天下，这才是我的志向啊！人生于天地间，不过短短数十年光阴，岂能碌碌无为地老死于沙漠之中呢？"

"好险"，众首领听此一言，心里那块已悬到半空的石头才算落了地：原来李克用父子心里并没想长留于此啊，那就没事了。从此之后，各位鞑靼首领放弃了谋害李克用的图谋，更有不少想到南边的花花世界去开开眼的各族武士投到了李克用的麾下，他们一起耐心地等待着南方的变化，等待着黄巢进军的消息……

黄巢长征（上）

曾经只是"草军"二把手的黄巢，能够让人如此期待，是因为士别三日，当刮目相看。黄巢在李氏父子与唐廷较劲于代北的这几年中，已经干出了一番惊天动地的大事业！

让我们把视野重新转回黄梅之战后。那时，黄巢正在包围亳州，战事不太顺利，一直没能攻下来。过了几天，当他看到满面憔悴的老兄弟尚让，以及尚让身后那群衣衫褴褛如同丐帮的败军突然出现在大营南方时，已经意识到：一定出大事了！

虽然有了一定的心理准备，但当黄巢正式得知五万多名弟兄仅仅一仗就几乎全军覆没，而大首领王仙芝已经身首分离，脑袋正被送往长安巡回展览的消息，仍大大地吃了一惊。仅仅在半年前，他还和王仙芝合作，围攻宋州，差点儿就要了宋威那个老匹夫的命，怎么就这么一转眼的工夫，王大首领就已经完蛋啦？官军什么时候变得这么有战斗力了？虽说黄巢早就打心眼儿里瞧不起自己那位前首领，但毕竟在同一阵线战斗了这么久，是一起扛过枪的兄弟，对他的死不可能无动于衷。

王仙芝不在了，对黄巢的影响也是巨大的，这意味着一个好消息和一个坏消息。

好消息是，从今以后，黄巢便成为各路反唐"草军"公认的最高首领了，他没有沿用王老大"海内诸豪都统"那个旧称，而是另换了一个级别似乎没那么高，但更具战斗性的称号"冲天大将军"！从今以后，就要由他带领着这帮弟兄去实现"冲天香阵透长安"的誓言了！不仅如此，黄巢还自建了一个年号"王霸"，不再承认唐朝的正朔。按理说，改年号是皇帝的特权，连王爷称号都还没有弄一个的黄巢，应该没有这个职权，不过，一切按常理出牌的人，有资格成为造反的大头目吗？

坏消息是，因为黄巢现在已经是造反的大头目了，所以他脖子上那颗脑袋的市场行情也跟着看涨了，已经荣登大唐帝国悬赏通缉犯排行榜的榜首，自然也就成为黄梅大捷后，得胜的各路官军最为垂涎的新目标！

用不着未卜先知，也很容易推想，由曾元裕节制的各路官军，正从四面八方赶来，参加抢夺黄巢脑袋的猎捕大会，如果继续待在久攻不克的亳州城外，只能是死路一条。于是，黄巢放弃攻打亳州，向北转移，以避开正从南方赶来的曾元裕，沿途连克沂州（今山东临沂）、濮州（今山东鄄城）。但在取得这两次小胜之后，随着各路官军不断向北集结，黄巢军的回旋余地越来越小，被压迫在今天河南与山东的交界一带，接连失利，看起来已经一步步踏上了王仙芝的后尘。大唐帝国在垂暮之年的"剿匪形势"，起码在此时看，是一片大好的。

但我们也知道，在一千多年后的今天，黄巢仍在中小学历史课本上牢牢地占有自己的一席之地，那就说明这个人是有两把刷子的，他不会在这里 Game Over。面对困境，黄巢那颗精于算计的市价很高的头脑，正在苦苦思索，如何才能突破目前的危局。

善战者，制人而不制于人。如果继续如今这种情况，在各路官军的追逐之下，兔子似的东躲西藏，疲于奔命，那么用不了几天，肯定只能去和先走一步的王老大会面了。只有设法调动官军，把主动权夺回来，才有可能转败为胜，死里逃生！只是，知易行难啊！这一点又该如何做呢？

突然，黄巢眼睛一亮，一个宏伟而庞大的战略计划在他的脑海中酝酿成熟了。虽然黄巢这一生制订过不少计划，但这一个，肯定是其中最英明的。黄巢也将随着这个战略计划的实施，而迈入"农民起义伟大领袖"的行列。

计划的第一步骤：请求招安。

这一招初听起来似乎老了点儿，毫无新意。可不是吗？前首领王老大已经试过两次了，不都以失败告终了吗？但黄巢这次不同，他在旧瓶子里装上了新酒。乾符五年（878）二月底（这个月初，王仙芝在黄梅阵亡，段文楚在云州遇害），黄巢写了一封请降的书函，派人递送给天平节度使张裼，求他帮忙奏报朝廷。张裼原为华州刺史，以一介文吏除授天平，是个一点儿也不张扬的人，想想前任薛崇就是死在曹州黄六手里的，因此对这个杀星的要求不敢怠慢，立即上奏。

朝廷方面在得到这份降表后，颇为兴奋，决定设个圈套让黄巢来钻。于是，在此前像铁公鸡一样一毛不拔的大唐朝廷，慷慨地开出了一张大面额的空头支票：任命黄巢为右卫将军，请他前往郓州接受委任状，顺便解散军队。

右卫将军，属于禁军十六卫中的高级军官，从三品，仅论级别与宰相相当，远高于朝廷当初赏给王老大的那个八品小官。但若论实际，因十六卫如今仅存虚名，早就让神策军取代了，所以这个职务也是有名无实。另外，右卫将军是京官，黄巢如果真的接受，就不可能有自己的地盘，也不可能保持军队。而且当年“草军”声势强大时，朝廷都不肯出个好价钱，如今黄巢看起来就快完蛋了，朝廷突然出手阔绰，其诚意能有几分，不难猜出。

在对付“草军”的过程中，最让官军头疼的一点，就是他们总处于流动之中，找到他们所花的工夫，一点儿也不亚于打败他们。如今总算有了这条好计：郓州城已经摆上了一粒喷香的鱼饵（至少他们认为是这样），各路官军都像垂钓的渔夫，可以稍稍放松一下筋骨，只要集中精力盯好水面上的浮漂，坐等黄巢咬钩就行了。

大唐中央没有想到，他们自以为将计就计的好谋划，其实是正中其计。黄巢根本就没有投降的打算，他只是利用诈降，让郓州城暂时替自己吸引一部分官军的注意力，让他疲惫的部众能够缓一口气。这个目的现在已经达到了，但有效期显然不会太长，因此黄巢没有耽搁，接着马上实施了他的第二步骤：声东击西。

三月，“草军”那面“冲天大将军”的旗号，并没有如朝廷预测的那样，在郓州落下，反而在黄巢的率领下，突然转了个身，杀进宋州、汴州境内，然后攻打卫南（今河南滑县东）、叶县（今河南叶县）、阳翟，看起来他兵锋的指向，正是大唐帝国的东都洛阳。

洛阳是什么地方，想必大家都很清楚，这是大唐的第二大都市，居住着大量的权贵，以及权贵的亲戚，他们的安危随时牵动着长安的神经系统。因此，唐廷并没有认真考虑此时的黄巢有没有能力攻占洛阳。"草军"一旦屯兵坚城而不出，官军塞住洛阳外围要隘，是不是就能全歼黄巢部众啦？

朝廷只是凭着好多贵人就要遭难的危机感，几乎是下意识地决定：洛阳一定要保住。朝廷为此紧急发出了一系列命令：一是以左神武大将军刘景仁为东都应援防遏使，紧急抽调河阳、宣武、昭义三镇军队归他指挥，进驻洛阳防守；二是给曾元裕下令，其他地方先放一放，马上给我驰援洛阳；三是调义成镇兵马防守洛阳外围的辕辕（今河南偃师东南）、伊阙（今河南洛阳市南）、河阴（今河南孟津县东）、武牢（虎牢关，唐代为避李渊祖父李虎之讳，改名武牢）四处隘口，御黄巢于洛阳郊外。

这回洛阳该没有事了吧？

当然没有事，因为黄巢击洛阳这个"西"，依然是一个假动作，他是为了调动官军，把曾元裕原先的"围剿"方略搅个稀巴烂，好为自己的第三步骤——打进长江以南——开辟一条宽阔的大道。

成功创造了南下的条件后，黄巢迅速抓住这一短暂的契机，带着他的人马从洛阳外围悄悄撤走，挥师南下。一路上，黄巢奉行避实击虚的原则，几乎避开了所有的坚固城塞和军事据点，因而很快越过淮河，冲进淮南。在三月底或四月初，黄巢、尚让在和州（今安徽和县）一带渡过了长江，冲进了大唐帝国的软腹部，直取宣州（今安徽宣城）。

调动敌人，打破"围剿"，转进江南，是黄巢一生用兵中的得意之笔。

张国刚先生在其学术名作《唐代藩镇研究》中，将唐朝藩镇分成了四大类型，即河朔割据型、中原防遏型、边疆御边型和东南财源型。长江以南，正是东南财源型藩镇扎堆的地方。

顾名思义，这种类型的藩镇是大唐帝国政府自安史之乱后，赖以生存的摇钱树。而这些摇钱树之所以能够长出钱来供朝廷摇，除了因为南方经济已有较大发展，开始趋于富庶外（其实，唐代南方的经济发展速度虽略快于北方，但总的水平仍逊于北方），更是因为它们兵微将寡，军费负担低。比如，江西、福建、湖南、浙东等东南大镇，其额定兵力都不过万人。

没有利爪獠牙，却长了一身好肉，这样的猎物当然是猎人的最佳选择。同时，在江西有王重隐、徐唐莒，宣歙有曹师雄的王仙芝旧部在活动，不排除黄巢也有把这些人纳入自己麾下的图谋。

与此同时，黄巢还从长安的大唐朝廷那里，得到了一份意外的大礼：这几月来屡败"草军"，表现神勇的曾元裕，被不声不响地解除了"大唐剿匪总司令"的职务，具体原因不详，在下猜测可能有：

一、官军没能按计划在中原剿灭"草贼"，放黄巢跑了，需要找个人顶罪。

二、"草贼"退出中原，朝廷感到安全了，飞鸟尽故，而良弓藏。

三、朝中党争，后台不够硬的曾元裕要为后台硬的新人让道。

四、以上皆是。

如果让朋友们选，你们认为答案是几？在下选四。但不管真相如何，在下选得对不对，可以明确的是：此后曾元裕都莫名其妙地不再出现于战场，一个很可能让黄巢备感棘手的硬对手，被对手的上司给帮忙解决了。

当然，初渡长江的黄巢，也不是事事顺利，仍然碰到了些不大不小的钉子。毕竟在他到来之前，王郢、柳彦章、王重隐、曹师雄等反唐军都已经光顾过江南，常见黄鼠狼的养鸡场自然会修补破洞，天天被偷窃的商店肯定会加雇保安，因此唐政府在这一带的武备已有所加强，并不像原先那么弱小了。

黄巢先是在宣州城西的南陵击败从采石渡口追来的官军，斩都将王涓，但胜得不彻底，有败兵四五千人逃入宣州。黄巢乘胜进攻宣州，唐宣歙观察使王凝集合内外兵力，拼死抵抗。"草军"猛攻不克，黄巢只得移师向东，准备进取富庶的镇海（辖区相当于江苏南部、浙江北部及上海，总部润州，即今江苏镇江）与浙东（今浙江大部，总部越州，即今浙江绍兴）。

五月，黄巢进攻润州，不克。面对东南出现的危局，在田公公与卢相国主持下的唐中央在罢免了曾元裕之后，正打算提拔自己人高骈。他们"研究"后认为，包括黄巢在内，"草军"的骨干分子多是天平镇人（黄巢为曹州人，天平包括郓、曹、濮三州），而现任荆南节度使高骈，在担任天平节度使期间威望素著，应该能够镇住这帮"草贼"，便急调高骈出任镇海节度使，出兵救援润州，担当"剿匪"之重任，也为他下一步升任招讨使造势。

公正地说，此时的黄巢、尚让等人确实对素称名将的高骈心存畏惧。当得知他即将到任镇海的消息后，黄巢放弃攻打润州，一路南下，于当年八月攻下杭州，九月攻克浙东总部越州，擒浙东观察使崔璆（另一说崔璆弃城逃走）。

不到两个月，以富庶号称"茧税鱼盐，衣食半天下"的杭越之地，落入了黄巢之手，但他还没来得及感受一下自己胜利果实的美味，刚刚在润州走马上任的高骈就已经指挥大军追了上来。高大帅以手下最得力的两员大将张璘和梁缵统兵任前锋，分道攻向杭、越。高骈的名声果然不是吹出来的，黄巢与之交战连连失利，手下的秦彦、毕师铎、李罕之、许勍等数十员大将投降了唐军。重挫之下，黄巢只得又放弃了杭、越二州，转道仙霞岭，劈山开路七百里，进入当时还很贫困的福建。

越过仙霞岭之后，黄巢终于找到了战无不胜的感觉，率"草军"横扫兵微将寡的八闽之地，于十二月攻克福州，赶跑了唐廷的福建观察使韦岫，全取福建。

再说高骈自从把黄巢赶出杭、越之后，并没有马上追上来，他与他的后台卢相国一派，正与对头郑相国一派，积极发扬大唐官场自"牛李党争"以来形成的优良传统，不断地在扯皮：卢携想让高骈接替曾元裕留下的缺，郑畋反对；高骈、卢携主张与南诏和亲，郑畋反对；礼部侍郎崔澹借机弹劾高骈与南诏的外交失败，高骈上书抗辩……

高大帅这么忙，自然暂时顾不上黄巢。再说了，在必要的时候稍微撅一撅挑子，就像清朝末年时患"足疾"的袁世凯，可以乘机彰显自己的重要性，这也是政治斗争中的一种常用的必杀技。

因此，尽管在这段时间内，造反同行的境遇都比较糟糕，如王重隐已经死了，徐唐莒大败于唐总监军杨复光，被俘杀，曹师雄则早已被高骈的前任裴璩所灭，黄巢并没能同他们会合，但在缺少大敌的福建，"草军"的实力仍大为发展，显出了空前良好的前景。

大概因为真正有了据地一方甚至问鼎天下的可能性，黄巢开始考虑扩大"草军"代表面，争取更多人的支持，尤其是读书人的支持。他在军中提出了一个口号："逢儒则肉，师必覆！"意思是说，如果碰上读书人就杀掉的话，军队肯定要失败。

这里的"肉"，是"人为刀俎，我为鱼肉"的肉，并不是"肉食者鄙"的肉。不知为什么，有文章将"逢儒则肉"翻译成"遇上读书人要给他们肉吃"，也不考虑一下，如果同后边的"师必覆"连起来，意思就只能是——如果遇上读书人给他们肉吃，我们就输了！

当然，口号归口号，如果遇上不顺眼的读书人，就连黄巢自己都不太遵守这条规定。

黄巢在福州时，得知当地有一位著名的隐士周朴，才学很高，曾多次拒绝福建观察使对他的招聘。黄巢一琢磨，这个人不肯为官府做事，那多半对官府不满，就有可能为我做事，便派人把他请来，想收为己用。

没想到周朴不干，还用特伤自尊的语气回答说："我甘为处士，连天子的官都不去做，怎么可能跟随你一个盗贼？"黄巢听罢，勃然大怒，他可不是汉光武帝，可没有容人的雅量。他一声令下，就把周朴给"肉"了。

黄巢长征（下）

黄巢在福建停留的时间也不太长。在长安朝廷中的吵架告一段落之后，高骈大有斩获，得授诸道兵马都统兼江淮盐铁转运使，又增兵权，又得财权，心满意足之余，出兵入闽。黄巢一般不喜欢打硬仗，为了避开高骈，再加上他本来对地狭民贫的闽地也不是很满意，便于乾符六年（879）

初离开福州，转向西南。

接下来的数月间，黄巢转战于五岭南北，控制了岭南东道的大部分地区，声势越来越强大，兵力发展到十万以上。五月，黄巢大军进逼岭南都会广州，将广州团团包围。

广州在唐代，是一个经济有些畸形发达的地方。一方面，这里仍然是中原士大夫心目中遍地烟瘴的蛮荒之地，开发程度尚低，本身的物产也算不上丰富，唐朝的多数官员往往只有在犯错误被流放时，才会和它亲密接触；另一方面，由于所在地理位置较优越，广州已经成为天竺、波斯乃至大食商人频繁往来的一处国际贸易中心，各种出产自异国的奇珍异宝都在这里入关，再辗转北上到长安、洛阳，极大地左右着对大唐帝国上流社会颇具影响力的奢侈品市场。

因此，大唐帝国在这里设置了相当于今天海关的市舶司，由宫里的宦官担任主管"市舶使"，对这一财源加强管理（管理即收费），好让肥水尽可能多地流入皇家私囊。在这一点上，大唐皇帝与明朝后期那位放纵宦官遍地"开矿"的万历天子，颇有相同之处。

现在，皇帝的这个"钱袋子"就挂在黄巢的眼前，只要他愿意，随时可以伸手摘下来。

黄巢没有马上伸手，他感到凭借自身现在的实力和对皇家"钱袋子"的威胁程度，应该可以迫使朝廷进行一次真正有诚意的谈判了。于是，黄巢让被俘的前浙东观察使崔璆，写信给困守在广州孤城内的岭南东道节度使李迢，通过这条渠道替自己向朝廷叫价：只要朝廷实授他天平节度使，并且保留军队，衣锦还乡，那么他黄巢也就放弃进攻广州，实现与朝廷的和解。

就像当年的王铎与裴渥，生死攸关之际的崔璆与李迢对这件事也丝毫不敢怠慢，很快便将黄巢的要求传到长安。

这份上书抵达朝廷之际，终于在政事堂引起了一次空前激烈的争吵。争吵的两位主角，自然还是卢携卢相国与郑畋郑相国，他们自同堂为相以来，吵架已成家常便饭，一点儿不让人意外，但这一回他们吵出了新意。

郑畋是力主招安黄巢的，他分析说："黄巢作乱，根本原因在于国家遭遇灾荒，大批饥民无以为生。而国家久不用兵，士卒都忘记了怎么打仗，而各地的藩镇节帅，又都无心出力剿贼，只扫自家门前雪，不管他人瓦上霜。在目前的情况下，不如对黄巢暂时包容，敷衍着满足他的要求，让他归于约束，不要攻城略地。一旦丰年来临，他手下那帮饥民自然会分崩离析，各自回家，到时，就可不战而屈人之兵！"

对此，卢携的看法恰恰相反，这是因为"凡是敌人支持的，我们就反对"，更是因为他在外藩有高骈这张曾屡败黄巢的王牌。这个时候招安黄巢，是何居心？摆明了不想让高骈立功，不想我们这一派人得势！因此，卢相国反对："有高骈的将略无双和麾下的精兵猛将，对付黄巢那个区区小寇，有什么困难的？怎么能自己示弱，让四方将士的报国热忱变为沮丧呢？"

郑畋不以为然，认为高骈这个人根本就是三条腿的椅子，靠不住。两人越说越僵，勃然大怒的卢携狠狠一甩袖子，结果把办公桌上的一块砚台给拂到地上，摔成了几块，大家不欢而散。

本来这也不是什么大不了的事，不幸的是，这件破坏公物的事让已年满十七岁，开始发现自己崇高地位的僖宗皇帝知道了，他决定行使一下自己的权威，发怒说："堂堂的宰相在政事堂骂街，怎么能当百官的表率？"随后将卢携和郑畋同时罢为太子宾客，另升重要性和能力都逊色得多的豆卢瑑、崔沆两人为同平章事，顶卢、郑二相的缺（关于卢、郑二相被罢的时间和原因存在多种说法，此为其一）。

李儇虽然同时罢免了卢、郑二相，但可能受田公公的影响，他内心对招安黄巢的观点还是更接近卢携的看法（所以数月后，卢携官复原职，郑畋继续下放锻炼），不想把天平给"反贼"。还在等待回复的黄巢，见朝议迟迟没有结果，提出新的叫价：如果不给天平节度使的话，给个广州节度使（正式名称应为岭南东道节度使，即此时李迢的职务）也行。

前边也说过，广州是皇家重要的"钱袋子"之一，因此，此议再次在朝议时被否决，经过大唐朝臣一番低水平的讨论，朝廷再次授予黄巢一个很没诚意的官位——率府率（级别正四品，太子的侍卫官），并且仍是老一套，黄巢须解散军队，到长安上任。

假如你满腹才华，是业内的知名人士，踌躇满志地去某大集团应聘分公司经理（其大部分分公司经理水平都远不如你），面试末了，却只让你当一个后备仓库保卫组副小组长，你也不可能满意不是？更何况是脾气比大多数人都要坏的黄巢。

所以到当年九月，黄巢终在收到"率府率"的告身（委任状）时，感到继科举落榜之后，他的自尊心再次被大唐政府残酷践踏了。大怒之下，黄巢立即下令进攻广州，激战仅持续了一天，黄巢军就将这座城市攻陷，并生擒节度使李迢。

据说，攻下广州之后，黄巢放纵部下，大肆洗劫并杀戮了不少居住于此的外国商人，狠狠地发了一笔大财，来抚慰自己受伤的心。

最早的证言，来自一位阿拉伯商人阿萨德，他声称黄巢在广州屠杀了十二万人（另一说二十万人），而且大多数是来自东南亚、印度、波斯和阿拉伯世界的商人。

在黄巢攻陷广州几十年后，阿拉伯世界又出了一位旅行家，名叫阿布·赛义德·哈桑，他写过一部游记《中国印度记闻录》。哈桑在这部游记中，将阿萨德的说法进一步详细化了："据熟悉中国情形的人说，不计罹难的中国人在内，仅寄居城中经商的穆斯林、犹太教徒、基督教徒、拜火教徒，就总共有十二万人被他杀害了。这四种宗教徒的死亡人数之所以能知道得这样确凿，那是因为中国人按他们的人（头）数课税。"

不知为什么，这种并非第一手资料的记载，竟然被很少相信古史数字的《剑桥中国隋唐史》采纳。仔细推敲，这些记录的可信度是非常让人怀疑的。

依照唐代比今天严格得多的户籍管理制度，当时的外国商人在中国不能乱跑，必须居住在城内的"蕃坊"之中。据《新唐书·地理志》记载，广州共有"户四万二千二百三十五，口二十二万一千五百"，但这是包括上周边十二个属县的总人口，当时的广州范围大概东至今仓边路，西至今教育路，南至今大南路，北至今越华路，只是一个周长约五华里的不大城市，又不像今天有大量的高层建筑，城内人口数不会太多，应该到不了十二万。

就算有十二万人，这些人都是外国商人的可能性也极低，广州毕竟还是一座中国城市吧？例如，据统计，香港在2007年共有六百九十二万人，数量差不多是唐代的广州人口的的三十五倍。它曾被英国侵占了一百五十五年，洋人对它的影响也远非唐代的广州可比。而其在当今世界国际贸易中的发达程度，无疑更是远超古老的中世纪！尽管如此，2007年香港外籍人口的总数也不过三十四万人左右，只占总人口的百分之五。唐代的广州要有十二万外国商人，总人口必须达到今天香港外国人比例的十一倍！个人认为，这是不大可能的事。何况黄巢在正式进攻广州之前，已占据岭南大部，兵临城郊，并为招安事宜同唐廷讨价还价达数月之久，这种情况岂能不影响广州的正常贸易？他们还能一直留在广州，两耳不闻窗外事？数月时间也足够多数商人从海路撤走了。

另外，这次"广州大屠杀"仅见于阿拉伯商人的口耳相传，在中国记载该时期史事的三大正史《旧唐书》《新唐书》与《资治通鉴》中，均无只言片语提及。要知道，黄巢在古史中的形象，是一个标准的反面典型，假如他真在广州犯下过如此骇人听闻的暴行，刘昫、欧阳修与司马光三位老先生不可能替他们笔下的这位"巨盗"掩饰。

"海客谈瀛洲，烟涛微茫信难求"，游记一类的文字并不属于严格的史料，本来就容易被不负责任地夸大。黄巢在广州杀掠外国商人的事也许确实存在，但其规模，肯定被放大很多倍了。

黄巢取得广州后，差不多已经是个岭南王了，盐贩出身的他，本来对这块赚钱容易的地皮还是有点儿满意的，不然他也不会要求当广州节度使。但没过多久，"草军"在岭南因水土不服，发生大面积疫病，他的兵虽然大部分是在南方入伙的，但骨干还是北方人，这些人见现在"草军"已经兵强马壮了，总希望黄老大带着他们杀回北方去。黄巢见天意、人意都不让他留在岭南，也决定北还以图大事。

黄巢的履历除了曾当盐贩子，毕竟还曾是读书人，深知舆论工作的重要性。这次大军北上与以往不同了，他不再只是流窜求生，而是要与李唐皇家争夺天下，岂能名不正言不顺？因此在出发之前，黄巢向天下发布了一道声讨李唐王朝的檄文，指责大唐帝国的现状，是"宦竖柄朝，垢蠹纪纲"，在朝的诸大臣无不与宦官勾结，争相贿赂以求进身，而真正的人才无法得到任用（最让黄巢心理不平衡的大概就是这一句），应该出台严厉办法，打击州县官吏的贪污腐败等。

如果我们不因为黄巢后来当上皇帝的表现更差而因人废言的话，这篇檄文可谓条条正中时弊，颇能打动人心。它的出台，证明黄巢在造反理论工作方面的成就，比原先王仙芝那空洞的"天补平均"进步很多了，并在一定程度上提升了自身威信，打击了大唐的合法性。自此以后，有部分士人、官僚开始把支持黄巢当作一个可以考虑的选项。

在发布檄文的同时，已经成为包装炒作专家的黄巢给自己加了一个新的称号"义军百万都统"，从此，他的军队的正式名称由"草军"改称"义军"，听起来一下子光辉灿烂了许多。

乾符六年（879）十月，也就是在广州被攻陷一个月后，除留下将军鲁景仁等少数人外，黄巢率领着大部分"义军"逆珠江而上，经桂州（今广西桂林），过灵渠，入湘江，然后以大木筏为主要交通工具，顺流而下，连克永州（今湖南永州）、衡州（今湖南衡阳），前方目标是湘中重镇潭州（今湖南长沙）。

却说在这个时候，官军方面负责对付黄巢，担任"诸道行营都统"的人，早已不是曾元裕，也不是被卢携力推的高骈，而是原来朝中的第三号宰相王铎。

虽然我们的王相国在用兵打仗方面的本事和在下炒股票的水平差不多，基本上属于一窍不通级，但既然卢携能够推出高骈，郑畋能够举荐崔安潜，王相爷同样认为自己已经找到了一位军事天才，只要把用兵的具体事宜委托给此人，那要对付区区黄巢，又何足挂齿？因此，王铎拿出勇气，主动向僖宗皇帝请战，担当了这个本不适合他担当的职务。

王铎发现的那位"军事奇才"名叫李系，在得到王铎正式推荐前，官居泰宁节度使。

李系乃将门之后，其祖上的显赫程度，又超过了高骈与段文楚。他的曾祖父西平忠武王李晟，在"四镇之乱"与"泾原兵变"中，对大唐帝国有再造之功，可以同安史之乱中的郭子仪和李光弼相媲美。他祖父辈的李愬也是中唐名将，其进入中学课本的"雪夜入蔡州"一役，已成为中国古代史上最经典的奇袭战例之一。

自古以来，国人多多少少总会有些血统情缘，所以才有了"老子英雄儿好汉"的俗语，才有了如"杨家将""薛家将""岳家将"等一大批家将小说。李家确实已经数出良将，其含金量超过了史实中的"杨家将""薛家将"，再加上李系本人风度翩翩，口才极好，说起兵法，颇有"谈笑间，樯橹灰飞烟灭"的风采，这些东西加在一起，让王铎如获至宝。

就像当年赵孝成王重用赵括，王铎对李系的支持同样是不遗余力的。他不但保奏李系担任行营副都统兼湖南观察使，手头刚凑起六万名精兵，就把其中五万人交给了李系，让他防守潭州，自己仅率剩下的一万人驻防江陵。李系手下已是兵强马壮，如果再加上临时征集的数万名地方"土师"，潭州的唐军人数达到了"剿匪"以来创纪录的十万之众！仅以这个数字而言，潭州是黄巢军从未面对过的强大要塞。

谁知到了十月二十七日，黄巢大军真正兵临潭州城下时，平日里似乎韬略无限的"纸上军事家"李系却㞞了，他竟拿不出一条有用的对策，只是下令紧闭城门，做缩头乌龟状。

黄巢没同他客气，立即下令猛攻潭州。更让人大跌眼镜的是，即使手握十万大军，又有坚城可守，李系仍然是只"软壳乌龟"，激战仅仅持续了一天，潭州便被黄巢大军攻破，李系腿快（这似乎是他除掉口才之外的唯一优点），一溜烟逃到了朗州（今湖南常德）。他手下军队大多就没他这份好运气了，得胜的黄巢大开杀戒，数不清的唐军尸体遮蔽宽阔的湘江水面，顺着水流向北漂往长江，组成一道血腥恐怖的景观。十万大军，竟在一天之内全军覆没！想起后世某人说的话：就是在潭州放十万头猪，一天也抓不完啊！

黄巢取得了军兴以来的空前大捷之后，兵势大盛，白色的军旗遮天蔽日（那个时代打白旗没有投降的意思），对外宣称有五十万大军。黄巢在这浩荡的声势中，命尚让为先锋，乘胜进逼王铎防守的江陵。

江陵城中的王铎大惊失色。不过大家别误会，潭州惨败与"义军"逼近江陵只占了王相国胆寒成分的百分之五十，另外的百分之五十，来自王相国的夫人。

却说王铎在出任"诸道行营都统"之时，将夫人留在了长安，这既能显示他为国忘家的崇高精神，又方便他在外边遍采野花，金屋藏娇。谁知此等机密事保密不严，竟让长安的王夫人知道了，这下可不得了了。

王夫人的战斗力，那可是河东狮子级的，得知家中那个老不死的又想在外边老牛嚼嫩草，不由得大怒，带上几个婢女随从，就准备到江陵来兴师问罪！

面对这即将到达的"两大劲敌"，愁眉苦脸的王相国对众幕僚说出了一句名言："黄巢北上，夫人南来，如何是好？"一个幕僚打趣回答道："两害相权，取其轻，既然夫人那么难对付，不如投降黄巢吧！"一言既出，众人哄堂大笑，其中也包括王相国。

这就是在前方大败的危难当头，大唐帝国前线最高指挥部领导班子表现出来的危机公关水平了！

虽然有了这位幕僚的"合理化"建议，但王相国毕竟还没有笨到家，他略加思索，还是分清了主要矛盾和次要矛盾。现在他手头只剩下一万人，兵微将寡。黄巢大军号称"五十万"，肯定注了水，但挤掉水分的绝对数，也必然比一万人多得多，何况他王铎本无将才呢。

王相国自知，如果死守江陵，则必无生路，要想活命，只有采用三十六计中的上计了。于是，王铎分出三千兵，交给部将刘汉宏，吩咐他说："我去襄阳同山南东道节度使刘巨容会师，马上就回来救你，你要好好守住江陵。"安排好这位断后的替死鬼后，我们的"诸道行营都统"王大人就带着剩下的七千人开溜了。

　　如果哪位朋友的记忆力好的话，或许还想得起，在王仙芝起事之初，他手下的一干"票帅"中，就有一位名叫刘汉宏，没错，这就是那位刘汉宏！

　　说起这位刘爷，最初也曾是在官府中混饭吃的人，当过兖州的小吏，后来受命随大将讨伐王仙芝，他却乘机劫持辎重，倒向"草军"，并成为高级头领之一。后来可能是见王大头领作战不利，翻脸比翻书快的刘汉宏，又一次倒戈降唐了，但限于史料，他降唐的具体时间和经过不详。从王铎敢用他为部将来征讨黄巢，以及他后来宁肯逃跑，也没有回到老同事阵营来看，刘汉宏可能在担当"草军票帅"或背叛"草军"的时候，大大地得罪过黄巢或尚让等人。

　　不过，咱就算不能投降黄巢，也不代表就非得给你王相国当替死鬼不是？如今这年月，只要有兵有钱，我哪儿不能去啊？

　　于是，等王铎前脚刚离开江陵，刘汉宏就放纵人马，在江陵城中大抢特抢起来，力争在最短的时间内，也就是黄巢到达之前，刮干这座名城的所有财富！

　　到底是盗匪出身，刘爷打仗的水平虽然不怎么样，抢劫、杀人、放火的功夫都是第一流的，这座本该由他来保卫的城市很快被他带入了一片恐怖的火海之中。江陵城中的士民百姓为躲避兵灾，只好弃家出走，逃往周边的山谷中躲藏。时值隆冬，天降大雪，仓促逃命的百姓没有足够避寒取暖的衣服，更无片瓦遮风挡雨，只能大批大批地冻死于山野沟壑之间。刘汉宏是一个典型，他用他的亲力亲为，展现了兵匪一家的时代特色，当他抢饱了金帛后，率领他的三千人马重温流寇这个老行当时，江陵几乎已化为一座死城！

　　十余天后，黄巢的"义军"才到达江陵，见此城已没什么价值，便率众北上，直扑襄阳。

第五章

冲天香阵透长安

唐僖宗

黄巢

李晋王

朱温

转战江南

此时，坐镇襄阳这一咽喉要地的唐军主帅，是现任山南东道节度使刘巨容和赶来支援的江西招讨使曹全晟。

刘巨容，徐州人，相传为楚元王刘交之后，可能是刘裕的远亲后人吧。他早年在本州担任军官时，正好赶上同乡庞勋造反，一路从桂林杀回徐州，他可能一度成为庞勋的手下，但见机得早，率自己的部众归唐，得授埇桥镇遏使。刘巨容在这个岗位上干得很称职，乾符四年（877），纵横东南的王郢变军途经埇桥，就遭到他的迎头痛击，王郢也被刘巨容用筒箭射杀。是金子终于发光了，此战后，刘巨容官运亨通，连连升职，于乾符六年（879）代替李福，升任山南东道节度使，阻挡黄巢的北归大道。

面对连连得手而声势浩大的黄巢大军，刘巨容没有像"李天才"或者王相国那样惊慌，没有闭门死守或走为上计，而是主动出击，南下荆门。一年多前，他的前任李福就在这里打败过王仙芝。

刘巨容知道黄巢的人虽然多，但多是仓促招集的饥民，平均军事素质是比较低的，只要能扬长避短，他不是没有胜算。他决定使点儿诈。

于是，黄巢的军营出现了一幕难以用自然科学解释的罕见现象：一大群膘肥体壮的骏马，足有五百匹，突然结队到军营外串门，而且只有马，没有人，摆明是天上掉下的馅饼嘛。如果是在塞北大草原见到这样的野生马群也不算奇怪，可这是在湖北啊！

虽然黄巢有些疑惑，但在探哨证实没有埋伏后，不吃白不吃的贪欲还是战胜了小心为妙的谨慎，黄巢军轻而易举俘获五百匹战马。因为这批马好，自然是优先配给头领，"义军"不少中层头领都换上了新座驾。

第二天，曹全晟率一队行动敏捷的轻骑兵主动向黄巢军发动攻击，黄巢下令迎战。没打两个照面，曹全晟似乎招架不住，往北面林中败退，黄巢军没客气，立即追击。等靠近树林时，身经百战的黄巢有所警觉，正要下令停止追赶，却听林中传出一阵奇怪的声音，霎时，昨天缴获的那五百匹战马突然失控，发了疯似的往林中奔去，当然也带着骑在马上的那五百名"义军"头领。原来，这些战马都是山南东道那五百名沙陀骑兵的座驾，沙陀人是马背上的雇佣军族群，战马是他们亲密的伙伴，其默契度早已到了人马合一的境界。他们昨天有意将这些马匹让"义军"得到，现在，埋伏的沙陀军人发出了只有他们爱马才懂的马语，遥控指挥，使骑在马上的"义军"军官全成了提线木偶。

这些头领"义军"大队都带进了树林，树林里，正是刘巨容精心布置的埋伏圈！

接下来的事就没多少悬念了，唐军杀出，人数众多但素质低下的"义军"马上乱了阵脚，失去有效指挥，如同山崩一般，大败溃散！

荆门大捷！在刘巨容与曹全晟的良好配合下，唐军在"剿匪"战场上，终于取得了自广州失陷以来一次久违的大捷。对王铎大人来说，遗憾的是这次胜利来得晚了一点儿，他已因为潭州和江陵的失败被革职，没法把这次胜利归入自己的领导有方。

刘巨容等乘胜进军，南下江陵，黄巢与尚让见势不妙，再加上他一向喜欢避实击虚，少打硬仗（这一点黄巢同此时北边的叛军首领李克用恰恰相反，小李就喜欢硬碰硬，有勇无谋），便弃江陵，渡长江，而后顺流东下。

据古史记载，黄巢军在此役中的损失高达百分之七八十，因此有人劝刘巨容应该乘胜追杀，可以把黄巢余部消灭干净。但刘巨容不干，并发表了一番高论："国家向来喜欢辜负有功的将士，等大难临头才想起我们，又是好言劝慰，又是高官厚禄，可一旦事情平息，就把我们当多余的废物扔到一边，甚至还会找个碴儿治罪！不如留下这几个草贼，还能成为我们长保富贵的资本。"

不过，这种记载可能含有刘巨容、曹全晟等人虚报战功的成分，夸大了"义军"的窘境，从后来黄巢在江西的反败为胜，以及在关中被比刘巨容厉害得多的李克用海扁多次，仍有余力出武关，纵横河南来看，黄巢军的抗打击能力在这里被严重低估了。据俞兆鹏教授在《黄巢生平事迹考异》中的考证，黄巢在从江陵渡江东走时，尚有八万之众，实力不能算弱，肯定还比刘巨容的兵多。何况以黄巢军的组织结构，使他在经历一般败迹时，损失的常常是新募的饥民，其精锐的核心老兵通常消耗不大。刘巨容的话，可能一半出自真心，一半是因为他若追击的话，并无必胜把握。

当然，刘巨容虽然停下了，曹全晟还是要追的，他身为江西招讨使，而黄巢将去的东边就是江西，守土有责。谁知道曹全晟渡江之后，没追多远，就接到了朝廷的人事命令，他的江西招讨使一职让泰宁都将段彦谟给顶替了！可想而知，得到这个消息的曹全晟也不干了，于是黄巢很意外、很轻松地甩脱了追兵，一举打下鄂州（今湖北武昌）外城，进而又横扫了江西与浙江北部的饶、信、池、宣、歙等十五州之地，声势再度由弱转强，兵力据称达到了二十万之众。

此时黄巢大军的主力集结于赣北，其分支则像一只巨大章鱼的触手，四面伸展开来，一面募兵，一面劫财。其中有一支偏师，攻向了富庶繁华的浙江重镇杭州。

大唐帝国原先在江浙地区的武备是非常虚弱的，但由于从王郢之乱开始，兵灾不断波及东南，在此背景下，当地的富豪士绅为保卫自己的生命与财产，安靖地方，陆续组建起一些私人武装，并得到了帝国政府的合法承认。

在杭州一带，这样的私人武装主要有八支，号称"杭州八都"，其中最重要的一支，是由大本营设于临安县（今浙江杭州临安区北）的石镜都。

都，是盛行于唐末五代的军队编制单位，在正常情况下，一都约一千人。不过历史上的非正常情况也是常常出现的，甚至比"正常情况"还多。一般来说，当军队由国家供养时，军官总倾向于虚报人数，好吃空饷，军队通常不满编。比如，明末的兵部侍郎谭纶就记述过，在1569

年时，明朝军队的账面数高达三百一十三万八千三百，而实际数仅有八十四万五千！但如果军队是国家不负责供应的私兵，情况就恰恰相反，他们不可能带来空饷，却是军阀安身立命的本钱，当然尽可能越多越好，常常超编，所以"杭州八都"后来全都远远超过了千人。

都的长官被称为"都将"，也可以叫作"都头"。读过《水浒传》的朋友可能记得，武松在景阳冈打死老虎后，得到的官职就是都头，似乎只是一个县令手下的芝麻小官。这是由于受到赵宋王朝压制武人的大背景影响，宋朝都头的含金量已经比五代都头低得多了，一都的正常编制也缩减为百人左右，仅是五代的十分之一，甚至几十分之一。

石镜都的都头姓董，大名董昌，一位很有钱的临安大土豪，在王郢之乱时开始竖起大旗招募乡兵，遂成为一方小霸主。从董昌后来的种种表现来看，他只是个平庸无能又狂妄自大的土包子而已。但他很幸运，或者说很不幸地得到了一个精明能干的盐贩子当手下，从而发达了，如果没有这个人，董昌留在正史中的记载可能就只有一句话："某年某月某日，贼陷临安，杀镇将董昌。"

这位盐贩子名叫钱镠（liú），字具美，小名婆留，也是临安人，董昌的老乡，出生于一户普普通通的贫苦农家。这样的门第显然不够光彩，所以在钱家发达后，经过他后世子孙的努力"研究"，考证出他们钱家是唐初开国功臣巢国公钱九陇之后，给自己的家世染了一身名门贵胄的油彩。只可惜他们在"研究"的时候没能统一好口径，现存的两本钱氏家谱虽然都能和钱九陇套上交情，但世系传承大相径庭，让这个"考证"的可信度蒙受了污点。

这位被子孙考证出来的名门之后，是位很有闯劲的青年，他在十六岁那年，就进入了盐贩子这个机遇与挑战并存的高危行业。前文说过，盐贩是个非常锻炼人的岗位，钱镠在这个环境中练就了过人的体魄和胆略。可能是由于业务需要，他在十七岁开始习武，由于天分不错，很快成为个中高手，弓箭和长槊的功夫尤其拿手。等他二十一岁那年，董昌在家乡竖起大旗当上了都头，盐贩生意已经不太好做的钱镠便转行投入董都头麾下，成为董昌最得力的手下。

石镜都开张之后，曾与王郢、朱直、张端、曹师雄等反唐军进行过交战，但由于兵微力弱，不曾有什么引人注目的上佳表现。黄巢第一次攻杭州时，"杭州八都"全不敢抵抗，缩在一旁，现在黄巢军的偏师第二次杀向杭州，石镜都和那位姓钱的盐贩子终于有了证明自身价值的机会。

黄巢军攻向杭州的前锋部队有两千人，不算多，但已经大大超过了石镜都能够出动的总数（据《吴越备史》称，此时董昌手下只有三百人，这个数字可能被缩小了）。他们在一员小将的带领下，悠然自得地穿过浙西的山谷，以郊游的精神面貌前往一年前曾被他们征服过的城市。

快靠近临安了，这一段的山道格外狭窄崎岖，将"义军"拉成了一条长长的细线，处于最易被伏击的状态，但可能因最近攻城略地打得太顺手，他们没有足够的警惕。突然，一声弦响，"义军"领头的小将被两旁林莽间飞出的一箭射倒，接着，一小队石镜都士兵从两旁杀了出来！

原来，此前钱镠得知黄巢军将至，劝董昌说："黄巢大军有数万之众，要穿越山谷，必然旗鼓相远，首尾难以接应。我们应该选个合适的地点以伏兵奇袭，一定能够打败他，就有可能击退他对临安的进攻。"董昌本不想当挡车的螳螂，上次躲得远远的，不也没事吗？他禁不住钱镠一再劝说，还是同意了，但只给他二十名士兵。那意思挺明确，你要嫌少不敢去，那就怪不得我了！

谁料钱镠还是去了，他伏于山林，亲自一箭射倒黄巢军小将，打乱了这一队黄巢军的指挥系统。一旦遭遇突发情况，"义军"仓促成军、素质低下的缺点暴露无遗，两千人像被捅了巢的蚂蚁，只顾各自逃命，竟然被钱镠的二十人击败，在山路上自相践踏，伤亡不小。

虽然打退了黄巢军第一阵，但钱镠知道这种伏击可一，不可再二再三，等黄巢军的后面大队到达，他这二十人是无论如何也挡不住的，于是乘胜退走。途经路旁一小店，钱镠心生一计，对开店的老妇人说："等一会儿如果有一队兵马到来，他们问你有没有见过我们，你就告诉他们，临安的军队驻防八百里（古地名，在临安青山湖畔）。"

过了一会儿，黄巢军的大队果然到了，带队的将领向这老妇人打听，老妇人实话实说，那将领不知道八百里是地名，不由得大吃一惊：临安军队不过几十人都那么难对付，要是有长达八百里的超级大营，那得有多少军队啊？我们怎么可能打赢？算了，不攻杭州了，还是换个好打的目标吧。

于是，黄巢军掉头转向，杭州因此躲过了一次兵灾，钱镠和董昌也因此一举成名（在欧阳修的《新唐书》中，将此事记为董昌所为，但同样在欧阳老先生编著的《新五代史》中，记载是钱镠所做，其余史书也都将主角锁定为钱镠。从后来两人的表现来看，个人也认为董昌没那水平）。

能臣的垮塌

虽然在杭州郊外遭遇了这次小小的挫折，但总的来说，在 880 年初，黄巢的日子还是挺顺的，刘巨容和曹全晸这两位新知扫完了自家的门前雪后，都在饶有兴致地坐观邻居江西的瓦上霜。而他的另一位老相识高骈，正要借黄巢之力，向朝廷抬身价，也还得再等几个月才会杀过来。

这年的新春，皇帝李儇换掉了"乾符"这个霉气缠身的年号，改元"广明"，试试能不能转转运，从此大道广阔、前途明亮。

其实这段时间从前线传回长安的消息，仍然是以积极向上的捷报为主旋律，看起来依旧前途光明。但在中央混了这么长的时间，田公公就算不吃猪肉，也早见惯了猪跑，所以他还是从这一堆捷报中透过现象，嗅出了不祥的本质：北边的李克用还没有摆平，南边的黄巢就要杀回北方来了！虽然听说官军在荆门打了胜仗，但这种斩草不除根的胜利，田公公在奏报中也见得多了，知道这些个"草贼"是属草的，所以野火烧不尽，春风吹又生。果不其然，随着今春长安第一阵大风带来的消息，就说他们已经到江西，而且一眨眼又是几十万人了！

面对这样一个烂摊子，要怎么办？与其亡羊补牢，不如未雨绸缪，田公公决定在局势完全失控前，给自己准备条后路。后路的最佳地点，当然是大唐皇室历来的避难圣地——西川。

有"天府之国"美誉的巴蜀地区，在唐末的行政区划上属于"剑南三川"，即西川、东川、山南西道。其中以西川最为富裕繁荣，东川次之，而山南西道基本上就属于贫困山区了。这一地区四面环山，天险重重，外兵不易攻入，又加物产丰富，不会让落难的小朝廷饿着，当初玄宗皇帝躲避安禄山叛军，就是往这儿开溜的。最近一段时间，因为现任西川节度使崔安潜治理有方，巴蜀地区也比其他地方宽裕一点儿，饥民较少，治安也还算不错，自酋龙死后，南诏的威胁也消失了，一旦长安有失，这里实在是避难的最佳选择。

更何况，田公公本是蜀人，西楚霸王曰："富贵不归乡，如锦衣夜游。"提前把蜀地抓在自己手中，不但是狡兔三窟的英明决策，也可以顺便在四川老乡面前，炫耀炫耀自己华丽的新衣服。

于是，田公公对自己的小朋友李儇提出了更换三川节帅的建议，并提交了四个人的候选名单，分别是陈敬瑄、杨师立、牛勖和罗元杲。这四个人清一色，全部出自田公公执掌的左神策军。其中以左金吾大将军陈敬瑄的后台最了不得，他是田公公的亲哥哥！

陈敬瑄，原本在穷嗖嗖的老家排行老三（他家的老大、老二可能早亡，他应是田令孜事实上的大哥），曾经是街头卖饼的，只是史书交代得不够明确，没说明陈三郎卖的究竟是武大郎的炊饼，还是兰州的烧饼。

作为武大郎的同行，陈敬瑄得以位列将相，也完全是沾了他那个改姓田的弟弟的光，毕竟打虎还得靠亲兄弟，田公公纵然能认一大堆干儿子，但真正信得过的，只有这个三哥。当年官声颇佳的崔安潜出任忠武节度使时，田公公打算让他给自己卖饼的三哥安排个好工作，也不用太高，做个兵马使就可以了，和造反前的李克用同级。

谁知这个崔安潜同他的朋友郑畋是一路人物，油盐不进，竟然一口回绝了。他崔安潜可是大名门清河崔氏的子弟（唐初修《氏族志》时，清河崔氏排名天下第三，这还是因为李世民发火，命令李唐皇族必须排第一，长孙后族必须排第二的结果），犯不着为了眼前利益讨好一个出身卑微同时人品低下的宦官，辱没家门。

田公公无奈，只好把三哥安排进神策军任军官，顺便记下姓崔的这笔账。现在他让陈敬瑄当西川节度使，顶飞崔安潜，也是还以颜色：当初你不肯给我哥一个兵马使，现在我让我哥挤走你个节度使！

噢，对了，这么说早了点儿，现在谁当新的西川节度使，暂时还没定，田公公只是推荐了四个候选人而已，最终结果还得等皇帝李儇拍板。

李儇绝对相信"阿父"的眼光，推荐的人肯定错不了，只是还要从中挑三个节度使，传统过程好枯燥啊。十八岁的皇帝到底聪明，灵机一动，想出了一条让工作充满乐趣的好办法：你们四个来打马球吧，以球技定名次，以名次定官位，公平、公正、公开。

于是，一场竞争上岗的球赛开赛。一阵骏马奔驰，球杆翻飞之后，结局不出意料：陈三郎不愧是"阿父"的兄长，不但会做点心，在马球方面竟也技压众人，得授西川节度使，第二名杨师立，授东川节度使，第三名牛勖成为山南西道节度使，垫底的罗元皋只能自认倒霉，什么也没捞着。

对于这个结果，在下不敢断定这次球赛像甲A联赛一样有人打假球，但可以肯定，只要杨师立、牛勖、罗元皋这三位还没有傻到家的话，就应该知道：有些球是不能赢的！

广明元年（880）五月，信州城中的黄巢心情非常糟糕。年初，"狡兔"田公公打造好他的"三窟"，有娱乐天分的天子李儇完成了他的首次"快乐政务"实践，都把主要精力重新转移到剿灭"草贼"上来。在官复原职的卢携卢相国的推荐下，黄巢的老熟人高骈终于得偿所愿，接替王铎担任了"诸道行营都统"。

上任伊始，高骈马上调动各藩镇军队，在淮南集结了七万精兵，大举南下江西，于是，黄巢的好运气便得告一段落了。

上个月，高骈手下的头号猛将张璘杀过了长江，"义军"大将王重霸战败投降，黄巢亲自迎击，又被张璘击败，部将常宏率众降唐，黄巢只得退守饶州（今江西波阳）自保。

据以往的经验，高骈的军队虽然难对付，但和刘巨容差不多，都有点到此为止的君子风度，所以当初黄巢在杭越被高骈打败之时，才能劈山开路，逃出生天。可不知是不是因为升官的激励作用，高骈这次非常积极，他的大将张璘就像看见红布的公牛一样，丝毫没停手之意，挥军攻击饶州。黄巢率军迎击，与张璘大战于大云仓，结果再败，只得退守信州（今江西上饶），张璘大军咄咄逼人，直抵信州城外。

战局对黄巢已经很不利了，可屋漏偏逢连夜雨，信州地界又正好闹起了瘟疫，一路败退进城的黄巢大军不几天就病倒了两三成，其余人就算没病倒，也双目无神，面有菜色，就算想跑也没力气了，真是雪上加霜啊！

打不赢，又跑不掉，还能怎么办？黄巢决定重施故技：请降。问题是，对手不同意怎么办？六百四十二年前，魏国主帅司马懿在面对对手公孙度一方的停战请求时，就得意扬扬地总结了弱势军队的可能选项：能战当战，不能战当守，不能守当降，不能降当死！如果打顺了手的张璘也来一句"不能降当死"，可如何是好？

黄巢并不太担心，他的应对方案很传统，但非常有效，那就是贿赂，有钱能使鬼推磨，我黄巢行走天下几十年，不贪钱的官还没见过呢！而且在广州那里没收了那么多胡商的财产，金银也有的是。

于是，黄巢的使者很快将一大批沉甸甸、光闪闪、金灿灿的重金属送到了城外唐军大营中，张璘的案头上。张大将军的手也是摸惯了银钱珠宝的，所以他很内行地一掂，便知道这玩意儿是少见的足赤成金，大大地值钱，而且数量之多，让张璘发现自己原先过的简直就是乞丐日子。张大将军看得心花怒放，刚要伸手按以往的惯例，再"下不为例"一回，突然想到：拿人的手短，这帮反贼如此大方，会有怎样的图谋呢？

黄巢的使者真是善解人意，见张将军表情犹豫，便说出黄巢的条件。要求非常之低，只要张将军暂停进攻，休息两天就行了。而且顺便告诉张璘：我们黄头领已经派人送信给高大帅，正在商议请降的事宜，如果顺利的话，不用多久，我们黄头领和张将军就是同事了。到那时还要重谢将军，今天这点小钱，完全不值一提！

张璘大喜，不需要劳心费力，只不过给自己放两天假，就能轻轻松松发大财，如此好事，谁不愿干？何况他也查清楚了，黄巢的使者没有说谎，黄巢的请降信确实已送往高骈的帅府了。

黄巢要降？高骈最初的感觉是有些不信，黄巢当年是有过伪降历史的，他既然能骗朝廷一次，自然也能再骗第二次。但以往太多的成功，已经让高骈养成了过度的自信，他转念一想：就算黄巢敢骗别人，难道还敢骗我？一个区区草寇，怎能禁得起自己这个常胜名将的连环重拳？走投无路之下，穷迫求降，那也是合情合理的啊！

寻思至此，高大帅带着从骨子里渗出来的优越感，轻蔑地拆开黄巢的书信。信的内容并不出人意料，一开头就是一大段汹涌澎湃的马屁，让高大帅有身处星宿派总坛的感受：什么小人黄巢不惧天下百万兵，唯惧一人高千里啦；什么小人对高帅的景仰有如滔滔江水连绵不绝了；什么今年过节不磕头，要磕只往扬州磕云云。要说这类奉承话，高骈平日里听得也够多了，但多数来自自己的下属，现在听一个敌手的肉麻吹捧，多少有点新鲜感，感觉还是蛮受用的，心情舒畅之下，高骈继续往后看。听说小人过去的小弟秦彦、毕师铎跟随高帅日子过得挺滋润，就知道高帅是真正宽宏大度的真君子，小人如能蒙高帅开恩举荐，归顺朝廷，得以执掌一个小小的藩镇，那小人今后一定知恩图报，一切唯高帅马首是瞻！

死到临头了，还想当节度使，简直就是癞蛤蟆打哈欠，好大的口气！高骈正打算将书信一把撕碎，突然转念一想：我何不将计就计呢？我如果假意答应，把黄巢骗到扬州，巨寇贼首，还不被我手到擒来，那要省却多少工夫啊！何况要打仗的话，诸道援兵就有理由跑来和我争功！黄巢失利，明明是被我打败的，你们有什么功？！黄巢请降，也只是慑于我的威名！凭你们哪能让草贼胆寒？

心下合计已定，高骈便做出了两件事：一是回信给黄巢，告诉黄小弟你尽管放心，来扬州听好消息吧，高大哥我等着你；二是上奏朝廷，黄巢残军已到了山穷水尽的境地，马上就要被我消灭，就请诸道援兵都撤了吧，还没有上路的就不用出发了，已经上路的就掉头回去吧，已经到达的就没你们什么事了。

高骈自出道以来，表现一直都格外优异，是大唐帝国赖以保平安的救火队长，不论对付党项、南诏、草贼，还从来没让朝廷失望过，所以他这次的奏章送到长安，举朝一片欢腾，宰相卢携更因为"荐人得当"而趾高气扬，朝政大事基本上都由他和他的两个心腹幕僚决断，另外的豆卢瑑和崔沆二相（郑畋和王铎遭贬，李蔚已逝世）只能在政事堂做个陪衬而已，从今天起，附和卢携的话可以说，不附和卢携的话说了等于放屁。

尽人皆知，卢相国正是高骈的大后台，因此朝廷对高骈的要求给予百分之百的支持，云集淮南的各路援军只得心有不甘地纷纷打马上路，各回各的驻地。

如此一来，信州前线的局势便发生了巨大的变化。

从唐军方面说，昭义、感化、义武三镇援军被遣回，唐军兵力大减；被糖衣炮弹准确命中的张璘，待在城外行政不作为，一心只盘算这一笔大财如何使用；留在后方的高骈正沉浸于再建不世奇功的兴奋与喜悦中，为自己编导的喜剧"智擒黄巢"进行着一遍遍的排练；在他们的带动下，他们手下的唐军也认为大功已经告成，和"草贼"之间不会再有大仗了，因此军纪松懈，战意低迷。

从"义军"方面看，情况则恰恰相反，机遇从来都只偏爱有准备的头脑，黄巢使用贿赂和马屁给自己迎来了这次机遇，他在此期间也一直为这个机遇做着不懈的准备："义军"的士气重新得到恢复，伤病员大多治好了，反击的计划制订得周密而严谨，万事俱备。

黄巢收到高骈敦促他前往就抚的书信后，想方设法拖延时间，待他确知诸道援军已经北撤过淮河，才给高骈回了一封信：没那事，逗你玩！

向来以耍人为乐的高骈现在才发现自己让人耍了，请君入瓮的妙计已经不可能实施，他勃然震怒了：从来只有我骗别人，什么时候竟然也有人敢骗我了！张璘，你给我马上进攻，把那个姓黄的盐贩子碾成盐沫子！什么孙子曰"主不可以怒而兴师，将不可以愠而致战"，去他的孙子怎么说，对敢戏弄我的"草贼"，就绝饶不了他！

于是，三心二意的张璘只得率领三心二意的唐军，恢复了对"义军"

的全面进攻，在他们对面严阵以待的，是精心准备的黄巢和他那些复仇心切的弟兄。唐末，一场扭转乾坤的大决战即将打响！

非常遗憾的是，由于黄巢在古史中的总体形象只是一个败寇，因此关于他取得胜利的记载大多极为简略，我们无法知道信州大战的具体经过，知道的只是结果：曾经堪称黄巢克星的猛将张璘阵亡，唐军大败亏输，长江以南再无可以有效抵挡黄巢的官军。大胜之后，黄巢顺势连下睦州（今浙江建德）、婺州（今浙江金华）、宣州（今安徽宣州），于七月在采石渡口北渡长江，进至天长、六合，军势再次变得十分强盛。

黄巢的老乡，曾当过"草军票帅"的降将毕师铎劝高骈出击迎战，指出黄巢大军一旦越过长淮（长江与淮河），将不再能够控制，必成中原大患！

但是，高骈没有接受他的进言。不仅如此，高大帅还将他剩下的军队都收缩于扬州附近，让出了给黄巢北上的大道。为了推卸责任，高骈在给朝廷的告急表章中夸大其词："黄巢大军多达六十万，已屯驻在天长，距离臣防守的扬州已经不到五十里了！"

大家可能已经发现，古史中对黄巢军队数量的记载，就像量子力学中的基本粒子，遵循"测不准原理"。这当然不能怪古史的编辑业务不精，因为他们编书所依据的原始档案，也就是各地官员的奏报，会根据自身的需要，随意增减"贼兵"的人数。在这些写报告的地方官员中，高骈高大帅可谓其中佼佼者，两个月前被他说成马上就要完蛋的黄巢军，转眼间就变成六十万人了，撒豆子都没这么快吧？

更离谱的是，两年后，由于朝廷要解除他盐铁转运使的肥缺，高骈牢骚满腹，大摆功劳，竟然声称黄巢离开天长时，已经被躲在扬州从不曾出战的自己，打得"黄巢残凶才及二万"！在同一个高骈的奏章中，记述黄巢在同一时间段的兵力，其上下竟能相差三十倍！

这让在下读史时也不禁叹为观止：这得有多厚的脸皮，才能脸不红心不跳地说出这两段南辕北辙的大谎话来啊？

在语言上升级为吹牛大王的同时，高骈在行动上却退化成了一个大宅男，他在余下的七年时光中，基本上都躲在他的淮南节度使府邸中求仙问卜，出的最远的一次门，也只是到城郊的东塘。他不但坐视帝国的危亡，连自己的淮南辖区内闹翻天都不再过问了。

高骈怎么啦？那个曾经的帝国军人的偶像，是怎么一步步堕落成一个怯懦鼠辈的呢？

《新唐书·高骈传》提供了一种解释。在信州大败，黄巢兵临天长之时，高骈曾一度准备出击，但他最宠信的谋士吕用之劝高骈说，如果打败黄巢，大帅就会功高震主，不如留着黄巢的好。这话听起来挺耳熟，与刘巨容的高论如出一辙，高骈认为有理，于是按兵不动。

不过以在下看，就算吕用之真说过这样的话，那也只是高骈用来挽回面子的托词而已。他与刘巨容不同，并非大胜之后止步不追，而是大败之后倨城固守，哪有资格吹同样的牛？如果他真的怕功高震主，当初命张璘进攻时积极个什么劲儿？黄巢请降时他又何必遣散诸军以图专功？之后他在淮南无所作为，与杨广在扬州类似，几乎是闭门等死，又哪像有长远考虑的样子？

因此，高骈的变化，应该另有原因。在下读高骈传记时，感到他早年的经历就一个字——顺。他生于名门显宦，长于将门之家，天资过人，才华横溢，一路走来，一直是旁人羡慕和崇拜的对象。

但这样的经历，果然是最好的吗？大河剧《葵·德川三代》中，德川家康把征夷大将军之位让予儿子秀忠时说："你真不幸啊，年纪轻轻就身居高位，没有经历过挫折。"显然，在这位异国的睿智老者眼中，一帆风顺的人生，并非幸事，因为那样的人将禁不起失败的打击。不过，他的儿子秀忠比较幸运，此后也没遇上什么大难，高骈就没那么走运了。

信州的惨败是一个转折点，一真认为玩弄别人就和摆布棋子差不多的高骈，第一次发现自己被人摆布了，他并不能永远高人一等。这样的事实极大地打击了他高傲的自信心，而高骈是经不起打击的，这不但让他对黄巢的看法从极度蔑视突变成了极度恐惧，也使他心灰意懒，失去了所有的雄才大略……

有一种运动状态，叫作"坍塌"；有一种精神面貌，叫作"堕落"。高骈今后仍将在书中出现，但大家可以记住，这个名字所代表的那个人，已不再是那位让党项、南诏闻风丧胆的常胜名将了。

门户洞开

当高骈的新奏章送到长安，僖宗皇帝与朝廷重臣感觉就像坐过山车：刚刚还在高处俯瞰满园春光无限好，眨眼间已跌至谷底只见黑云压城城欲摧，有没有搞错啊？没错，新的告急文书不断传来：黄巢已经越过长江，快逼近淮河了。

皇帝李儇愤怒了，下诏责备高骈：你凭什么要遣返各道援军，让黄巢猖獗至此？如今的高骈，已是死猪不怕开水烫，毫不脸红地与皇帝顶嘴说，遣散各道援兵的决定，当初臣可是请了旨，得到您的批准才执行的，岂是臣一个人的责任？臣现在竭尽全力保卫一方，扬州肯定能守得住，朝廷不必挂心。只是怕黄巢北渡淮河，进兵中原，臣子我刚刚得了风疾，现在半身不遂，不能出战，只能劳烦东都和北方各藩的将士赶快布防吧！

想来当李儇读到高骈的回书时，恨不得咬他一口的念头都有了，这叫什么混账话，如果不是你高骈谎报军情，说剿灭黄巢指日可待，朝廷怎么会同意撤军？

但可惜那个该死的高骈远在扬州，又重兵在握，如今虚弱的朝廷既不能也不敢真把他怎么样。何况势已至此，追究责任也是缓不济急，当下最要紧的事，是怎么对付即将北来的黄巢。李儇以期待的目光环视诸臣。

还好，没有万马齐喑，宰相豆卢瑑率先出了一个主意：黄巢不是一直想衣锦还乡，当天平节度使吗？我们干脆就把天平的节钺授给他，他一旦接受，必然要到郓州去上任，这样他暂时就不能威胁洛阳、长安了，也为我们赢得了重新调遣诸道兵马的宝贵时间。等我们的诸道兵马调齐，天兵百万下山东，把盐贩子从他没坐热乎的节度使宝座上揪下来剁碎，大功就告成了！

平心而论，豆卢瑑的这个主意可操作性不高。第一，黄巢刚刚才用同样的方法欺骗了高骈，他有可能中这种被自己玩老的计吗？第二，唐中央现在连深受国恩的高骈都已经调不动，在黄巢还没有严重威胁诸藩镇利益的前提下，还有能力集中天下诸藩镇的兵力，并让他们团结一致向前看吗？

不看好豆卢相国（豆卢瑑姓豆卢，不姓豆，是十六国时代鲜卑慕容氏的后裔）的，当然不止在下这个后人，当朝首相卢携对他更是嗤之以鼻，他反对说："以现在黄巢的胃口，岂是一个天平节度使就能填满的？纵然授予他天平节钺，也不可能阻止他继续进攻，只是让朝廷白白地丢一次脸罢了！现在应该做的，是马上动员诸道兵力扼守泗州（今江苏盱眙北），以宣武节帅为诸军都统，把'草贼'挡在淮、泗一线。只要黄巢突不破防线，就只能回头劫掠淮南，高骈也就不可能端坐不动，那样黄巢只能陷入我南、北两方面大军的夹击之中，最终自取灭亡。"

虽然高骈的最新表现让卢携在皇帝眼中失分不少，但起码听起来他的主意还是比豆卢瑑的办法靠谱一点儿，于是李儇同意，就按卢相国说的办。

朝廷的决策是雷厉风行的，诸藩镇的执行却是偷工减料的。

九月，黄巢大军北上迫近泗州，这个在卢携计划中应该以重兵守卫的关键要点，此时只集结到唐军六千人，主帅是曾与刘巨容合作，在荆门打败过黄巢的曹全晸。这时，他刚刚升任天平节度使（假如豆卢瑑的计划实行，这个官职本来要给黄巢的）兼东面副都统，不过，官运好不等于武运好，荆门的奇迹无法重演了。

黄巢大军的数量当然没有高骈吹嘘的六十万那么多，此时比较可信的数量在十五万左右，但这个数字也是曹全晸人马的二十五倍之多，强弱极为悬殊！

就算瞎子也能看得出，这一战的前景凶多吉少，曹全晸只好拼命向高骈求救：看在同殿为臣的分儿上，拉兄弟一把吧！

但高骈现在连皇帝的话都不听，哪会理睬他一个刚上任的节度使？他

将铁公鸡精神发扬到底，坐视泗州危机，始终不发一兵相援。于是，曹全
晟合情合理地战败了，所部全军覆没，泗州沦陷。至于曹全晟本人，一说
他在此战中阵亡，另一说他死里逃生，直到一年后在与黄巢军的另一次交
锋中战死。

卢携计划中的淮、泗防线，被黄巢轻易洞穿。好在此前，泰宁节度使
齐克让（口头军事家李系的继任）积极出师，已率军进驻汝州，在他带头
之下，河南诸藩镇也陆续挤出些人马，继续前进，在潩水沿岸拼凑出了大
唐的第二道防线。

潩水，是淮河的支流，今称沙河，流经忠武镇的许州、陈州和宣武镇
的颍州入淮，称不上什么天险，但在一马平川的豫东，也算得一道天然屏
障。对于这道防线，中原各藩镇中，以东道主忠武节度使薛能的表现最为
积极，因为自己不通武事，先是派悍将秦宗权（请记住这个名字，他是将
来显赫一时的混世魔王）到蔡州调兵，随后又将忠武军的主力都交给另一
大将周岌，让他率领前去与齐克让部会师。从目前调动的兵力来看，潩水
防线的守军要比泗州雄厚得多，如果不出意外的话，应该能够多挡一阵
子吧？

但是靠一个虚弱无力的中央政府，号令一群各怀鬼胎的藩镇悍卒，要
能顺顺当当地执行好一个计划并不容易，出意外才是正常的。

风起于青蘋之末，意料之外往往源自情理之中。

当时大唐中央政府提出的近期战斗口号是：保卫潩水，镇镇有责！坐
镇徐州的感化节度使支详（李克用老领导支谟的弟弟），是其中响应号召
比较积极的一位。毕竟他和薛能一样，都属于中央任命的文官型节度使，
其合法性来自中央权威，与本镇军人集团没有太深的联系，维护中央也就
是维护自身。因此，尽管此时黄巢的军队距离徐州比距离洛阳更近，但支
详还是顾全大局，从本镇人马中抽出了精兵三千人作为感化特遣兵团，前
往潩水防线助战。一次影响深远的内乱，由此埋下了伏笔。

在唐王朝的中后期，天下可以说到处是骄兵悍将，但感化军仍然能从
其中脱颖而出，成为当时最著名的兵老爷集团之一，以无理闹三分，有理

闹翻天而驰名大唐军界。比如，当年因不满意中央让他们扎根边疆，就大举杀官造反的庞勋，就是他们中间的代表。

庞勋虽死，感化军骄横依旧。他们一路西来，途经许州，决定停下来歇歇脚：我们就要打仗去了，你们许州地方官员是不是该意思意思呢？

此时许州城中的最高官员，正是忠武节度使薛能，他以前正好也出任过感化节度使，自认为治绩优异，对徐州士兵和人民都有恩德，觉得这些徐州子弟兵也算自己的半个老乡了，他乡遇故知，为人生快事也。因此，薛大人见了"故知"如此请求，觉得合情合理，便吩咐打开城门，把城中的马球场腾出来，为徐州来的忠勇将士接风洗尘，让他们好好休息休息。

在薛大人的亲切关怀之下，许州很快安排好了接待工作，看到徐州来的大兵们都吃上热饭，睡上干净床铺，薛能放心地回去睡了。累了一天，估计薛大人睡得很甜，然而，他想不到的是，这将是他此生最后一次安然入睡了。

薛大人看见的那幕和谐画面只维持了几个小时。徐州的大兵是带着很高的期望值进城的，许州这么繁华，进城之后竟然让我们睡露天球场（虽然比露宿郊外强多了），送来的伙食也没有想象中的鱼肉美酒，没有大把赏钱，我们进城为什么呀？这群大兵一合计，拿起刀枪！

三千名感化士卒一哄而起，呼喊着冲击官府。自然，按一般常规，顺便在城中抢一把也是可以理解的。见到这群大兵的淫威，许州百姓惊恐不已。只是，忠武不是弱镇，他们之中也是有很多军人眷属的……

大乱中，被从睡梦中吵醒的薛能急忙登上子城，询问兵乱原因。感化士卒在下面高声叫喊，抗议接待标准太低。慌了神的薛大人连忙好言劝慰，对乱兵的要求几乎是有求必应，折腾了好一阵子，混乱才慢慢平息。

感化士卒闹了大半夜，感觉大有斩获，满意了，也累了，便回去休息了。他们如果知道马上将要发生什么事，估计就睡不着了。

就在这些感化士卒不注意的时候，已经有惊慌的许州人悄悄潜逃出城，目的是去找我们许州人自己的军队。

许州的军队正在将军周岌的率领下前往潊水，说实话，周岌对这个任务是没多大兴趣的：黄巢的目标是长安，不是忠武镇，我们何必真出死力？两个榜样就在眼前，与其学曹全晸，不如学高千里。所以，周岌虽然出发，行军的速度慢得像出殡，现在距离许州也没有多远。正因如此，周岌很快便得知感化军在许州闹事的情况。周将军先是感到愤怒：这帮徐州兵太混账了，也不看看地方，当我们忠武军就好欺负吗？但稍一转念，周将军突然意识到，这是一个好机会。

不想当将军的士兵不是好士兵，不想当节度使的将军不是好将军，周岌是个"好将军"，他带着几分兴奋下令：立即掉头，杀回许州去，教训教训那帮感化士卒！顺便追究一下薛节帅吃里爬外，放纵感化士卒施虐的罪行！

到底是权势激励，动力十足，别看周岌出许州时磨磨蹭蹭，静如处子，回许州时却是精神焕发，动若脱兔！当晚的下半夜，周岌的军队就以迅雷不及掩耳之势杀回了城中！

由于忠武军占尽天时、地利、人和之便，兵力也处优势，又是突然袭击，大多还躺在床上的感化士卒猝不及防，根本无力抵抗，局面变成了一边倒的屠杀，三千名感化士卒，几乎无一幸免！杀光了徐州来的"友军"，周岌又鼓动士兵直逼节度使府第，高声喧哗，要薛大人出来，给大伙一个交代！

今天晚上真是薛能的受难日啊！虽然他写诗是个行家，但谁都知道，秀才遇上兵，有理讲不清，上半夜才好容易把感化兵应付下去，下半夜忠武兵又来了。再看看外面那些大兵狰狞的表情，还在滴血的战刀和手里拎着的人头，薛能吓得魂不附体，他可不想变成忠武的段文楚，那还能怎么办？逃！

应该说，薛能的运气比段文楚好，他没有被捉住变成士兵口中的大餐；但也没好太多，他在逃往襄阳的路上被乱兵追上，一刀毙命，跟他一同逃命的家人也全部丧命。

把薛能送上路之后，周岌顺理成章地自封为忠武留后（忠武镇的代理节度使），只不过，他这个留后，也是打折扣的。忠武镇所辖三州：许、蔡、陈，周岌真正控制的，只有一个许州。

正在蔡州的秦宗权，得知许州发生兵变后，便以平叛为名，集结军队，杀掉蔡州刺史自代，周岌不敢得罪他，连忙承认秦宗权为蔡州刺史。之后秦宗权四处伸手，又控制了原属淮南的光州，实力变得比他的名义上司周岌还要强大。同样，陈州人也对周岌这个名不正言不顺的留后不感冒，稍后，那里崛起了另一强人赵犨（chōu）。

从此，忠武军一分为三，形成了许州系、蔡州系、陈州系。后来，又在这三大系的基础上演变出很多分支，忠武军人遂走遍天下，以独特的方式，深深影响着唐末五代的历史进程。

忠武兵变，忠于朝廷的节度使薛能被杀！这个消息如同晴天霹雳，把大唐溵水防线的最高指挥官齐克让惊得目瞪口呆。

经此一变，卧榻之侧的忠武军究竟是敌是友，谁也说不清了，万一黄巢杀到时，已经叛变的忠武军又从侧后捅自己一刀，那我齐克让岂不是死得比窦娥还冤啦？

思来想去，齐克让做出了自己的英明决定：在生死关头，一定要有死道友不死贫道的无畏精神！于是，他甩下其他各镇派来的援军独自离开，准备撤回自己的大本营兖州（泰宁镇总部，齐克让是泰宁节度使）。这个设想是很好的，可惜齐克让忽略了一个方位问题：兖州在东边，必须穿过现在黄巢"义军"正迎头杀来的宽大正面，果然能安全到达吗？

黄巢自泗州渡过淮河以后，其部众如同巨大的海啸淹没了广阔的河南大地，先克申州（今河南信阳），而后分成数支，扫荡了颍州（今安徽阜阳）、宋州（今河南商丘）、徐州、兖州境内。虽说如今黄巢狠抓了一把军纪，除了招募丁壮当兵外，沿途基本上算得上秋毫无犯，但那些宽大政策是针对平民的，官员要想从穿过这些州县的道路回到兖州，难度已经远远超过了购买春运期间的火车票，何况齐克让需要的还是大型团体票。

虽然史书中没有明确说明，但显而易见，打算回家的齐克让肯定在东撤的道路上撞了南墙，等他结结实实碰了一个大包后，只得又掉头西撤，先退汝州，再退洛阳，最后逃往潼关。

再说溵水防线方面，各镇派来的援军回过神来，才发现司令长官已经带头逃跑了！其他各部唐军没有丝毫的犹豫，非常麻利地一哄而散。

结果，等黄巢大军到达溵水时，河对岸已经没有一兵一卒把守。黄巢不费吹灰之力，便突破了这条可能是史上最不堪一击的防线，前锋所向，直逼东都洛阳。

进展出乎意料地顺利，黄巢头次有了成功在望的感觉，他便乘势向天下藩镇发出了一道檄文，意思大致是，好狗不挡道，你们守好自己的地盘，别来冒犯我大军的锋芒，自讨没趣！我的大军目标是开进洛阳，进军关中，找朝廷问罪，没你们什么事。

檄文发出后，效果显著，天下大多数藩镇原本就有自己的小九九，和长安的朝廷本就不是一条心，见黄巢如是说，便都很识相地当了"好狗"，学习高骈，拥兵自守，坐观成败。只有我们可怜的齐克让，因为回家的道路被堵，欲当"好狗"而不可得，只好将黄巢的檄文副本及自己的告急文书一起送往长安，请求救援。

潼关之战

十一月十二日，冬至，黄巢的檄文就像这个冷酷的节令一样，带着刺骨的寒意传到了长安。当了七年快乐天子的李儇才仿佛猛然从梦中惊醒：原来帝国的根基，并不像自己原先以为的那样坚不可摧，天，难道快要塌下来了吗？

他连忙在延英殿召集群臣议事，豆卢瑑和崔沆来了，首相卢携却称病躲在了家里。李儇看着这两位宰相泪流满面，哽咽不已，弄得群臣也不知如何是好。

还是田公公贴心，先打破了沉默，他从容上奏说："请迅速从左、右神策军中挑选弓弩手，臣愿亲率他们前往潼关御敌！"不愧是朕的"阿父"啊，果然于危难之际见忠贞！

不过，这么做真有效果吗？李儇虽号称昏君，但其人并不蠢笨，神策军能有多少斤两，他还是看得挺清楚：没钱的人是进不了神策军的，所以这帮兵大爷不是"官二代"，便是"富二代"，平日里坐领丰厚的军饷，骑着高头大马，在城中到处狐假虎威，却从不见他们训练。要让他们抓几个小贩（盐贩除外），也许还能神勇一下，真正让他们和强敌打仗，那和让他们送死有多大区别？

于是，皇帝提出了疑问："侍卫的将士，从来没经历过真正的战事，恐怕挡不住黄巢吧？"

田公公是聪明人，当然不打算真跑去潼关"以身殉国"，他前边有意提出一个人人都看得出操作性不高的建议，就是在等李儇这句话。于是，他马上转口称赞道："陛下英明，圣心远虑！如果不能在潼关挡住'草贼'，那也不是没有其他办法。当年玄宗皇帝遭遇安禄山叛乱时，曾巡幸蜀地。"

此言一出，在场的两位宰相顿时心领神会，李儇即位以来的经验告诉他们，要避免犯错误，那最好是与田公公保持一致。于是他们添柴浇油，为"幸蜀论"增加火力。

崔沆的补充重点在说明局势的严重性："当初安禄山攻潼关，只有五万人而已，根本不能同今天的黄巢相提并论！"豆卢瑑则应用辩证法，进一步证明了"幸蜀"必要性和可行性："当年哥舒翰带着十五万人都没能守住潼关，如今黄巢有六十万大军（这个数字显然源自高骈的牛皮，黄巢军的真实人数应远小于此数），而潼关却不可能再凑出哥舒翰的大军了，如何守得住呢？好在中尉田公深谋远虑，如今三川节帅都是令孜的心腹，比起玄宗皇帝来，这次可谓早有准备了！"

李儇再一次震惊了，他发现今天才算真正认识了自己身边这班心腹和朝廷大员。他们平日里一个个张口皇上圣明，闭口天下太平，还说就算有个把"草贼"作乱，也尽在掌握中。原先还以为他们就算说错，那也是受了前线蒙蔽，属于能力问题，不是态度问题。今天知道了，敢情你们都是揣着明白装糊涂，早算到会有这一天了！

李儇终于第一次对"阿父"表现出了不满，他没有接受田令孜出逃的提议，也没有理睬豆卢瑑、崔沆两位宰相的附和，只是没好气地对田令孜说："卿替我发兵，守好潼关！"

田公公没想到，一直以来都非常听话的李儇小朋友竟然不见棺材不掉泪，毅然否决了自己的建议。他可能没有注意到，自己一手带大的这个小皇帝已经十八岁了，按今天的标准也是完全责任行为能力人了，不可能永远是他手中的玩物。裂痕已现，李儇与"阿父"决裂的日子终将到来。

不过，田公公暂时还来不及考虑这么长远的事，黄巢大军将至，他总不能真的跑去潼关送死吧？于是，知道生命高于一切的田公公顾不得食言，向皇帝推荐了三位替死鬼：左神策军马军将领张承范、右神策军步军将领王师会，以及左神策军兵马使赵珂。

李儇这回再次接受田公公的人选，命三将把守潼关，即刻挑选兵马，准备出师；与此同时，李儇任命田令孜为左右神策军及关中诸镇兵马的总指挥，负责协调各路军队，但又任命田公公的宫内政敌杨复恭为副总指挥，其用意不言自明。

接下来的几天，大唐帝国的局势持续恶化。

十一月十三日，齐克让奏报：黄巢军已进入东都境内，臣只能收兵退保潼关，在关外设营，但我军经历几次作战，辎重粮秣早已耗尽，附近州县残破，人烟绝迹……将士各怀乡里，只怕稍有变化，便会四散崩溃，请朝廷尽快送粮食和援军来，晚了就来不及了！

十一月十七日，黄巢军进入洛阳，唐朝的东都留守刘允章投降，率领东都的百官前往城郊迎接拜谒，就像他们以往迎接天子出巡。在这些大唐高官的簇拥之下，黄巢的心情很好，马上找到了万人之上的感觉，他慰劳存问，不杀一人。"义军"军纪肃然，街坊乡里，秩序井然……

十一月二十二日，黄巢大军攻陷虢州（今河南灵宝）。

证实了洛阳已失守的朝廷惊慌失措，一方面任命击球赌三川中球技垫底的左神策军将军罗元皋为河阳节度使，河阳紧挨着洛阳，朝廷希望他到任后能够从侧后反攻洛阳，拖一下黄巢的后腿；另一方面，承认既成事实，给忠武镇那两位造反派洗白，任命周岌为忠武节度使，秦宗权为蔡州刺史，指望用这种小恩惠，使身处黄巢背后的忠武军重新为朝廷效力。

当然，在如今这年月，下一道圣旨不难，让圣旨上的意思落到实处就不易了。河阳军与忠武军会不会出兵，就算出了兵，能不能真正发挥作用，这些都还是未知数。现在最要紧的是，赶快从左右神策军中挤出兵力，把守好保卫长安的最后一道屏障——天险潼关。

这看起来似乎是顺理成章的事，养兵千日，为的就是用兵一时，何况神策军是大唐帝国待遇最优厚的部队，接受丰衣美食的高薪供养已有百余年，危机时刻，自然应当为国效力。然而，这件事的执行难度超乎了想象……

十一月二十五日，有一个小人物终于虔诚地相信了：菩萨是会显灵的！

由于史籍上没有留下他的名字，在下姑且称他为张三吧。张三的这次顿悟，要从昨天清早说起。那时太阳刚刚挤出地平线，放射出几缕清冷的白光，张三准时爬出肮脏简陋的窝棚，一手持打狗木棍，一手持破碗，开始他一天的工作。你们已经猜到了，张三是一个丐帮污衣帮弟子（如果唐朝有丐帮的话）。

他平常的工作技术性不强，基本上就是一面念着"各位老爷行行好"，一面伸出手中的破碗。不过根据以往经验，等那只破碗收回时，有九成的概率和它伸出时一样，仍旧空空如也，只有不到一成机会，能得到一些残羹冷饭，因数量有限，从来不曾填饱过辘辘的饥肠。因此，张三常常在心头默默祈祷：让自己哪一天碰上个钱多人傻的富人，一顿吃个饱！

话说张三发现今天似乎有点儿与众不同，自己身处的这条街一向是乞讨的黄金地段，以往业务竞争都很激烈，今天一个同行也没见着。张三正纳闷，却见一个衣着光鲜的中年男子向他走来。没等他开口伸碗，那中年男子已然问道："你想吃饱饭吗？"好运降临得太快，让张三几乎怀疑自己的听力，但现实美好得超乎想象，他被带进一处大宅院，桌上已经准备了一顿饕餮大餐，其食物之精美，是他从来没有见过的。刚吃饱喝足，又有人安排他沐浴更衣，当漂亮的侍女用白嫩的小手为他换上华丽干净的新衣时，张三幸福得几乎要昏倒了。

换好衣服，那名中年男子又出现了，他问张三："你是想过今天的日子，还是愿意回大街上要饭？"

"当、当然是过现在的日子了。"

"那很好，只要你做一件事，你就可以永远在这里享福了。记住，明天你去信章门外的校场参加站队，当上面的军爷点卯，叫到'冒明'这个名字时，你就大声应到，知道了吗？"

张三记住了，虽然今天校场上人山人海的大场面让他很紧张，但他还是竖起耳朵，等着"冒明"从上面那位军官的口中喊出。

"丁悌！"

"到！"旁边一人高声应到。

张三有些意外，这个名字他从没听过，但这个应到的声音他特别耳熟，仔细一端详，哦，旁边这位身披军服，看起来人五人六的家伙，不就是前天为了半块饼和自己打过一架的丐友李四吗？

当然，在下并不能确定当年长安城中确有张三和李四这两位丐帮人士，但可以肯定，在那几天，类似于"冒明"和"丁悌"的故事正在长安批量上演。

要出征与杀人如麻的大魔头黄巢打仗了！这个消息一传入神策军营，便引发了巨大的恐慌，有门路的朋友都想方设法，避免被列入出征的名单。

应该说，凡是能混进神策军领饷的仁兄，都是有门道的，但这次情况毕竟不同以往，是皇帝亲自点名的任务，所以经过一番空前激烈的"竞争"之后，还是有二千八百名神策军士卒心不甘情不愿地领到了出战的命令（神策军纸面上有十万人，除去戍边部队和空饷，也应该有数万之众，花了十多天时间，才凑出这么点儿人，其动员效率之低，可见一斑）。

这些倒霉的士卒回家之后，往往全家一同抱头痛哭，状若生离死别。这时，不知哪个聪明的家伙想出了办法：出钱找乞丐冒充士卒本人代替出征。办法好，众人自然群起效尤，一时间，长安城中要饭的突然变成了就业市场上的抢手人才，供不应求，几乎要有价无市了。

只是苦了张承范、王师会、赵珂三位军方领导，他们是不可能找人顶替的。

此时，身在章信门城楼之上的张承范，望着城楼下这些不知从哪儿钻出来的张三、李四和王二麻子们，看着他们混乱的队列，以及对武器错误的执放方式，一股凶多吉少的凉气从头灌到脚。

没奈何，张承范只得壮起胆子，向前来送行的皇帝李儇哀告说："听说黄巢大军有几十万人，正鼓噪西进，其势难当。而我方在潼关之外，只有齐克让的泰宁残兵一万人，现在让微臣带这两千多人去守关，又不曾听说有粮草援兵的补充，仅靠这一丁点儿的力量来挡强大的贼兵，臣私下深感心寒！望陛下督促各藩镇，速发粮草援兵，不然后果不堪设想！"

李儇虽然变不出援兵来，但开空头支票的本事还是有的，对张承范安慰说："爱卿只管出征，救兵马上就来了！"

十一月二十七日，张承范等三将率领这支七拼八凑的神策军抵达华州。意外的是，这居然是一座不见人影的空城，才出长安两天，张承范和他的士卒，已经感受到了国之将亡那种绝望凄凉的气息。

原来，原华州刺史裴虔余刚刚升迁为宣歙观察使，因战祸临近，胆小的裴大人也不等后任到达交接，便独自溜走了。刺史逃走的消息传出后，城中士民误以为黄巢大军就要到达，惊慌之下，竟然举城逃亡，躲到附近的华山等山野间避难去了。

张承范也不再客气，直接闯进州粮库，幸运地在布满灰尘和老鼠脚印的库房中找到隔年陈米千余斛，他让士卒每人带上三天的粮食，继续往东走。

十二月一日，张承范军到达潼关（从华州到潼关只有五十公里，在军情如此紧急的情况下，他们竟走了四天才到）。他派人搜索周围的山林草丛茂密之处，找到逃难的乡民一百多人，立即全部抓了壮丁，命他们运石汲水，修缮工事，准备固守。

潼关，古称桃林塞，自古以来是防御关中的第一险要，诗圣杜甫在他的名篇《潼关吏》中赞曰："丈人视要处，窄狭容单车。艰难奋长戟，万古用一夫！"

它所处的位置，北靠黄河，南依秦岭，在山与河之间有一块巨大的天然台地，称麟趾塬。潼关初建时，本位于麟趾塬上，过往行旅要经远望沟，过金沟，绕行一个倒"几"字形的大弯过关。大约在南北朝后期，由于水土流失和黄河的侵蚀冲刷，在黄河河岸与麟趾塬之间形成了一条新的更便捷的东西大道，潼关城楼随之北移，控制新道，原潼关故道逐渐被放弃。到唐朝时，为便于管理，唐政府规定过往行旅只准走大道，禁止从金沟故道过关，金沟遂更名为禁沟。

当然，如果发生战争，敌军不可能遵守不从禁沟通行的规则，因此，唐廷又在禁沟两侧的高地上，修筑了长、宽约十一米，高约七点六米的防御性碉楼十二座，俗称"十二连城"，可居高临下，实现对禁沟的火力覆盖，从而严密封锁这条小道。

潼关的天险不是吹的，但要守住一座雄关，险要的地理仅仅是一个有利条件，远远不是充分条件，其他一些因素欠缺可能更致命，如粮食。

作为大唐帝国顶级的军事要塞，本应时时严加戒备的潼关，如今却没有存粮。张承范军从华州只带了三天的粮草上路，现在已经是第四天了，自然，粮食已经吃完了。关外，一路逃至的齐克让军情况一点儿不比他们好，同样饥肠辘辘。这两支原本就没多少斗志的军队，此刻士气更低。

就在当天午时左右，黄巢的前锋部队也到达了潼关，一场无法避免的战斗立即打响。开始时，齐克让倾尽全力抵挡，以寡敌众，可能由于黄巢军队的素质不高，他居然暂时顶住了黄巢军的攻势。不久，黄巢亲自到达了前线，"义军"的白色旗帜汹涌而至，布满了原野，多得看不到边际，兴奋的黄巢军士一齐欢呼，喊声惊天动地！齐克让又勉强招架了一阵子，战至酉时（下午6点），饥肠辘辘的泰宁军终于崩溃了。不愧是从溵水一路"转进"而来的部队，他们逃跑的技术非常专业，先点燃了自己的营垒阻挡追兵，然后才转身开溜。

往哪儿逃呢？

由于张承范的人已经把潼关的城门死死锁住，就算看见亲爹也不开门，这些地理知识过硬的泰宁溃兵不可能走大路，便集体向左转，奔向禁沟故道。

人多果然力量大，禁谷中，已经生长一百余年的灌木、寿藤，马上就让坚定的泰宁兵用他们无坚不摧的铁脚板扫荡一空。这条原本荒废已久，崎岖难行的小路，一夜之间便被溃兵踩成了坦途！难怪一千多年后一位文学家感叹说：世上本没有路，走的人多了也便成了路。

可能是因为比泰宁军晚到几天，关上的张承范和关下的黄巢，似乎都还不清楚关城的旁边有这么一条可绕过关城的"禁沟"，又或者他们全紧张过度而忙中出错，没想到这一点。虽然一万多人在他们眼皮子底下钻进山沟，再一眨眼便人间蒸发了，但两人都没对这一诡异事件做出及时的反应。

也就是说，黄巢没有派兵追击溃散的齐克让军，乘机穿插到潼关的背后；而张承范也没有派人前往"十二连城"布防，锁死"禁沟"。

当夜，张承范知道黄巢即将攻关，为激励士卒死战，他把仓库里的所有东西以及自己的私财全部拿出来，分赏给手下这两千多人，并上表说明前方的危急情况，再次向朝廷紧急求援："臣离开京城已经六天了，甲卒未增一人，粮饷不见踪影！就在臣到潼关的同一天，巨寇黄巢也已到达，关外的齐克让军，因饥饿溃散，现已一个不存。臣现在只能用两千多人来抵抗六十万贼军！潼关失守之日，臣甘愿受鼎镬之刑（下油锅烹死），但朝中谋大事的诸位国家大臣，难道就不会为这种事感到羞愧？听说皇上身边诸臣正计划巡幸蜀地，难道没有想过，只要大驾一动，天下大势便去矣，四方必然土崩瓦解？臣现在以将死之身，说些掉脑袋的话，望中尉、枢密使还有朝中宰相尽快拿出救急方案，马上增援潼关前线，那么高祖（李渊）、太宗（李世民）创建的基业还有可能维持，让黄巢继安禄山之后完蛋，也使微臣的死能比哥舒翰更有意义！"

就在双方的准备和失误中，十二月一日过去，潼关迎来了十二月二日的黎明。

天一亮，黄巢军开始了进攻，关城外原有一道天然堑壕，黄巢军强征附近民夫挖石填土。张承范因为兵力微弱，不敢出击阻止，只在潼关城头用弓箭压制，结果从寅时战至申时，所有的库存箭矢便已用光（可见潼关平时的战备工作有多糟糕），只好改扔石块，对关下填壕工程的影响如隔靴搔痒，不多时，堑壕被填平。

入夜，黄巢军发动火攻，潼关城楼也被点燃。

就在张承范忙得焦头烂额之时，终于有人提醒了他：旁边有条要道"禁沟"，还没有设防哪！张承范大惊，急分兵八百，由王师会率领前去防守"禁沟"。但张承范没有料到的是，黄巢发现这个失误的时间比他早了一点儿，等王师会到达禁沟，黄巢派出的一支偏师已在尚让的率领下穿沟而过，到达潼关背后了！

十二月三日清晨，黄巢大军东西对进，夹攻潼关，关城上现在只剩下两千名没有弓箭的弓箭手（这还没有考虑这些弓箭手的成色问题，想想张三与李四的故事吧），在这种情况下，如果他们还能守住潼关，那就不是奇迹，而是神话了！

很快，守关唐军一哄而散，弃关而逃。守禁沟的将军王师会自杀了，张承范则没有兑现必死承诺，他脱掉将军服，换上平民的衣服，混在人群中侥幸逃生。尽管如此，比起当朝那些有事就当缩头乌龟的衮衮诸公，张承范仍算得一条汉子，他至少勇敢地战斗过了。

号称"一夫当关，万夫莫开"的潼关天险，仅仅将黄巢军队阻挡了不到七十二个小时。腐朽的唐帝国为历史提供了一个鲜明的例证：如果人事足够差，那么任何天险都不堪一击！

冲天香阵透长安

十二月四日晚，由于派去增援前线的奉天神策军、博野军和凤翔军都已掉头回师，甚至乘机打劫了田公公刚刚从长安市民中征募的新军，潼关失守的噩耗已被证实。

病急乱投医的皇帝李儇紧急下诏，任命黄巢为天平节度使。这道诏书如果是在一年前发出，还有可能发挥作用，可现在黄巢的势力前景正如乔布斯逝世前的苹果股票，牛得一塌糊涂，连整个大唐帝国都已纳入了他的企业兼并计划，怎么还可能接受这种廉价的被并购条款？

估计李儇连敢于去给黄巢传旨的使臣都没找到，这道圣旨很快不了了之。

第二天一早，李儇急召群臣议事。首相卢携又一次请了病假，没来，他力荐高骈，组织泗上、溵水防线，如今都已失败，而且后果极其严重，就算卢携什么病都没有，恐怕也没脸再来上朝了。他不来，对田公公而言也是一件好事。

虽然长久以来，卢携一直是田令孜在外朝的坚定盟友，两人狼狈为奸多年，交情深厚。但田公公毕竟是一位坚定的实用主义者，岂能为交情所困？如果一个盟友已经不能为自己带来利益，只能带来麻烦时，那他也只剩下被出卖的价值了！

于是，由田公公定调，众人添油，把廷议开成了卢携批斗会，将造成如今这大难的种种罪恶一股脑儿地全推到卢相国身上，其余人等就都洗成无邪的小白兔了。李儇下诏，革去卢携的同平章事之职，贬为太子宾客，另提拔田公公推荐的王徽、裴澈二人为相。

忙完了不急之务的早朝刚散，城中就出现了谣言，说黄巢军的前锋轻骑已经开进长安了！田公公也顾不得核实情况，立即调来五百名神策军（看来如果执行的是逃跑任务，神策军的效率还是很高的），护送着皇帝李儇，福、穆、泽、寿四位亲王及数名嫔妃开金光门逃亡。

稍后，皇帝逃跑的消息传出，长安全城鼎沸，被放了鸽子的文武百官、皇亲国戚震惊之余，连忙收拾细软，纷纷各自找地方逃窜的逃窜，躲藏的躲藏。

卢携没有走，势已至此，他自知罪大，天下已没有他的容身之地了，当晚，他在自己的家中服毒自尽。不知对于这样的结局，他后悔过吗？从哀民疾苦、为民请命的卢学士，到与权阉朋比为奸的卢相国，假如人生可以从头来过，他还会这样选择吗？

很快，这个全世界最大的都市，就陷入了无法无天的无政府状态，前方溃散下来的乱兵，与住在街坊中的市民一起，纷纷闯进皇家的宫殿、国家库房以及高官的宅第，在这些他们平日里从来进不去的地方哄抢财物。

其实，到这一天的下午时分，真正的黄巢军前锋将军柴存，才率部到达长安。当然，这已经够快了，这时距离黄巢打下潼关才过去不到两天，而同样是这段路程，张承范走了六天。他们没有攻城，因为偌大的一个长安，现在只有城中劫财的乱兵，再无城头守卫的官兵。

没有守城的，但有迎降的。几十名唐朝的文武官员，由左金吾大将军（正三品，品级与宰相相同，但无实权）张直方带头，在长安东郊的霸上迎接黄巢。

张直方，原为卢龙节度使，宣宗大中三年（849）时让兵变给赶下台，逃亡到京城。朝廷在按照惯例，尊重卢龙的百姓的同时，也给张直方安排了一个金吾大将军的虚衔，让他在长安每天喝茶聊天混日子。平平淡淡中，一转眼三十一年过去，小张熬成了老张，眼看离寿终正寝的日子也不远了，他终于晚节不保，做了一个两头不讨好的贰臣。不管在把黄巢视为"巨寇"的年代，或称黄巢为"伟大农民领袖"的时代，老张永远是被批判的对象。

战战兢兢中，这帮唐朝降臣等待着塘报中时时提到的那个杀人如麻的"贼首"黄巢。他们首先看到的，是黄巢的亲兵卫队，这些"义军"士兵都披散了头发，用红缯扎头，身穿锦绣华服，手持明晃晃的刀枪，样子很像今天非主流的行为艺术家。

不一会儿，在这群"艺术家"的前呼后拥之中，出现了一顶黄金装饰的华丽大轿，黄巢高坐于大轿之上，以目空一切的眼光俯看前来向他献媚的大唐官员。在他身后，身穿盔甲的大队骑兵、满载钱粮的辎重车辆，充满了大道，绵延出数十里。

昔日黯然离开的落第举子，今日威震天下的"义军"统帅，一股豪情在黄巢的胸中激荡：长安，我又回来了！

黄巢大军给长安市民的第一印象，是良好的。"义军"副统帅尚让向前来围观大军进城的百姓，发表了动听的演说："黄、王起兵，就是为了让你们这些百姓能够安居乐业，绝不会像李家皇帝那样不爱惜你们！"

更加难得的是，至少在刚进长安的那两天，黄巢大军并没有把爱民的承诺仅仅停留在口头上，他们慷慨地拿出了不少钱财，接济城中那些生活无着的贫民，仿佛一支真正的仁义之师。

总之，一切都显得那么完美，那么和谐，那么充满希望，就像飘扬在明媚阳光下的一个美丽的肥皂泡……

然而，比起"济贫"，黄巢士卒更喜欢做的事显然是"劫富"。

于是史书记载，仅仅三天之后，肥皂泡就破灭了。长安市内因黄巢入城而暂时稳定下来的社会秩序再度被打破，"义军"成群结队，开始大肆烧杀抢劫，让这座富丽繁华的帝都再次被恐惧和兴奋淹没！

先遭殃的自然是皇亲国戚、高官显贵以及富绅豪商。这些人的油水比较多，因为随着未来黄巢军处境的恶化，以及长安供应的断绝，这些"义军"的打击面会越来越大，逐步扩展至小康之家，最后连被他们救济过的贫民也难以幸免。

平心而论，这个肥皂泡的破灭几乎是不可避免的，因为黄巢没法让他的庞大军队在不劫掠的前提下，长期好好活下去。他对部下抢劫活动的默许甚至纵容，含有迫不得已的成分。

黄巢进长安时的军队数量，史书中一般记载为六十万人，这个数字极可能来自高骈的牛皮。但黄巢在天长时已有大军十五万人，从这里到长安的历程，是黄巢势力发展最黄金的时段，一路可谓气势如虹，势如破竹，投军的人应该非常多，又没打什么硬仗，其数量肯定已经大大膨胀。将六十万人打个对折，黄巢到长安时有三十万人应该完全可能，甚至更多。这个数量，肯定远远多于随唐皇逃出长安的人数。

毫无疑问，黄巢带来的这几十万张嘴，都是要吃饭的。

长安所在关中地区，原本以物产丰饶著称，但随着历朝政治中心地位的确立，人口不断增长，商业不断发展，城市化程度提高，关中粮食渐渐已经不能自给，不再是秦汉时代那个千里沃野的大粮仓了，这座帝都的锦绣繁华，必须建立在东南藩镇源源不断的输血之上。从唐中期开始，平均每年需要从江淮运送漕粮约二百五十万石到长安，以供驻京城的中央禁军、百官士民所需。

如果在正常条件下，长安城发达的漕运与商贸系统，是能够弥补本地产粮不足的。问题这只是一个脆弱的平衡，谁也没法担保这个世界不出乱子，一旦有意外发生，导致这条供应线运行不畅，长安很快就会发生粮荒，进而动摇长安朝廷的根基。

比如，在德宗贞元年间，由于战乱，关中各仓廪告竭，禁军骚动不安，德宗皇帝每天东望粮船，无比焦心。在得知漕粮终于运至陕州时，德宗李适竟对着太子李诵喜极而泣说："我们父子总算又能活命了！"

而黄巢现在的处境，仅是表面辉煌而已，从经济实力上看，比当年的德宗皇帝还要糟糕百倍。黄巢虽然打下过不少地方，但基本如同猴子掰玉米，得一地的同时又扔一地。唐朝有近三百个州、府，黄巢在其势力最鼎盛的时候也仅仅控制了其中五个（长安、华州、同州、商州、邓州），只相当于一个中等藩镇的地盘，而且保持时间不足一个月。如果靠这区区几个州府正常的税收，黄巢别说为了收买人心，一度还要赈济贫民，就连养活他手下的人，也根本不可能！

自"义军"进长安的那一天起，南方藩镇对关中的供应已自动中断，黄巢只好靠压榨部分向他臣服的北方藩镇来解燃眉之急。但这种办法不可能长久，一来，北方各藩不比南方各道，本身就没多少余财；二来，他们并没有被黄巢打败，仍手握强兵，一旦发现称臣于黄巢带来的成本远远高于收益，完全可以反正归唐。

当然，说责任不全在黄巢，不代表黄巢就没有责任。他没有做好充分的准备，就一脚踏进了长安这个大陷阱，而且马上被这个陷阱的富丽堂皇炫得心醉神迷，从此停止了他拿手的流动战，安居这个大牢笼。

梦里不知身是客，反认他乡是故乡。

不知道是宏伟的大明宫、娇媚的三千粉黛，让黄巢丧失了评判得失的理性，或是他从来就没有过打天下的明确战略。总之，黄巢现在没有派人追击逃跑的李儇和田公公，让大唐的正统象征安然逃往巴蜀；没有出台整顿军纪、恢复治安、保障供应的任何政策；没有集中现有的优势兵力，开拓饷源地。他只有一件自认为最重要的大事要办：李家的皇帝赶跑了，该轮到自己做皇帝了！

十二月十三日，即进入长安的第八天，曾经的落第举子兼盐贩子黄巢，身着皂缯龙袍，登上大明宫含元殿正中的宝座，随着数百面战鼓一起敲响，一个新的帝国诞生了！由于黄巢是天平镇曹州冤句人，那地方在战国时代是古齐国的地盘，黄巢便定国号为"大齐"。又因为按五行理论，唐为土德，土生金，齐应为金德，故定年号为"金统"。

稍后，黄巢宣布，唐朝在年初改的年号"广明"，乃唐去丑口，升起黄家日月（广字的繁体写作"廣"），预示了天意，是大齐朝的祥瑞（这种说法传出后，似乎连李儇都信了，他连忙将下一年的年号改为"中和"）！

自然，开国建基，封赏功臣也是一件少不了的大事。

"义军"二把手尚让担任太尉兼中书令，老部下赵璋为太尉兼侍中，再加上降臣杨希古（唐尚书右丞，长安令杨鲁士之子）和崔璆（原浙东观察使，他在浙江为黄巢所俘，裹挟至今，另一说他未被俘，闲居长安，黄巢入京时投降），此四人都加授同平章事，为大齐朝的宰相。

黄巢的心腹将领孟楷、盖洪为左右仆射，知左右军事；费传古为枢密使、郑汉章为御史中丞；降臣张直方为检校仆射，仍然是个虚衔；皮日休（晚唐著名诗人，黄巢过江浙时被劫持从军）、沈云翔（唐进士，素以巴结宦官闻名，可能随张直方投降）、裴渥（当年曾招降王仙芝的前蕲州刺史）等为翰林学士；将军张言为吏部尚书等。

除去这一批官员，黄巢还任命了至少七位将军游弈使，里面有两个名字在后世广为人知。

那个最妇孺皆知的大名叫李逵，不过很遗憾，此李逵非彼李逵，他仅仅是与《水浒传》中那位梁山好汉"黑旋风"同名同姓而已，本身并没有什么显要事迹。所以在这些将军游弈使中，真正重要的只有一位，就是我们久违了的，即将成为新乱世第一代领衔主角的朱温。

自宋州投军开始，砀山"泼朱三"在黄巢的麾下打拼，历时已经三年多。但他在这三年间，估计仍只是"义军"中一个无名之辈，至多不过下级军官，史籍对他的记载，几近空白。只知道和他一同投军的二哥朱存，已在去年六月攻广州的战役中阵亡，无缘得见日后朱家的辉煌与破灭。

一千多年前，平原君赵胜对他的门客毛遂说："贤士处世，如同锥子置于囊中，锥尖马上会露出来。"毛遂对："如果您早将我这把锥子放入囊中，早就脱颖而出，何止露个锥尖？"现在，朱温这把锥子，终于被黄巢放进了衣囊，直到中和二年（882）九月前，他是齐军中最抢眼的新星。

有趣的是，朱温在史籍上留下的第一笔墨迹，也与千年前的毛遂有几分相似之处。

差不多就在黄巢正式登基称帝的时候，将军游弈使朱温正屯兵在长安东北约五十里的东渭桥，隔着一条渭水，与北边栎阳的唐军对峙。

栎阳，城不大，但也算是个有来头的地方：在战国时期它一度做过秦国的都城，资格比咸阳还要老些；楚汉相争时，它是项羽所封的三秦之一，塞王司马欣的王都；现在，它是唐夏绥节度使兼北面行营副招讨诸葛爽的军队驻地。

诸葛爽现在的心情很不爽，他原是青州博昌（今山东博兴）人，黄巢的山东老乡，出身寒微，做过县衙的小吏，不知什么原因得罪了县太爷，被毒打一顿后开除公职，靠卖艺为生。庞勋在徐州造反，诸葛爽积极参加，积功至军中小校，论当造反派的资历，朱温甚至黄巢都只能算他的晚辈。

不过他的造反意志并不坚定，后来见庞勋失败在即，便率军叛投了唐朝。那个时代遍地的动乱打倒了不少人，但也成为很多人晋升的阶梯，诸葛爽便是其中之一。由于他惯于见风使舵，又勇于钻营，且在带兵、治吏方面有些手段，官运颇为亨通。等代北李克用叛乱，他升任唐朝南面讨伐军的副统帅，与沙陀叛军作战。几经苦战，李克用父子终于被赶到了塞北草原，而诸葛爽积累的功绩，也够他升为一方节度使了。

最初，唐朝打算任命诸葛爽当振武节度使，调原节度使吴师泰进京当金吾大将军。但已在振武站稳脚跟的吴师泰发现，朝廷虚弱，难有余力再发动一次讨伐战争，再说他也不想放弃一方诸侯的身份，去长安和张直方一起喝茶聊天，便决定不接受人事调令。不过吴师泰采用的方法不像李克用那么粗鲁，显得比较"进步"。

在吴师泰的暗中授意下，振武的士民百姓纷纷上表、呈万民折，请求朝廷让"好节度使"吴大人留任！僵持了一阵子，朝廷将诸葛爽改任夏绥节度使了事。

其实比较地盘，夏绥绝不比振武差，它的总部设于夏州（今陕西靖边县北与内蒙古交界的白城子一带），几百年前叫作统万城，是一代魔王赫连勃勃为自己精心打造的国都。城池的施工质量非常过硬，易守难攻，周围水草丰美（当然，今天那片地方基本上已经变成荒漠了），是在乱世称霸一方的好本钱。

问题是，夏绥节度使也不是好当的。在那片土地上，有一条外形虽然不算彪悍，但生命力之顽强堪称天字第一号的金牌地头蛇：党项羌平夏部现任大头领，名叫拓跋思恭。

据说远祖来自北魏拓跋皇族的拓跋思恭可是个人物。早在懿宗咸通年间，登上平夏部首领宝座不久的拓跋思恭就集结丁壮，组成了一支私人武装，从此横行夏绥。他一摆手赶跑了宥州刺史，由自己接任。从那时起，直到诸葛爽被任命为夏绥节度使之前，现有史籍上都找不到有任何人担任过夏绥节帅的记载。

什么叫龙潭虎穴啊？这就是龙潭虎穴。夏绥节度使成了一个没有金刚钻，就别想真正揽到的瓷器活。

诸葛爽看看自己手里的家伙，切蛋糕、豆腐还成，要摆平拓跋思恭这样的铁杆钉子户希望不大，因此，他虽然当上了夏绥节度使，但从未在夏州的节度使衙门上过一天班，就连他现在带到栎阳的军队，也是从讨伐李克用的河东军中抽出来的，没有一个夏绥兵。

拎着脑袋和李克用干仗，才得到一个有名无实的节度使之职，这还不是最让诸葛爽失望的事，更不幸的是黄巢北上犯阙，他受命率军南下勤王，驰援潼关，又走了一次霉运。

虽然叫"驰援"，但出于很好理解的原因，他用的是慢动作，不但潼关失守时他没赶到，长安沦陷时，他仍没赶到。结果，因为情报获取不及时（可能是他的探哨也用慢动作侦察，也可能是因为他没地方可退），他没有像关中其他藩镇援军那样，在合适时间迅速撤走，反而一头扎到栎阳，以孤军姿态，与齐军对上了阵。

难道要当第二个齐克让？不，不是，老齐只要逃回兖州，还可以继续当泰宁节度使，而自己如果战败，那个已经修炼成精的党项人该是一副多么幸灾乐祸的喜悦表情啊！

正当诸葛爽感到进退两难之际，渭水对岸的齐军大营驶来了一叶扁舟，上面站着一位相貌堂堂的男子，他没带武器，只带着一脸的微笑和一段今天已经没人知道详细内容的说辞。这位，正是大齐朝的将军游弈使朱温（如果后世留下的画像失真度不太大的话，朱温外表是个美男子，看不出流氓本色）。

很显然，朱温准确地号中诸葛爽的心病，令这株老墙头草怦然心动。听罢朱三一席话，诸葛爽大爽：好吧，既然跟着李家皇帝没有奔头，那么转个身侍奉黄家皇帝，也是个不错的选项。叛徒？官比我大的刘允章、张直方，还有好多节度使都降了，岂止我一个？

诸葛爽投降后，黄巢送来了委任状，果然比李家皇帝要厚道一点儿：河阳节度使，地方更富，柿子也更软。

齐朝的河阳节度使要上任，唐朝的河阳节度使罗元皋当然不干，连忙发兵抵御。但当初罗元皋能在神策军中成为田公公的亲信，其拿手的功夫就是贿赂加拍马屁。等他到河阳上任后，没有意识到在新岗位应该学习新技能，仍然套用在神策军时的成功经验，一到任就搜刮钱财，拿去孝敬朝中权贵，使得河阳士卒极其不满。

结果等诸葛爽的人一到，河阳军纷纷弃甲列队，欢迎齐朝的节度使上任。罗元皋见情况不妙，连忙孤身逃走，终于得保一命。

在田公公四个被提拔为节度使的心腹中，罗元皋最后一个上任，第一个被赶跑，用实际行动证明了自己垫底的不仅仅是球技。

第六章

大齐帝国

唐僖宗 黄巢 李晋王 朱温

凤翔反正

大诗人李白曾经写道："蜀道之难，难于上青天！"十三岁的少年李杰如今对这句话，终于算是感同身受了。

李杰，封号是寿王，懿宗皇帝李漼的第七子，僖宗皇帝李儇同父异母的弟弟（据《新唐书》记载，李儇母为贵妃王氏，后尊为惠安太后，李杰母为某王氏宫人，后尊为恭宪太后，两人的生平经历与死后葬地均不相同，《旧唐书》则称两人同为惠安太后所生。因《旧唐书》对后妃的记载远较《新唐书》粗略，恐误），田公公护送李儇逃亡时带上的四位亲王之一。将来，他会按照李唐皇室的惯例，多次改名，先改名李敏，再改名李晔。不过，后来他在历史上更常用的称谓，是唐昭宗。

能加入这个逃亡行列是幸运的，等于登上了一趟宝贵的逃命末班车，这次凡是留在长安，未及时出逃的李唐皇族，不久全部命丧黄巢之手。

由于这次出奔过于仓促，一行人中，只有皇帝、田公公和少数几个嫔妃有马骑，其余大多数人都得步行紧跟。莫说这几位亲王都是在十六宅中长大的娇贵皇子，就是一般不常出门的青壮年男子，要用双脚从长安走到广元，也是一个不小的考验。几位亲王自生下来，哪受过这种罪？他们全走得苦不堪言，未成年的李杰最倒霉，几天下来，脚痛得迈不了步，索性躺在一块大青石上休息。

田公公此时是这群高级难民的实际领队，见到有人竟然停下不走，又急又怒。从潼关失守到长安沦陷的速度来看，那些"草贼"如果甩开腿跑，一天就可以轻轻松松地狂奔百里以上！而自己这帮人，每天撑死也不过六十里，如果再磨蹭一下，被追上怎么办？身处荣华富贵之巅的田公公，可不想在这里以身殉国。

他走近小王爷，双眼喷火，喝问是怎么回事。李杰哀求说："小王腿痛，实在是走不动了，请中尉设法给我一匹马。"回答他的，是田公公挥来的鞭子和一声严厉的斥责："荒山野岭，哪里去找马？"李杰摸着灼痛的鞭痕，咬着牙站起，继续蹒跚赶路，但心中永远记下了这一鞭之仇。田公公暂时来不及考虑这一鞭子的作用力，将来会激起多大的反作用力，他只顾得在自己心里祈祷：可千万别让"草贼"追上啊！

队伍临近骆谷口，突然发现有一队人堵在了前方，田公公顿时感到自己的心脏以前所未有的频率剧烈跳动起来，一阵类似低血糖反应的眩晕袭来，几欲跌倒。

还好，等凑近一看，来的并不是黄家人马。但也算不上太好，因为来的是他的老政敌，昔日的宰相，今日的凤翔节度使郑畋。

田公公现在手头只有几百名神策军，完全不是凤翔军对手，如果这个老对头生出异心，要追究误国责任的话……唉，想想当年随玄宗皇帝出奔的杨国忠和杨玉环吧。要知道，郑大人对于那段史事，曾写过一首抒发感慨的诗：

玄宗回马杨妃死，云雨难忘日月新。
终是圣明天子事，景阳宫井又何人？

既然"圣明天子"终究是无过的，那么下一个缢死马嵬、同跳宫井的替死鬼又该是何人？李儇没有犯过众怒的嫔妃，那最有资格的人……难道要轮到我田某？

但田公公的小人之心，很少度中郑畋的君子之腹，这位年近花甲的长者，是晚唐少有的社稷良臣。

当然，在污浊的尘世中，找不到一尘不染的纯洁，郑畋的仕途也不能算是完全干净的。

郑畋，字台文，荥阳人，出身名门，簪缨世家，曾祖、祖父俱中进士。其父郑亚，以才学知名，深得晚唐名臣李德裕的器重，引为心腹。郑

139

畋本人，史称其"美风仪，神采如玉"，是个形象出众的美男子，才华较其父更是青出于蓝。武宗会昌年间，正是李德裕叱咤政坛的黄金时代，年仅十八岁的郑畋，荣登进士第，创造了李唐一代最年少进士的纪录。少年得志，前途似锦！但唐朝的科举是怎么回事，前文已经介绍过，很显然，这样的纪录不是仅仅靠才学就能实现的。

然而，好景不长，随着武宗皇帝的去世，李德裕失势，郑亚、郑畋父子因被宣宗朝新贵白敏中、令狐绹等人列入了李德裕一党的黑名单，自然也跟着倒霉。于是郑亚贬死循州，郑畋则到地方坐了二十多年的冷板凳。到了懿宗朝，他得到直臣刘瞻看中，再次调入中央，但很快又因刘瞻直言获罪，他被牵连，再贬为遥远的梧州刺史。

等到僖宗即位，已经五十一岁的郑畋终于起大早赶晚集，调入朝中，先为兵部侍郎，而后迁吏部侍郎，加同平章事，进入大唐帝国的领导核心。

馅饼从来不是从天上掉下来的，郑畋的运气源于郑家除李德裕外的另一个靠山发达了。

早在他的父亲郑亚曾在任职桂州期间，与监军宦官西门思恭私交甚好，托他照顾郑畋，从此郑畋与西门思恭情同父子。田令孜出于宦官集团内部斗争的需要，一度与西门思恭结成盟友以打击杨复恭、杨复光兄弟，使西门思恭升至神策军右军中尉，在宦官集团内部的权势仅次于田令孜。

虽然西门思恭并没在史书上留下什么明显劣迹，但郑畋确实是以近似宦官干儿子的身份高升宰相的，尽管《新唐书》和《旧唐书》中郑畋的传记都为尊者讳，尽量避免提到这一点。

不管进身之途如何，郑畋绝对是大唐不折不扣的忠臣，始终以国家为己任，不论居庙堂之高，还是处江湖之远。在他因"砚台事件"被从宰相贬为凤翔节度使后，郑畋没有也不会自暴自弃，相反，作为一个有责任心的政治家，他知道国家的大难即将到来，他要在自己的位置上，力所能及地做些什么。

很短的时间内，郑畋不但将凤翔辖区治理得井井有条，并加强军备，努力训练出了一支精兵，以备临难救国之用。不久前，当他听到洛阳失守的消息，主动发兵勤王，为激励士气，他以家财犒军，并让妻子亲自给将士缝补军衣。尽管如此，他的努力还是白费了，长安还是失守了，皇帝还是"西狩"了！而他派去的凤翔援军，表现和关中其他各路援军一样糟糕，都是一箭未发，又退回了驻地。

又是寒冬中兜头一盆冰水，可浑身湿透的郑畋仍没有气馁，因为他已经习惯了挫折！当他得知皇帝一行正在逃往骆谷口时，觉得这是一个挽救大唐三百年基业的机会，心中充满了一种义不容辞的使命感。公报私仇，那种事他从没想过。

见到狼狈不堪的皇帝一行那一刻，郑畋感到一阵心酸，他上前一步跪在李儇的马前，痛哭流涕："都是我们这些将相大臣耽误了国家，才招致今天的大难，请陛下处死罪臣，以示惩戒！"

此时灰头土脸的李儇，在深山野岭间吹了几天腊月的寒风，头脑已经比在长安大明宫时清醒很多了。他回想起郑畋昔日在朝时的建议，细思量，多是金玉良言，如能采纳，也不见得会这么快就落到如此境地。这次出逃，郑畋又是第一个迎驾的国家大臣，让他深受感动。

太宗皇帝曾说："疾风知劲草，板荡识诚臣！"狂飙扫荡之下，本非愚笨的李儇已经多少看清了面前的长者正是原上劲草、国家诚臣。他回答说："这不是卿的过错。"郑畋见有所转机，提出了自己挽救危亡的第一号方案：请皇帝留在凤翔，以慰天下民望，同时号召天下藩镇共讨黄巢！

这条建议一出，莫说田公公，连李儇也吓了一大跳，留在凤翔？要是你郑畋挡不住黄巢，那我岂不要"国君死社稷"？不想和后世朱由检共命运的李儇连忙否决说："我不想距离巨寇太近，暂时先去兴元（山南西道的首府，今陕西汉中），再征召天下兵马以图恢复。卿可东御贼锋，阻止他们西犯，同时招抚西北各藩，纠集关中诸道讨贼，共建大功！"

郑畋看出他不可能将皇帝留下来，便退一步请求说："陛下一旦到了山南，消息难以及时通达，事机变化又不能等待，希望陛下允许臣便宜行事，臣当以死报国！"对李儇来说，现在最重要的事是离黄巢越远越好，其他事一概顾不得了，他立即答应："只要对国家社稷有利，你怎么做都没有关系！"

说完，李儇和田公公匆匆离去，将如今这副烂摊子，甩给了郑畋。长安陷落后的第十五天，他们逃到了兴元，但李儇也没有兑现他在兴元图谋恢复的诺言（估计田公公也不希望他兑现，虽然山南西道节度使牛勖也是他的心腹，但如今这种情况下，谁也没有亲兄陈敬瑄更可靠），而是继续南逃，第二年正月，逃到成都。

再说皇帝离开后，郑畋马上回到了凤翔。他召集了凤翔军中的大小将领开会，会议主题：传达皇帝李儇的骆谷口讲话（当然是指让郑畋收拾烂摊子的那部分），以及讨论如何把这一讲话的精神落到实处。

郑畋晓之以理，动之以情，激动得不可自持，想竭力激发这帮兵大爷的荣誉感和使命感。但凤翔的军官，可都是比较讲究现实的，所以他们在不久前的长安勤王行动中，才会师出无功，现在也一样，并没有对郑畋的慷慨激昂产生多大共鸣。

他们估计都在心里犯嘀咕，还纷纷强调客观困难："现在贼势正盛，我们犯不着强出头，最好等其他藩镇都出兵，勤王大军会集的时候，再详细讨论收复两京的计划。"

郑畋是聪明人，当然听得出来，这些军官是在敷衍他：等其他藩镇出兵？现在关中的其他藩镇都正忙着向齐朝表忠心呢，哪儿有出兵勤王的？他怒道："难道诸君也要让郑畋像其他藩镇一样降贼不成？"说着，郑畋估计有高血压之类的慢性病，一时气急攻心，竟晕了过去，并撞在了石护栏之上，摔得满脸都是血。

郑畋毕竟是一个很得人心的好官，左右将佐、侍从连忙将他抬到寝室，找郎中救治。直到第二天早晨，郑畋才重新睁开了眼睛，但仍一动不动，一言不发，看上去比植物人好不了多少。他多半不是真的身体不行，只是被巨大的无力感压倒，哀莫大于心死！

恰好此时，齐朝派来的使臣也到了凤翔，带来了金统皇帝黄巢的大赦令和诏书。接下来的场面，是很和谐的：由监军宦官袁敬柔带头，凤翔的全体将佐列队欢迎大齐使臣，一起恭听黄巢的诏书，再一起对着齐使山呼万岁。然后，袁敬柔写好了降表，并签上节度使郑畋的名字，这意味着凤翔镇改换旗帜，归附齐朝了！

凤翔的事态发展到现在，都还很正常也很合理，但紧接着，史书上出现了一次奇迹般的转折。

为庆祝凤翔归齐，袁敬柔设下盛宴，款待长安来的大齐使臣。凤翔但凡有一点儿身份的文武官员都到齐了，烘托气氛的鼓乐也一时齐鸣，场面应该是非常热烈的。可惜只是应该而已，等乐声响起，喜气洋洋的大齐使臣兴冲冲地举起酒杯，准备一醉方休时，却发现坐在下首的凤翔众将竟无一响应，有人甚至在默默流泪。使臣大为扫兴，问这是怎么回事。幕僚孙储代众将回答说："只因为郑公中风卧床，不能前来接待大使，我们故而悲伤。"使臣没有兴致，草草宴毕，就带上凤翔的降表回长安去了。

有人到郑畋床前，将宴席上的事告知这位老长官。已经在床上默默躺了很久的郑畋长出了一口气，终于说话了："我就知道，人心还没有背弃大唐，盗贼授首之日不会太久了！"

于是，郑畋跃床而起，一面割破手指，写下血书，派人向逃亡中的皇帝报告凤翔发生的情况；一面再次召集众将，劝以顺逆祸福。和不久前的第一次会议比起来，郑畋第二次会议的思想工作做得顺利无比，凤翔众将全都表示愿听他的调遣，与他们刚刚投降的齐朝不共戴天。并且歃血为盟，誓无二心！

随后，郑畋遣使密约关中各藩共讨黄巢，这些已经换上大齐旗号的藩镇竟也大多表示同意。另外，唐朝在关中外围的一些要点，尚驻有数万名中央禁军（主要是驻防神策军和博野军），朝廷逃往山南后，他们顿失根本，郑畋乘机派人去抄底，将这几万大军全部招到凤翔。自此，凤翔镇的兵力之强，一直高居关中诸藩镇榜首。

儒者之勇

不知大家觉得这个转折奇怪吗？在下可觉得非常奇怪。

读各种记载唐末五代的史书，都给在下留下了一个非常深刻的印象：千万不要对那个时代藩镇军人的忠义观念估计过高，他们的理念是，只要肯多发工资，谁当老板无所谓！应该说，在齐使到凤翔之前，凤翔军已经用实际行动，证明了他们是遵守这项原则的，包括齐使到来时，他们都很配合地送上了降表。那么，究竟是什么原因，使他们的思想觉悟在短短的一次宴会间，得到了巨大的升华，转眼全变成了愿为大唐豁出性命的忠义之士呢？

难道真如史书记载，仅仅是被郑畋的忠义之举打动了吗？

在下相信，道德感召是有效的，但更是有限的，尤其是需要人们做出生死抉择的时候。也许差不多同时期，发生在另一个重要藩镇的事，能够让我们窥探到这一轮巨变幕后的真正原因。

河中镇，即魏晋时代的蒲阪，位于今山西省西南部，包括河中府（今山西永济西）与绛州（今山西侯马西）、慈州（今山西吉县）、晋州（今山西临汾）、隰州（今山西隰县），共一府四州。辖区内有著名的安邑、解县两盐池，是中原地区最大的食盐产地，在晚唐平均每年向中央财政贡献的利税达到一百二十万贯，最多时达到一百五十万贯！要知道，当时唐中央每年的总收入也不过九百万贯左右，两池盐利已占到八分之一强！这是唐帝国的聚宝盆，在藩镇争霸的时代，其重要性如同今天的波斯湾。如果说凤翔是长安的西边屏障，那河中就堪称长安的东北门户，而且不论比大还是比富，都能把凤翔远远甩在后面。

在黄巢攻进长安时，曾分出一支偏师克同州（今陕西大荔），逼近河中。此时的河中节度使，是一个文官出身，名叫李都的平庸之辈，他被黄巢大军的赫赫声势吓住，也随大溜向黄巢称臣。盐贩子出身的黄巢，当然深知河中两盐池所包含的巨大经济利益，因此当他意外地得到这株大摇钱树时，便极为兴奋地使劲摇。齐朝派往河中征税、征粮的使节络绎不绝，短短月余，竟达到数百人之多，甚至要征调河中的军队。

齐朝的贪婪和李都的软弱，很快便激起了河中军人集团的极大不满：按照晚唐的惯例，重兵在握的北方藩镇，一般是很少向中央缴纳税银的，

144

本镇的收入基本都用来供养本镇的军队（关中各藩镇因为地处较贫瘠的西北，平常还需要中央补贴），现在黄巢要改变老规矩，竭河中之财以为己用，这无疑是对河中军人利益的极大侵犯！（其实在黄巢入长安前，解县盐池虽在河中，却是由中央直辖，由两池榷盐使负责管理，朝廷逃亡后才被河中镇乘机纳入私囊。不过，正常人的心理，对加薪总是心安理得，对减薪才会格外不满）

在唐末五代，军人只要一生气，后果是非常严重的。河中军人集团的老大，行军司马王重荣发动兵变，赶跑了节度使李都，自立为留后，然后杀尽齐朝使节，宣布反正归唐。一旦为自己的腰包打仗，河中军的表现比原来英勇了许多，王重荣凭借黄河之险，击败了齐军朱温、黄邺（黄巢之弟）两部对河中的一次小规模讨伐，缴获粮船四十余艘，时间还在齐军讨凤翔之前。再后来，王重荣又吓跑了唐中央新派来，试图取代他的新节度使窦潏，从而牢牢地割据河中。

上述记载出自《新唐书·王重荣传》，《资治通鉴》则采用了另一种说法。王重荣在黄巢入京前的广明元年十一月即驱逐李都，十二月三日投降黄巢，后因受不了齐朝的敲诈盘剥，又尽杀齐使，回归唐朝阵营。这两种记载虽在河中降齐的具体经过上有差异，但对于后来王重荣反正的原因记载是一致的，那就是，黄巢破坏了晚唐中央与北方藩镇之间通行已久的AA制，强征保护费，让河中军人集团在货比货之后，放弃对齐朝的支持。

一句话，当齐朝的藩镇远不及当唐朝的藩镇划算！在下认为，这才是河中、凤翔等一度臣服于黄巢的藩镇军人（他们常常比中央派来的节度使更能左右藩镇的大政方针），在很短时间又纷纷反齐的最根本原因。

不知道在黄巢心中，是怎样定义自己的成功标准的？如果仅仅是为了报当年的落第之恨，为了"冲天香阵透长安，满城尽带黄金甲"，然后过把瘾就死的话，可以说他已经成功了。但如果他想取代李唐，建立一个一统天下的新朝，那么他离成功还差得很远！

黄巢能够打进长安，不是因为他的实力太强，实在是因为唐中央的力量太弱。而唐帝国真正的国力所在，不在中央，而是分散在诸藩镇。

自黄巢起兵五年来，一直奉行避实击虚的原则，只捏软柿子，很少啃骨头，真正被他打败的强藩大镇，只有一个淮南高骈，被消灭的则一个也没有，多数藩镇的力量保存得非常完整，甚至有所增强，他们多数没有阻挠黄巢的进军，不是不能，而是不想，正是有了多数藩镇的默许，黄巢才能取得如今的阶段性成功。但这样的成功，他已经走到了尽头。

当黄巢连一块根据地都没有建成，带着几十万人涌进长安时，就决定了他必然不能依靠自身解决后勤补给问题；当黄巢不能给他的庞大军队提供充足的补给时，就决定了他必然要对内掠夺长安市民，对外向臣服于他的藩镇课以重税；当黄巢向臣服于他的藩镇课以重税时，就决定了这些并未被他打败的藩镇不会长久听命于他；当代表唐帝国真正实力的诸藩镇都铁心站到黄巢的对立面，不再打酱油时，齐帝国的末日也就不远了！

多米诺骨牌，就是这样一张张倒下来的。

不过，作为当事人，不可能预知未来的大齐皇帝黄巢，对自己的前景并不会有这种宿命式的悲观，他在这段时间最重要的工作，是杀人！因为这是齐帝国在长安发动的第一轮屠杀，姑且简称为"一屠长安"。

公正地讲，黄巢并非一进城，就想着要大开杀戒的，实在是某些人太伤他的自尊了。

在黄巢登基称帝的那一天，他就下达过一道圣旨：所有唐朝官员，凡三品及其以上者，统统革职，四品及其以下者，可以全部留任，到齐朝新政府来上班。按照唐朝的干部政策，一二品官位基本上是虚衔，是用来给退休重臣养老的，真正管事的职务都从三品算起，因此，黄巢的这道圣旨可以解读为：除了离退休人员和中央机关官员外，都可以保留原职。实际上，如果有特殊功绩，还可以例外，如三品的张直方就留任了。

唉，我简直是宽大无边啊！黄巢估计就是这样想的，静等着"天下英雄，入吾彀中"的美妙场景。

然而，希望越高，失望也就越大，除了随张直方投降的那几十人外，唐朝中央的官员逃跑的逃跑，躲藏的躲藏，他们已经见识了齐军在城中的抢掠暴行，哪还敢出来，更不可能对大齐皇帝手中摇晃的胡萝卜产生食欲了。

《新唐书》曰："召王官，无有至者。"原唐朝官员从者寥寥，独立于官府之外的大多数士人，对黄巢的招贤令兴趣也不大。在他们看来，大齐朝廷可谓"柏台多士尽狐精，兰省诸郎皆鼠魅"，完全就是一副沐猴而冠的小丑样，根本不屑于加入。

但大齐帝国要有效运转，足够的技术官僚是必须的，于是到十二月二十日，黄巢称帝后的第七天，他又下了一道新的圣旨：凡唐朝百官，只要带上名片，到侍中兼同平章事赵璋的府第报个到，就一律恢复他们的职务！

短短几天，黄巢就更进一步，连品级限制都取消了，但即使做出这样大的让步，热脸蛋还是再次贴上了冷屁股，前来报名应聘者仍寥寥无几。将作监（负责宫殿、宗庙等的修缮工作，三品官）郑綦、库部郎中（负责管理军械、仪仗，五品官）郑系两位大臣被人查找出来后，为了不做黄巢的臣子，竟然全家自杀！

黄巢终于愤怒了：当初我是一个落第举子，你们这帮达官显贵看不起我倒也罢了，现在我身为天子，你们竟然还藐视我！想死，那还不容易？黄巢恶狠狠地下达了杀人令：所有躲藏逃亡的公卿大臣，一旦发现，杀；所有被抓获的李唐宗室，杀；所有看不起大齐，拒绝与大齐朝廷合作的士人，杀。

长安全城展开了大缉捕行动，如狼似虎的齐军闯进了长安城的每一个坊、里，冲入每一条街道，炫耀着他们的野蛮与暴力。太子少师裴谂、御史中丞赵濛、刑部侍郎李溥、京兆尹李汤等大批官员，还有未能逃出城的李唐宗亲，一批批被从民间搜捕，随后一个个身首异处，尸骨狼藉于市，血染街头。连已故宰相卢携的尸体都被从棺材中拖了出来，在集市上枭首示众！

这次屠杀中最大的一起杀戮事件，发生在检校仆射张直方的府第。由于有率先迎降的"功劳"，张直方的家成为长安城中极少数暂时没有被齐军洗劫的高官宅第，利用这个有利条件，张直方悄悄在自己的私宅修筑了夹墙，把它变成朝廷公卿在长安最大的避难所。在这里避难的人，最多时竟有数百人，包括身份最显赫的两位宰相豆卢瑑和崔沆、两位尚书仆射刘邺和于琮。但人一多，消息难免走漏，侦知此事的黄巢立即调动大军，将张直方的府第团团围住。张直方全族被杀，躲藏在这里的数百官员尽数被诛！

黄巢此时仍没有完全放弃招降这些人的打算，这位大齐皇帝想让官声还算不错的于琮归顺，并许诺只要他投降，就让他任宰相，但又被于琮坚决拒绝了。黄巢没有气度也没有工夫学刘备来什么二顾、三顾，反正不能用就杀，没什么可多说的。

但就在大刀向于琮的脑袋上砍去的时候，一位气质优雅的女子出现了。她是宣宗皇帝之女广德公主，也是于琮的妻子，一个在中国旧式儒学礼教的规范下近乎完美的女性。

广德公主自嫁到于家，从未以自己的高贵出身而凌人，闺门有礼，敬老爱幼，得到时人的交口称赞。于琮一度受奸臣韦保衡的排挤迫害，被贬往广东韶州。按韦保衡的计划，是要在途中将于琮干掉，然后报个自然死亡了事。但广德公主紧紧跟在丈夫身边，时时警惕，让韦保衡的人因投鼠忌器，找不到下手机会，于琮才幸免于难。

现在，广德公主知道再难挽救丈夫的性命，仍紧紧抓住刽子手的屠刀说："我是李家的女儿，于大义不能独活于世间，你们就让我同相公一齐死吧！"

但在大唐，她是公主，在大齐，她只是一介弱女子，根本无力再改变什么。于琮很快被杀了。至于广德公主的结局，有的说黄巢的手下满足了她的请求，将她一同砍死；也有的说，黄巢不愿意杀她，但她随后自缢身亡。大唐三百年来最贤惠的公主，香消玉殒……

在把大批活人变成死人的时候，黄巢为了解决军需不足，甚至打起了那些资深死人的主意。他派大量人员进驻奉天（今陕西乾县），挖掘中国历史上唯一合葬了两位皇帝（高宗李治与女皇帝武则天）的超级大墓——乾陵。传说黄巢动员了四十万人在梁山西侧挖掘，没用多长时间，就几乎将半座梁山翻了个身。虽然黄巢把盗墓工作干得如此轰轰烈烈，但显然他在这方面是外行，也没有像曹操那样，在下边设置过摸金校尉或者发丘中郎将之类的专业技术岗位，他根本就没找对地方，结果除了在乾陵旁边留下一条深达四十米的"黄巢沟"外，一无所得。

虽然四十万人这个数字，几乎可以肯定是被大大夸张了，但在当时落后的技术条件下，能够在坚硬的石山上短期内挖出这么一条巨型排水沟，动员的人力肯定也不是个小数。大齐建国后的头几个月，大量精力就是耗费在了这些坏事、蠢事及无聊的事上，真正重要的大事，则往往被耽误了。

例如，唐广明二年（881年，此时李儇尚未得知黄巢关于"广明祥瑞"的解释，到七月改元中和）一月，当凤翔生变的消息传到长安时，黄巢仅仅是向凤翔派出第二拨使臣，命令郑畋到长安来朝见他。郑畋毫不客气地杀掉黄巢的使臣，继续扩军备战。

又过了整整一个月，齐帝黄巢在得知一度臣服于他的众多藩镇纷纷反复，尤其是凤翔的郑畋，杀了他的使节，毁了他的诏书，号召四方藩镇讨齐，并得到朔方、泾原的响应等一大堆坏消息之后，才终于从天下可传檄而定的迷梦中惊醒过来，认识到了事态发展的严重性：如果再不作为，展示实力，大齐就将失去全部藩镇的支持了！

经过一番筹划，齐帝国制订了自它建国以来，首次重大军事行动的计划。计划分为两部分，齐军将在东西两线同时发动攻势。当然了，黄巢是不会犯主次不分这种低级错误的，简单来说，齐军将在西线挥出一个拳头，而在东线伸出一个指头。

东线的指头，由齐军新秀朱温任主帅。二月中，朱温率部（在下推测其兵力可能在一万左右）从东渭桥出发，走蓝田道，出武关，行军八百余里，突至邓州（今河南邓县）。邓州刺史赵戒不肯降齐，动员军民拼死抵抗，同时派人前往襄州，向他的顶头上司山南东道节度使刘巨容求救。可如今的刘巨容已经不是一年前的刘巨容了，他似乎已经被昔日手下败将的赫赫声势震慑，竟学习高骈，对邓州的安危坐视不理。没有刘巨容的援兵，赵戒不可能是朱温的对手，三月三日，邓州被朱温攻陷，他也被齐军生擒。至此，齐军在东线的攻势取得阶段性成功，黄巢得到捷报十分高兴，特下旨对朱温给予嘉奖。

不过，与东线比起来，西线才是齐军的主攻方向，这一点光从指挥官的级别都可以看出来：主帅是大齐帝国的二把手，太尉尚让；大将京兆尹王璠、黄巢的外甥功臣军使林言为副将。共调集了精兵五万余，兵锋直指凤翔。这次行动的目标是明确的：一是打掉郑畋这只不听话的出头鸟；二是借此在关中诸藩镇面前秀一秀大齐帝国强壮的肱二头肌。

在齐军主帅看来，郑畋与当初的王铎不会有什么区别，都是对军事一窍不通的白面书生，因此这个任务的难度应该是非常低的。

果然，当齐朝大军进至龙尾陂（今陕西岐山县西）时，尚让就发现郑畋正率数千唐军驻扎于一个光秃秃的高岗之上，这个布阵像极了当年失街亭的马谡。这些唐军似乎想虚张声势，在山岗上插了许多军旗，但又插得非常不专业，稀稀疏疏，破绽百出。总之一句话：郑畋的表现要多外行，就有多外行。

尚让大笑，命齐军一拥而上，不用管什么阵列、战术了，活捉郑畋就行！

可惜，大齐的太尉大人失算了。郑畋虽然以前没打过仗，却并非不懂军事，他故意摆这么一个低水平的阵形，就是以自己为饵，引诱尚让骄傲犯错。数万唐军已经埋伏在了龙尾陂的四周，只等齐军上钩，这才是郑畋真正的撒手锏（在下推测，尚让可能并不知道郑畋已经将数万驻防禁军招集到凤翔，故而对凤翔唐军的兵力判断失误）！

不一会儿，几万齐军骄兵就乱哄哄地向高岗发起了攻击，其队伍凌乱散漫，已不成阵式。郑畋居高岗之上，俯瞰齐军，见时机已到，发出了攻击信号。刹那间，数万唐军在前朔方节度使唐弘夫、凤翔军大将李昌言、博野军大将宋文通等人的率领下，从四面杀出，将齐军冲得七零八落！

尚让等人这时才惊觉中计，但已经来不及了，齐军兵败如山倒的局面已无可挽回，只能勉强杀出一条血路，终于溃逃回长安。但在尚让的身后，甩下了两万多具齐军的尸首，绵延出几十里，这是黄巢军自信州之战以来遭遇的首次惨败。

捷报传到成都，僖宗皇帝李儇深感惊喜，这么久了，总算有条好消息了！他不禁赞道："我以前低估了郑畋，没想到他一介文质彬彬的儒士，真到国难之时，竟有如此过人的勇气！"

尚书门事件

龙尾陂大败，让黄巢的攻势战略彻底破产了，齐帝国度过了它极为短暂的上升期，开始步履坚定地迈向万丈深渊。

在孟州（今河南孟州南，河阳治所），齐朝的河阳节度使诸葛爽保持了自己老墙头草的专业素质。他一得知长安的齐军战败的消息，立即向成都的唐流亡中央送出自己的表忠信，高调反正，旗子一换，又成了唐朝的河阳节度使。这是诸葛爽第三次当叛徒，所以经验丰富，驾轻就熟……

在许州（今河南许昌，忠武治所），宣布臣服黄巢，只拥有三分之一个忠武镇的忠武节度使周岌，于夜晚密邀忠武监军宦官杨复光（就是那位曾招降王仙芝的杨复光）赴宴。始终忠心于李唐的杨复光看出周岌已有心背齐，一面亲自劝说，坚定他归唐的决心，一面派义子杨守亮突袭驿馆，把住在里面的大齐使节杀光，使忠武镇重归唐朝阵营。稍后，周岌出兵数千，交给杨复光，由他统率参与讨齐。

在蔡州，刺史秦宗权也被刚刚从许州带兵前来的杨复光说服，让部将王淑统兵三千跟随杨复光作战，参加讨齐战争。这支军队人虽不多，却有两个在后来很重要的人物，一个是已经介绍过的前盐贩子"贼王八"王建，另一个名叫韩建。

在邠州（今陕西彬州，邠宁治所），通塞镇将朱玫发动兵变，杀掉了黄巢派来的节度使王玫。朱玫可能觉得自己名望尚浅，推戴别将李重古为邠宁节度使，自为副使掌握实权。随后，他响应郑畋的号召，出兵讨伐黄巢。

还有一些藩镇的变化详情，今天已经难以确知，但有一点是清楚的：龙尾陂之战后不久，一度向齐朝臣服的所有藩镇，全部叛齐，重新宣布效忠唐朝。

这种变化不仅发生在外地藩镇，就连黄巢脚下的长安城，也能够察觉到民众对大齐朝越来越大的不满。

在一个疲惫的早晨，当太阳还在地平线的下方徘徊，只在天边映出一抹淡红的霞光时，皇城承天门大街一旁，一个正准备回去休息的更夫，无意间抬头看了一眼不远处一扇高大雄伟的大门，发现有一丝异常。

这是尚书省的大门。尚书省，是一个机关重地，闲人免进的高贵场所。平时那扇漂亮大门的朱漆总是刷得油光锃亮，可正衣冠，但今天莫名其妙地贴上了一张纸，上面写了不少字，破坏了它整体的威严形象。

这是一件怪事，因为那可是在一千多年前，人心还比较古，不像今天满地都贴有治性病或通下水道的小广告。就算在今天，也没几个人敢到国家机关门口去贴小广告吧？

上面贴的不是小广告，而是一首诗：

> 自从大驾去奔西，贵落深坑贱出泥。
> 邑号尽封元谅母，郡君变作士和妻。
> 扶犁黑手翻持笏，食肉朱唇却吃斋。
> 唯有一般平不得，南山依旧与天齐！

此诗就像是打油诗，艺术性那是实在提不起来，不过好在通俗易懂，能够充分照顾到那些文化水平不是特别高的人，比如大齐帝国的太尉兼同平章事尚让。

不久前，尚让刚刚从凤翔大败而归，大齐帝国也因此颜面扫地，藩镇尽叛！他极可能还受到了黄巢皇帝的严厉批评，得到了处分。毫无疑问，尚让最近的心情是很不好的，即便是昨夜躺在象牙床上，看着他新娶的那位娇媚无比的刘夫人时，也不能平息他心头无尽的烦躁（顺便说一句，这位未能留下大名的刘氏夫人，出身官宦，将来会成为那个时代的头号交际花）。

如果这时有人为尚让请过心理医生，那么医生肯定会告诫他，这位患者已处于精神失常的边缘，周围的人要多给他些关爱和关心，千万不要做出过分刺激他的举动，否则后果不堪设想！

由于这份医嘱是在下假想的，那位在尚书省大门贴诗的人肯定不知道，何况他就算知道了，也不会在乎尚让的心理健康。其实他应该在乎的，因为尚让看到这首打油诗后，果然发狂了，一场血雨腥风，随之袭来。

尚让气急败坏地下令，把附近打更的、扫地的、看门的，以及在尚书省内的工作人员（当然不包括他自己）统统抓来，挨个儿审问。可审问完了，真相未能大白，所有人竟然都是一问三不知！

这样的结果，让尚让的躁狂症病情加重了，他下令：将这些人全部挖去双眼，像金华火腿一样倒吊起来，任凭他们哀号至死！这当然还不算完，犯人还没捉住呢！于是，尚让又命令在全长安城内捉拿所有会写诗，以及识字的人！

这下事情就大了，唐朝本来就是个诗歌盛行的时代，能写上两句的人不少，长安又是全国的文化中心，居民的平均文化素质也比其他地方高。何况还有不少从外地赶来准备参加科举考试的举子，因生变故而滞留京城。这些因素综合在一起，使得尚让的这次抓捕行动，光是能写诗的文化人就抓到三千多名！至于那些水平次一点儿，和在下一样只能读诗，没本事写诗的识字分子，史书中虽然没有给出明确数字，但按常规，肯定比会写诗的人还要多几倍。两项相加，估计有万余人在这次行动中被逮捕了。

嫌疑人是抓到不少，但怎么才能确定犯人呢？没有目击者，更没有摄像头，指纹识别技术当时也不成熟，总之破案难度并不小，但再难，也难不住拥有超常思维的尚让。

尚让为了不放跑那个写反动打油诗的嫌犯，竟下令将抓到的这三千多名诗人全部处决，其余那些识字的人，也全部罚做苦役。齐朝尚书门赋诗事件，创造了中国历史上单起文字狱杀人数量的最高纪录，把三千多条人命说成一个案件，似显轻描淡写，在下姑且称之为齐朝的"二屠长安"。

不过，网一旦撒得过大，就很难避免出现纰漏，一位叫韦庄的举子，还是从这天罗地网中逃脱了。后来，他写下了一篇水平比尚书门题诗高得多的叙事长诗《秦妇吟》，用触目惊心的笔调，将大齐政权的暴政及长安居民所经历的苦难记述下来，永传于世间。

刀，也许在一时比笔更有力，但笔，往往会比刀更永恒。这一点，恐怕尚让没有想到吧……

一战长安

话说就在大齐朝的尚让于长安城抓捕诗人的时候，受到龙尾陂大捷激励的北方各藩镇，已经纷纷出兵讨齐，会聚成了组织松散但数量庞大的反齐联军。其中行动较快速的几支，已进逼到长安外围，他们是：前朔方节度使唐弘夫屯驻渭北（长安正北渭河对岸）；河中节度使王重荣军至沙苑（今陕西大荔县东南）；义武节度使王处存兵临东渭桥；刚刚顺利成为夏绥节度使的拓跋思恭和鄜坊节度使李孝昌（他是拓跋思恭的远亲，也是党项人）联兵一处，驻扎于武功；联军名义上的主帅，凤翔节度使兼京西诸道行营都统郑畋，驻军于盩厔（今陕西周至）。另外，泾原节度使程宗楚、邠宁节度副使朱玫的军队也到达长安西北面距城很近的地方，只是其具体位置史书记载不详。

黄巢感到不妙了。从地图上来看，讨齐的唐各藩镇联军，至少已经从东、西、北三面实现了对长安的半包围，使得长安的大齐中央政府和它在华州、同州等领地的联系时断时续，已不再可靠，齐朝所处的战略态势，全面恶化。

要被围殴了，怎么办？拥有丰富被围殴经验的大齐皇帝在权衡利弊之后，决定来个好汉不吃眼前亏，暂时先离开长安这个太招人眼球的是非之地。根据黄巢以往的经验，一旦没有了强大的外来压力，要让唐朝的各个藩镇军队密切配合，像一个整体一样有效地协同作战，那比让北京烤鸭上天飞两圈还要困难。只要甩出一条足够美味的鱼饵，不怕他们不争相上钩！

这一次又让黄巢算中了。四月五日，这位大齐皇帝离开皇宫，率领齐军主动从东面撤出了长安。消息一出，如同在一群饿了三天的馋猫面前摆上了一盘西湖醋鱼，距离长安最近的几支唐军闻香而动，以参加奥运百米赛跑的速度冲进了长安。

冠军得主是泾原节度使程宗楚，当他从延秋门（长安禁苑的西门）进城时，城中不少市民误以为在大齐治下的恐怖日子总算过完，今后能恢复太平岁月了，非常高兴地跑出来迎接泾原军，有的甚至向少数还未撤走的齐军抛以板砖，或捡拾地上的箭支给唐军使用。紧随程宗楚之后的，是龙尾陂之战的功臣、前朔方节度使唐弘夫，如果不是他的驻地到长安需要渡过一条渭水，他不一定屈居亚军。等夜幕降临时，义武节度使王处存也带着五千精兵，从东渭桥一路吭哧吭哧地跑进长安，争到了这次跑步比赛的季军。

不论什么比赛，领奖台最多也就站得下前三名，三位大帅也觉得没有必要再让第四支军队进来跟大家争功了。于是，在三人中腿最快、官也最大的程宗楚（他除任泾原节度使外，还身兼西北诸道行营副都统，是联军名义上的副统帅）果然下令：对友军封锁消息，千万不要让名义主帅郑畋，还有李孝昌、拓跋思恭他们知道黄巢已经放弃长安的事，光复京城的首功，只能是我的！

更何况，程宗楚、唐弘夫、王处存这三位行动如此迅速，除了争抢功劳，展现自己痛打落水狗的飒爽英姿外，还有更重要的原因。这是长安啊，三百年的帝都可不是白叫的，这里的粮食可能不是特别多，但金帛和美女那是要多少有多少！现在，黄巢赶跑了，在三位大帅及他们的部下眼中，现在长安城就像一个巨大的自选商场，他们要什么就可拿什么，而且只要加上一个"缉捕残匪"的名义，那么这一切全是免费的！

当然了，东西虽多，但三位大帅心里也明白，一个分数在分子固定的情况下，分母越大则绝对值就越小，所以，不让别的"分母"凑进来分赃，的确是当务之急。特别是郑畋那个老古板，如果让他进来，说不定"自选商场"就得关张大吉，让大家谁也发不了财。

无疑，奸淫掳掠、贼喊捉贼，是最能调动广大唐军将士主观能动性的工作。他们不用激励，不用动员，不用做思想工作，就义无反顾地化整为零，冲进长安城的每一个坊里街巷，寻找被他们看上的"贼赃"。"贼赃"可能是金银、钱币、珠宝、锦缎，当然，也可能是女人，反正最终解释权永远不会在小老百姓一边。

好岗位总是有人眼红的，为了实现行业垄断，王处存让士兵裹上白头巾，凡头上没有裹白布，或者说没有拿到"抢劫许可证"的，一律不得打家劫舍，违者按盗贼论处！可惜白头巾并不难找，王处存的正版白头巾上也没有注明"版权所有，谨防假冒"之类的防伪标识，长安城中的不少地痞流氓乘机头裹白布，冒充唐军，加入轰轰烈烈的大抢劫中！在他们的共同努力下，长安城又一次陷入水深火热的灾难之中。

三位大帅之所以这么放心，是因为他们根据黄巢以往的行动规律，认为这些"草贼"一旦离开一个地方，就会跑得远远的，因此觉得非常安全，甚至都没有派人好好侦察一下：齐军究竟逃到哪儿去啦？

但经验有时也是会误导人的，大齐皇帝并没有走远，他此时正宿营于灞上（今陕西西安东南郊广运潭一带），并派出探哨随时打探长安唐军的动向，就像一个垂钓者正睁大眼睛盯着水面上的浮标。

探哨回报的情况，证实了他最乐观的预测：入城的唐军不是忙于劫财，就是忙于劫色，已散居城中，完全没有了军纪组织可言，而且自己阻断了自己的援军。对于这样自废武功的敌人，再不攻击，简直都对不起人家求败的诚意了！唯一可能的变数是，邠宁节度副使朱玫似乎已经听到消息，正率部向长安挺进。

黄巢当机立断，命心腹猛将左仆射孟楷为先锋，立即率数百名精锐，乔装成邠宁、泾原军入城，先行控制长安几个主要城门，然后大军从各门涌入，务歼程、唐、王三部唐军于城内！

齐军的行动出奇顺利，孟楷军入城，甚至被城中人误当成援军，受到欢迎，不费吹灰之力就控制了城门，放齐军主力一并攻入。城中唐军已散落各处，要重新召集起来都不是一件易事，何况他们抢劫的东西太多，连人带马，压得一个个都快迈不动步子了，更难挥戈御敌。于是，唐军大败，入城部队十折八九，程宗楚、唐弘夫二将阵亡！只有王处存收拾了少量残兵，溃逃出城。

稍后，迟到的朱玫率邠宁军赶到，已经晚了一步，他与齐军大战城西开远门，邠宁军战败。朱玫本人让齐军军士用长枪在脖子上捅了个窟窿，身负重伤，但竟然没有死，只得率败军退守兴平定国砦（在长安以西约八十五里）。

黄巢大胜之后，于四月十日，重新回到长安。这一次他觉得自己太有理由生气了：我黄巢和大齐朝哪里对不起你们这些长安人？唐军对你们又有什么好？为什么有这么多人帮着唐军与我大齐为敌？可见人之初，性本恶，你不打，他不服，扫帚不到，灰尘照例不会自己跑掉！既然怀柔政策不顶用，那么"狠狠打击一小撮"就显得非常必要了。

于是，第二次打进长安城的齐军，完全抛弃了几个月前第一次进长安时的仁义外套，开始了代号"洗城"的大屠杀行动！这是齐军在长安发动的第三次屠杀，规模远远超过了前两次，一般认为有近八万人死于此难。不但杀人数创了黄巢的新纪录，针对的对象也由皇族、官绅、豪商、士子等原社会中上层扩展到了普通百姓。打击面的不断扩大，反证出大齐政权统治基础的不断缩小，从此，黄巢的大齐朝已经彻底丧失了民意基础，只能完全依靠暴力杀戮来支撑门面了。

大齐在政治上已经完全失败了，不过在军事上仍有可圈可点之处，只是没有政治做保障的军事成果，也是不可能持久的。

仅从战术上来看，齐军在黄巢指挥的此次长安会战中无疑获得了全胜。在此役中，唐军王处存部来了五千人，但为了赶时间，这可能只是义武军中的部分轻锐，程宗楚和唐弘夫的军队估计都比他多，再加上朱玫邠宁军的损失，此役中唐军总伤亡可能不比龙尾陂之战中齐军的损失小。

但若论战略意义，则长安之战明显不如龙尾陂之战，因为此战后，黄巢困守长安，被动挨打的格局并无变化。也许可以套用一战时美国《纽约时报》对日德兰海战的评论来形容这次战役：黄巢痛殴了狱卒，但他自己仍被关在牢房里。

不仅如此，就在长安会战期间，这套牢房的面积还缩小了，由四室一厅带阳台的豪华套房变成两室一厅的经济适用房。

可能由于信息传递不够通畅，大齐的同州刺史王溥在风闻黄巢退出长安后，不知道那只是一次战术佯动，故而惊慌失措。此时王重荣的河中军就在离同州很近的沙苑，王溥自知不是对手，只能固守城池，寄希望于黄巢能发兵来救他，可如果大齐朝连长安都丢了，那么大齐皇帝岂不是已经变成连自身都难保的过河泥菩萨，谁还能来保佑他王溥？思来想去，三十六计，终归还是走为上计，王溥放弃同州，带上他的人，向南一溜烟逃到了华州。王重荣兵不血刃，收复了同州，随即让自己的部下米诚做同州刺史。

恐慌也有很强的传染性，华州刺史乔谦与王溥一见面，就觉得所见略同。这时，这两位又听说齐军的潼关守将成令璟也逃了，唐昭义节度使高浔的军队乘机收复了这一天险，华州已处于河中军与昭义军北、东两面威胁之下！于是两位刺史连华州也不守了，再一同逃往商州。不久，华州就被王重荣和高浔的联军攻克。

老天爷似乎不怕乏味，同样的故事在商州竟然又上演了一次，王溥、乔谦再加上商州刺史宋岩，全部擅离职守，再一股脑儿逃到了邓州。

邓州守将朱温对三位同僚不战而逃的怯懦颇为鄙视，正好，黄巢大败唐军，克复长安的消息传到，朱温便以军法将王溥、乔谦二人斩首，只有宋岩因为和朱温有些交情，被他私下释放回商州（好在商州还没丢）。这一轮戏剧性的崩塌，让大齐损失了同州、华州、潼关三个要地，长安的东面，藩篱尽失。

关中混战

不过，朱温也坚持不了多长时间了。五月，身任忠武监军的晚唐宦官名将杨复光，已率领精锐的忠武军大举反攻邓州来了。此前杨复光已经杀掉了秦宗权的部将王淑，实现了他对许州兵和蔡州兵的统一指挥。经过重新整编，杨复光将这八千精锐编成八个都，由鹿晏弘、晋晖、王建、韩建、张造、李师泰、庞丛等八人任都头（所有的史书都只记录了这七个人的名字，不清楚第八个都头是漏记，还是由杨复光自己兼任），此后，杨复光统率的这支军队，就有了"忠武八都"的叫法。

朱温率军出击，与"忠武八都"大战于邓州城外，鹿晏弘、王建等八位都头设伏以待。这很可能是后来的后梁太祖"泼朱三"，与前蜀高祖"贼王八"之间，第一次（也许是唯一一次）在战场上兵戎相见。可能由于齐军素质不及忠武军，交战的结果是朱温战败，被迫弃城北走。杨复光挥军追击，又收复了商州，一直追至蓝田蓝桥驿（也就是刘裕时代的青泥）。至此，齐帝国除长安外，直辖的四个州全部沦陷。

六月初，朱温率余部撤回长安，他虽然也战败了，但表现仍是齐朝几个刺史中最好的，大敌当前，正是用人之际，朱温的用兵之才在大齐诸将中数一数二。而且，对黄巢而言，邓州和商州的丧失，也可以说是塞翁失马，焉知非福。如今大齐兵力正吃紧，让朱温率一支不多不少的孤军驻守邓州，那是把好钢用在了刀背上。

实际上，在下认为，由于邓州与长安相距过远，中间又隔着秦岭、熊耳山，难以形成掎角互援之势，即使不发生杨复光反攻邓州的军事行动，黄巢也迟早要把朱温调回长安（当然，站在事后诸葛亮的角度，在下觉得黄巢最明智的选项，应该是放弃长安，到邓州与朱温会合，然后南下经营荆襄）。现在朱温回来，正好让黄巢能够集中齐军的精锐之师和能战之将，寻机与唐军交战，以打破被围的困局。因此，黄巢并没有追究朱温的过失，而是亲至灞上迎接，深加慰劳。

于是，囚徒与狱卒的新一轮较量，马上又开始了。

黄巢盯上的第一个目标，是距离长安最近的邠宁军朱玫所部。自从长安败归兴平后，朱玫得到了郑畋派来的凤翔援军，和原属程宗楚的泾原军残部，他乘机集结兵力，在这里筑起一个坚固的营垒，号称"定国砦"，如一枚芒刺，插在黄巢之背。

黄巢决心拔掉它，便命王璠为主帅、朱温为副帅，率军围攻兴平定国砦，朱玫招架不住齐军的凶猛攻势，再败，率邠宁军退守奉天，凤翔军则退守龙尾陂。

齐军本欲乘胜追击，消灭朱玫，不想这时，唐朝从西川调来的援军一万七千人赶到了。在黄头军使李铤、巩咸及神机营使高仁厚的指挥下，这一万多名西川军再占兴平，迫使齐军后撤与之交战。王璠、朱温与高仁厚等西川诸将激战多次，竟无法将西川军从兴平挤出去。郑畋再派大将李昌言率凤翔军主力支援兴平的西川军，至此，双方都难有突破，西线陷入持久战僵局。

借兴平交战之机，唐鄜坊节度使李孝昌和夏绥节度使拓跋思恭组成的两镇联军从武功出发，在北面转了一个大弯，直插东渭桥，配合已攻占同、华的河中、昭义两军威胁长安东面。见西线一时不可能打开局面，而东线又告急，黄巢便将朱温从兴平前线调离，命他进抵东渭桥，将鄜坊、夏绥两军挡在渭水北岸，同时集中力量先反攻华州。

八月，唐昭义节度使高浔与齐将李详大战于石桥，昭义军大败，李详乘胜再占华州，被黄巢任命为华州刺史。昭义节度使高浔战败逃走后，威信扫地，不久便被部将成麟所杀，另一大将孟方立又以平叛为名，杀掉成麟，自任留后，从此，昭义镇也完全落入地方军人集团之手。昭义发生如此大的变故，作为它的邻居，河中节度使王重荣的反应就像当初得知许州兵变的齐克让，也收兵回河中，以防万一。

昭义、河中两军的退走，暂时解除了齐军在华州方面的威胁，黄巢得以抽出兵力由尚让率领，支援朱温，大举反攻东渭桥。这一仗打下来，鄜坊、夏绥联军战败，李孝昌和拓跋思恭两位党项大佬见势不妙，收兵退守富平（今陕西富平东北），朱温乘胜追击，连下高陵、栎阳。但因为西线唐军近在兴平，对长安保持着强大的压力，黄巢也不敢让尚让、朱温所率大齐主力部队离长安太远，齐军的攻势就此暂时终止。

谁知到了这年十月，竟然发生了一件让黄巢很解恨的事：大唐凤翔节度使兼京西诸道行营都统，也就是他现在的头号眼中钉郑畋，竟然被人拔掉了。

当初，由于郑畋的努力，凤翔增加了数万大军，凤翔军一时声威大震。但事物都是有两面性的，打仗、增加军队，必然意味着要增加开支。凤翔镇地狭民贫，底子本来就很薄，历来要靠朝廷补贴，可如今朝廷流落巴蜀，各藩镇愿意拔毛相助的更少，补给不能不减少。郑畋虽然是能吏，但也没本事把这道无米之炊给长期做下去，再加上他也不会放纵士兵，让他们自己解决给养问题，因此，当中和元年冬天的第一场雪降下时，凤翔的各个仓库差不多空空如也了。

没钱，士兵的粮草薪饷自然发放困难，怨气难免产生。此时凤翔军的主力已被派驻兴平，由大将李昌言率领，而郑畋本人则回本镇筹措军饷，身边的兵马很少。同当初的周岌一样，李昌言发现，目前这时机正是他追求进步的大好机会！

于是，郑畋克扣将士军饷的谣言很快像流感一样传遍全军，李昌言"众望所归"地带着激愤的凤翔军士兵离开兴平前线，杀回凤翔，要找节度使郑畋讨个说法！

惊愕的郑畋登上了城楼，看着下面数万喧嚣不已的凤翔军士兵，心情从头寒到了脚：他们还是那些与自己一道，在龙尾陂大败尚让的忠勇将士吗？自己一片赤诚，费尽心力，与士卒同甘共苦，与黄巢浴血奋战，难道就为了今天的结局？段文楚、薛能的故事，又要在自己身上重演了吗？

考虑到当时的通信技术和战乱情况，在下不清楚郑畋是否知道，就在两个月前，又有一位文官节度使倒在了藩镇军人的刀下。

感化节度使支详，在第一次派三千兵勤王，却帮了倒忙之后（见"门户洞开"一节），并不气馁，经过一段时间的准备，他又抽出了五千精兵，响应郑畋的檄文号召，出兵讨齐。为了防止上次的事件重演，支详特意选用了两名他亲自提拔的军官时溥、陈璠担任正、副指挥。谁知军至洛阳，还没见到一个齐军，时溥突然假传命令，回师徐州。沿途，他们像蝗虫一样扫荡了河阴、郑州。应该说，支详的努力还是收到了一点儿成效，至少这批感化军在尽情地烧杀掳掠之后，没被别人打败，而是平平安安地、趾高气扬地回到徐州。

听说时溥和陈璠擅自回师，支详大吃一惊。参考当年兄长支谟和后任段文楚在大同的遭遇，支详早已明确了一个信条：面对这群兵大爷时，软弱方为立身之本，刚强乃是惹祸之根！于是，支详亲自迎接这群逃兵，厚重赏赐，仿佛他们是凯旋。但时溥不与支详见面，只派人提醒老长官："如今军心逼迫，支公最好是把节度使的印信交给我，以免发生大家不愿看到的事！"支详没有做任何反抗，便向时溥交出大权，并搬出节度使府邸。

据史书上说，对怎样处理软弱到家的支详，时溥的意见是放他回朝廷，但陈璠反对，表示一定要杀掉他，理由竟然是：支详是个好官，对徐州人有恩！最后的解决方案是各干各的，时溥放支详去成都，陈璠则伏兵于道，将支详全家杀个精光！不久，时溥又杀掉了陈璠，很难说这是不是杀人灭口。

这件事告诉我们，一个文人节度使在这个混乱时代，要活下去有多不容易。你是个好官也罢，你对百姓有恩也罢，甚至你施惠于将军们也罢，都不能保证你的安全！那么，郑畋又如何呢？

郑畋并不害怕账务公开，因为他在这方面原本就光明磊落。随着郑畋开诚布公的一番话，奇迹出现了，喧闹声一时竟然静了下来，有些桀骜不驯的士兵甚至对这位长者低下了头："郑公确实没有对不起我们啊！"

郑畋没有被这一时的恭顺欺骗，经过这一年来的变故，他现在已经明白，在这群唯利是图的武夫眼中，自己永远是个外人。他叹了口气，唤过李昌言，对这位兵变头目说："将军以后只要约束士卒，爱护人民，为国家讨灭反贼，行事以正道，总是能建功立业的。"说完这番他也不知道能有多大效果的话，郑畋将凤翔节度使的印信、事务移交给李昌言，当天便起程前往成都。郑畋离开了凤翔，离开了这个曾在他一生中写下最光彩华章的地方。

郑畋应该是带着沉重绝望的心情离开的，因为没过几天，他便病倒在了兴元，朝廷立即解除了他凤翔节度使和京西诸道行营都统的职务，让他以太子少傅（从二品）的高贵虚衔病退，同时承认李昌言为凤翔节度使。这次事件，再次证明了如今的朝廷，在强藩面前是如何软弱无力。

这对黄巢来说，当然是个好消息。解恨还在其次，更重要的是，随着凤翔军从兴平撤走，长安西面的威胁等级降低了。于是黄巢抓住这个机会，抽出一支劲旅组成机动部队，让孟楷与朱温这两员齐军悍将统率，对东线重拳出击。先收拾的目标，就是那两个屡败屡战的党项大佬。

十一月一日，齐军进攻富平，鄜坊、夏绥联军迎击，让孟楷、朱温打得大败亏输，李孝昌与拓跋思恭见势不妙，只得各人顾各人，都率残兵逃回本镇。

鄜坊、夏绥两镇，是较早出兵勤王的藩镇，虽然败多胜少，但毕竟精神可嘉，而且朝廷也担心他们打败仗后从此不出，影响诸军士气，决定给予褒奖。只是现在的朝廷也穷得叮当响，只好给了两份廉价的精神奖励：将鄜坊改名为"保大"，将夏绥改名为"定难"，以表彰李孝昌和拓跋思恭两位保卫大唐、平定祸难的忠心。

不过，齐军的仗虽然打赢了，却产生了让一个黄巢没有预料到的副产品：他的两员爱将孟楷与朱温之间合作得并不愉快。老资格的孟楷看不惯暴发户朱温最近屡屡立功，频频得到重用，对他又妒又恨；而朱温觉得孟楷不过一勇之夫，对他身处的高位与实际能力之间的落差嗤之以鼻。

针尖与麦芒相遇的结果，使两人闹翻了脸，孟楷带主力回长安去了，朱温则率三千人北上，继续狠揍李孝昌。朱温先攻取美原（今陕西富平东北）、奉先（今陕西蒲城），然后北渡洛水，下丹州（今陕西宜川东北），一直推进到延州（今陕西延安）。屡败之后的保大军成了惊弓之鸟，龟缩在鄜州（今陕西富县），任由朱温这支小小的齐军纵横冲突，如入无人之境。

中和二年（882）正月，黄巢给朱温安排了新职务：同州（今陕西大荔）刺史。不知道在这份人事命令的背后，有没有孟楷施加的影响，这份命令意味着：朱温在眼前一段时间内不能回长安了，而且他如果要上任，还必须用那区区三千兵从河中军手中把同州抢过来。谁都知道，河中王重荣，可比保大李孝昌难对付多了！

朱温没有在乎，他立即挥师南下，直扑同州。这个看起来似乎很难的任务，结果却出乎意料地顺利，王重荣害怕昭义军生变，一直留驻河中，使得同州的河中军兵力非常薄弱，刺史米诚又是个胆小鬼，见齐军到来，而王重荣的救兵又不至，便卷卷铺盖，弃城东渡黄河，逃回河中去了。朱温几乎是兵不血刃，攻取同州。

按照惯例，得胜后的齐军一般都会对攻取的城池狠狠搜掠一番，好抢一大票"战利品"来慰劳自己征战的辛苦（其实唐军也一样）。这种工作，随着身份提高，朱温现在一般不自己动手了，他手下几个很忠实的部下，胡真、谢瞳、朱珍等人，自然会准备一份最好的来孝敬老大。

胡真他们跟了朱温一段时间，已经知道了朱温的嗜好，他不是很贪财，但很好色。因此，当齐军在城中劫财时，意外地劫持到一位美丽动人、清雅脱俗的女子时，谁也没有抢先享用，而是马上将人送到刺史府，那里是朱温的新宅。

片刻之后，刺史府中，朱温的左右看到了让他们意外的一幕：朱将军呆呆地站着，眼中闪烁着一股难以捉摸的复杂神情……

难道是觉得今天的"货色"不好？不会吧，这位姑娘明明是少有的上品啊！

他们不知道，朱温的心正在兴奋不已地剧烈跳动着：是她？没错，真的是她！上天啊，我今天才知道，你对我太好了！虽然岁月已经带走了她脸上天真无邪的稚气，并赋予她优雅成熟的韵味，但那双美丽的眼眸，依然同宋州古寺门外时一样明亮清澈！张家小姐啊，我梦中的唯一，你知道我一直在找你吗？

虽然时隔多年，但朱温没有认错人，他眼前这位面带寒霜的女子确实是前宋州刺史张蕤之女，那个在无意间激励"泼朱三"走出萧县乡村，变成齐军大将的人。虽然曾在自己脑海中无数次想象过这一刻的到来，但真正梦想成真时，平时口才并不差的朱温这才发现自己的语言是如此苍白，以致解不开此刻的尴尬。对面的佳人是他心中不容亵渎的女神。这时，张家小姐也从最初的悲愤中平静下来，打量着面前羞涩不安的汉子，发现这个贼头似乎没有传言中那么坏。

过了一会儿，朱温吩咐左右退出，大家离开的时候，只听见这位新刺史大人还在拙嘴笨舌地说着："从前，有一个放猪娃……"

几天后，唐末乱世中一个传奇的爱情故事，结束了它最浪漫离奇的第一章节。集美丽、聪慧、贤淑于一身的张家小姐成了朱温夫人，新的故事，即将展开。

"东塘夏令营"

现在让我们暂时离开同州，把镜头拉远，看一看整体的局势吧。

通过长安之战，以及随后发生的兴平、石桥、东渭桥、富平等一系列会战表明，唐朝对齐帝国的战略防御阶段已经度过，进入战略相持的新阶段。关中战场上的唐齐两军，暂时都无余力实现重大突破。虽然唐军在战略态势上优于齐军，但在具体战斗中频处下风，仅凭西北诸藩镇现有的力量想消灭黄巢，仍是一件任极重、道也很远的事。

要想走捷径，打破目前的僵局，必须投入一支新的强大生力军。显然，这一点黄巢没法做到（他要调来一个朱温，就得放弃一个邓州，而现在，齐帝国已经没什么地方可供放弃了），而李儇觉得，大唐方面是可以做到的，他的希望就在遥远的扬州，我们的老熟人淮南节度使高骈的驻地。

话说起来，那位高大帅当初虽然做了一些让皇上又气又恨的事，之后对朝廷的命令也常常不理不睬，但他毕竟仍号称当今天下的第一名将，也仍然掌着大唐"剿匪总司令"的官印（郑畋只是大唐西北"剿匪总司令"，就军职而言，没有高骈大）。他的军队虽然在信州之战中遭遇重挫，但有强大富庶的淮南镇做底子，那些损失早已得到弥补。而最近从扬州方面传来的消息更让李儇喜出望外：高骈已动员淮南军队共八万余人，舰船达两千余艘，集结于扬州郊外的东塘，并高调宣布，他将出师勤王，讨灭黄巢！同时，他还传檄东南各藩镇，要大家共赴国难，一起发兵，来东塘与淮南大军会合！

唉，这个高骈，终于良心发现了啊！可以预想，一旦高骈将他的八万大军投入关中战场，那收复京都、消灭黄巢、中兴大唐，不就都指日可待啦？前景美好得如同水中皎洁的明月，似乎伸手就可以捞到了。

于是，李儇带着喜悦的心情期待着……

十天过去，李儇问："高骈的军队到什么地方啦？"

答："在东塘。"少年天子翘起的嘴角拉平了。

一个月过去，李儇问："高骈的军队到什么地方啦？"

答："还在东塘。"说出答案的官员，已经能够感觉到天子语气中晴转多云的气息了。

三个月过去了，耐心差不多已经用尽的李儇问道："高骈的军队前进到什么地方啦？"

"听、听说，好像还在东塘。"什么！就算属乌龟的，也没这么慢吧？

大唐皇帝感到自己又一次被高骈愚弄，终于震怒了：见过拿钱不干活的朝廷官员，可没见过像高骈这样，在带头参加义务劳动，面对众人围观仍然不动手的朝廷官员。你连作秀都不会吗？如果你根本就没有出兵勤王的意思，那么兴师动众，传檄天下，又意欲何为呢？

唉，怎么说呢，高骈的心思李儇你别猜，你猜来猜去也猜不明白。因为别说你一个千里之外不谙世事的少年，就算是追随高骈多年的老部下，如曾和张璘平级的梁缵，以及陈琪、冯绶、俞公楚、姚归礼等老将，都已经不太搞得清高大帅的想法了。

就在淮南大军屯驻东塘期间，这些将军多次向老帅请示出发的日期，但高骈的回答总是那么以人为本，安全第一。不是"今天风浪太大，行军不安全"，就是"今天雨水太多，辎重粮草容易发霉"。好容易等到一个风平浪静、万里无云的日子，众将却发现，我们的高大帅仍然没有挪挪窝的

166

打算，一打听，原来高大帅刚刚查过黄历，今天日子不吉利，不宜出行！哗啦，跌倒一片……

中和元年（881）九月六日，众将终于等到了高大帅给全军下达的命令：解散，休息，各回各的防区。这算怎么回事啊？在众人的惊愕中，高骈本人也优哉游哉地回到了扬州的官邸，由他发起的，这次长达一百多天的东塘大型"夏令营"活动，就这样"胜利闭幕"了。当然，不管怎么说，李儇总是个皇帝，对他的下诏责问，要是不理不睬，那是不够礼貌的，于是高骈毫不脸红地在回复皇帝的奏章中，忽悠了一个不出兵的理由："我在东塘时，以'剿匪总司令'的身份，命令镇海节度使周宝、浙东观察使刘汉宏（就是那位'草军票帅'、王铎跟班、江陵破坏神，他不久又接受的唐朝招安，并高升观察使了）两人率军前来与我会师。谁知这两个家伙全然不顾国家安危，竟然都是拒不出兵。以我看，他们反形已露，为了给陛下捍卫淮南，我只好留在扬州，独挡这些叛匪了！"

根据民间谎言专家韦小宝的经验，要把一句假话掺在九句真话之中，骗人的效果才格外显著。这种技巧当然不是"鹿鼎公"的原创，所以在高骈的这段辩解中，真话比例也是相当高的。例如，他确实给周宝、刘汉宏下过命令，两人也确实没来。

周宝，字上珪，平卢人，曾经和高骈一起在神策军中任职，交情不浅。当时因为他资格比高骈更老，被高骈当作老大哥来对待，周宝对此也心安理得。可随着后来高骈从神策军众将中脱颖而出，所建功业把原先的同僚远远甩在了后面，他渐渐不再看得起这位周大哥，对周宝礼数越来越傲慢。而周宝同样对昔日高小弟的势利眼极为不满。两个人的交情也就随之破裂。

虽有些不愉快，但高骈以"总司令"的身份传令给周宝，让他准备出兵勤王时，周宝还是顾全大局，集结了军队、舰船待命，只是暂时未到东塘会合而已。没过多久，周宝发现高骈一直没有勤王的下一步动作，感觉有些不对头，便向幕僚征求意见。

有个属下认为："信州之战后高骈的行为已经证实，他根本就没有什么忠心。朝廷有麻烦，其实正是他最喜欢的事，这样他就可以放心地吞并江东（镇海、浙东两镇），建立自己的霸业。现在他虽然口头声称是要去救援京师，却又没有实际行动，其真意很可能是想偷袭我们，我们不能不加强防备！"

周宝听罢，深感恍然大悟，此后对高骈的命令不再理睬。不久，高骈派人请周宝到瓜洲会面。周宝心想：这肯定是鸿门宴吧，好险！幸亏让我的手下及早料中了。于是称病不去，按说这事也就算过去了，可周宝偏偏意犹未尽，又对高骈的使节加了几句话："我可不是李康，高大帅难道还想用他家的祖传绝技，用别人的脑袋为自己求取功名吗？"（七十五年前，高骈的祖父高崇文以"败军失守"的罪名擅杀东川节度使李康，朝廷遂任命高崇文为东川节度使）

这就太过分了，打人还不打脸呢，周宝竟然连高骈深以为傲的爷爷的脸都打了，高骈大怒，派人责问姓周的："你怎么敢污辱天子的大臣？"周宝毫不示弱地提醒他："你高骈是大臣，难道我周宝就是看门的小兵？"从此，二人势成水火，反目成仇。

至于刘汉宏，本来就是个贼头，要不是朝廷让黄巢打得焦头烂额，无力分身，根本不可能招安他，还给他个浙东观察使的美差。他对高骈的戒心几乎是一种本能反应，都用不着部下提醒，所以他也没来参加东塘的会面。

不过，以在下来看，周宝和刘汉宏的担心虽然是可以理解的，但其实是多余的。高骈现在虽然拥有天下最强大的藩镇，但对逐鹿中原、争霸天下之类，早就不感兴趣了。

这一点，可以从以下一些事实中看出来。

首先，那些听从号令，前来东塘会合的大小军阀，并没有一个被高骈扣下或吞并。如果觉得闲得无聊，想提前退出"东塘夏令营"的，只要恭恭敬敬地写一张假条，面子得到满足的高大帅都会慷慨准假。杭州石镜都的都头董昌和他的心腹猛将钱镠，就是这样离开东塘的。

其次，高骈不但对外没有兼并扩张的实际行动，就连他治下的淮南镇内部发生的变乱、辖地的丧失，他都是听之任之。

例如，在寿州（今安徽寿县）有个叫王绪的屠户，与妹夫刘行全一齐聚集数百人造反，攻占州城，杀死刺史，然后挥师西进，又打下光州（今河南潢川）。忠武三巨头之一的蔡州秦宗权又乘机表奏王绪为光州刺史，将光州和这支人马都纳入自己的系统。结果，不管是王绪在他的地盘上造反，还是秦宗权伸手切他盘子里的蛋糕，高骈都没有为此吭一声。

再如，在庐州（今安徽合肥）有个小军官，因不满嫉贤妒能的都将对他的排挤，干脆在辞行的时候一刀把顶头上司给砍了。谋杀长官之后，这个叫杨行愍的小军官没有畏罪潜逃，而是堂而皇之地自称庐州八营都知兵马使，因他平日为人豪爽仗义，颇负人望，是所谓"三十六英雄"的老大，这个自我任命竟没费什么周折就得到了庐州驻军的承认，把合法的庐州刺史郎幼复吓得弃城逃跑。

庐州位于淮南的腹心地带，这里出事，其恶劣影响非边远的寿州、光州可比。高骈不是支详，他是武将出身，重兵在握，以他此时的实力，完全能够轻而易举将杨行愍集团扼杀于摇篮中，从而杀一儆百，狠狠打击一下"下克上"的恶劣风气。但高骈并没有这么做，反而唱起了摇篮曲：上书朝廷，表奏杨行愍为庐州刺史，让杨行愍的非法所得合法化。在下都怀疑高骈是不是信耶稣，要不然在别人打他的左脸之后，他怎么还能把右脸伸出来呢？

当然，如果说高骈完全纵容庐州事件，那也是不对的。不久，高大帅觉得"愍"这个字不吉利（愍，读音"mǐn"，古同"悯"，是忧患、痛心的意思，常用于历史上那些倒霉蛋的谥号中，如肉袒出降、受辱丧命的晋愍帝司马邺，被堂兄宇文护杀掉的周孝愍帝宇文觉等），你杀我的人、抢我的地盘，都没关系，但你怎么能叫杨行愍呢？于是，高骈下令，让这位新庐州刺史将名字改为"杨行密"。

事实上，高骈发起"东塘夏令营"的初衷，正与"杨行愍"变成"杨行密"有几分相似。

事件的缘起，来自两只有些路痴的野鸡。中和元年（881）五月，这两只糊涂的野鸡迷路了。迷路不稀奇，稀奇的是，它们迷路之后不避生人，也不管是不是办公重地、闲鸟免进，竟英勇无畏地飞进了扬州的节度使衙门！

在古诗中，"兔从狗窦入，雉从梁上飞"这类的描写，总是出现在荒废的破屋，现在竟然在自己的办公地点出现了，高骈觉得很惶恐，一占卜，果然是大凶：这将是"城邑将空"的恶兆！怎么办？高骈身边的"仙人"给他出了一个好主意：干脆把所有人都搬出扬州，到外边避一段日子，那不就让"城邑将空"变成了现实，这次大难也就被化解了。

已经看破红尘，不大在乎人事的高骈，对"仙事"还是非常认真的，马上接受了这个合理化建议。于是，这才有了这出让人啼笑皆非的闹剧。不过，如果仔细考察一下高骈在这段时间的所作所为，就会发现，这不过是金钱豹身上的一个斑点而已，那头荒诞离奇的豹子，还在一旁趴着呢！

"宅男"高骈的幸福生活

要让集"高、富、帅"于一身的高大帅看破红尘，不理世事，当然也至少需要一位"仙人"的点化，那位担当这一重任的"仙人"，就是高骈手下的右莫邪都军使吕用之。

据这位吕"仙人"的自我介绍，他本是已身居天界，位列仙班的磻溪真君（其实就是大名鼎鼎的姜子牙，他老人家曾在磻溪垂钓，以待周文王，故得到这样一个不太出名的称谓。可能因为姜子牙又名吕望，所以让吕"仙人"附会上了），因为在上边犯了一点儿错误，便和调戏嫦娥的天蓬元帅、打碎琉璃盏的卷帘大将一样，被下放到人间修炼了。

不过，另据江西道官府的档案记载，吕用之本是鄱阳（今江西鄱阳）一个茶商之子，早年随父往来于各地，颇有阅历，锻炼出了一身察言观色，见人说人话，见鬼说鬼话的高深本领。显然，这样的"才华"如果不用来骗钱，那就太浪费了。吕用之因此发挥强项，纠合一帮志同道合的江湖骗子，组成一个靠装神弄鬼来骗吃骗喝的诈骗集团。谁知夜路走多撞上了鬼，他被人告发，受到当地官府的通缉，无奈流落到扬州以避风头，同时寻找下一个适宜当作诈骗目标的笨蛋。

此时，高骈刚刚到扬州上任。高大帅在年轻时，对道家的神仙学说就很感兴趣，还亲自学习并演示了"撒豆成兵"一类的仙术，只是实际效果好像也不很灵验（如他在成都钻厕所时，那些豆子兵就没有发挥作用）。面对失败，高大帅没有气馁，不认为是仙术不行，而觉得是自己学艺不精，还没有遇上真正的高人。因此，当左骁雄军使俞公楚投领导之所好，从中穿针引线，向高骈推荐吕用之时，高大帅与吕"仙人"都惊喜地迸发出相同的心声："可让我找到了！"

身为唐末第一号大骗子，吕用之忽悠人的本事在当时堪称一绝。只见他侃侃而谈，抨击时政，指点江山，往往见解独到，切中时弊，让高骈大为叹服：到底是姜太公下凡，那水平就是不一样！他立即给他在自己下属部门中补了一个要职，以便能够时时垂询请教，吕用之很快就变成了高骈最信任的第一心腹。

应该说，吕用之还是挺讲义气的，为了有福同享，更为了建立一个自己的班底，排挤高骈手下的旧人，以便更方便、更快捷地从高骈这只大肥羊身上剪羊毛，他向自己昔日的江湖骗友发出了充满诱惑力的邀请信："钱多，人傻，速来！"

第一位加盟的骗友是据说系赤松子（传说中的上古仙人，神农时代的雨师，也是游戏《轩辕剑四》中的关底 BOSS）下凡的张守一，吕用之对这位张"仙人"的推荐就像一出拙劣的三流武侠剧。

话说当年高骈与卢携、田令孜内外勾结，和郑畋结下了梁子。现在卢携已死，田公公也不再保他，高骈以小人之心度君子之腹，总担心郑畋会设法暗算他，这点心思，很快让狡猾的吕用之掌握了。

一天，吕用之突然掐指一算，大惊失色地警告高骈："郑相国派出了一个武林高手来行刺大帅，今天晚上就要到了！"高骈大惊，忙问抵御之术。吕用之说："张守一是这方面的高手，可以求他。"高骈很听话，立即向张守一哀求救命。张"仙人"到底碍不过吕"仙人"的面子，答应了。

他让高骈换上女人的衣服，躲到一个偏僻的房间，并吩咐他夜里千万不要出来。而张守一自己则换上高大帅的服装，睡到高大帅的床上。等到了午夜时分，张守一把一件铜器扔到石阶上，发出巨响，让高骈听见，然后将准备好的猪血洒到庭院里，制造出一个斗殴假现场。等天明之后，他请高骈来观看，并笑着说："那个刺客差点儿就落到我手上了！"高骈竟然没有一点儿怀疑，感激得泪流满面："先生对我，简直有再生之恩！"从此，张守一也成为高骈最宠信的人之一，高骈让他干到左莫邪都军使，职位与吕用之相当。

左、右莫邪都共有兵两万人，编制比"忠武八都"要大得多，而且全是淮南军各部中精挑细选的精锐，驻守于扬州。可以说，吕用之及其党羽在淮南的地位，就像当初控制了神策军的田公公在朝廷的地位一样，已隐隐有挟高骈以令淮南的架势。不过吕用之没有因此而骄傲自满，他的理想是，兵权和财权他都要。

为此，他又给高骈找来了两位"仙人"，使得高骈身边的"神仙"增加到四位（外加"仙狗"数只）。这个阵容的豪华程度，直到两百多年后，才被宋徽宗和他的朋友超过。

其中一位同吕用之一样，也来自鄱阳，名叫诸葛殷，据说是葛将军（在下不确定是谁，有可能指葛婴，秦末张楚王陈胜的部将，后被陈胜杀害，是所有诸葛姓人的祖先）转世。吕用之为了推荐这位患有严重皮肤病的老乡，预先做足了炒作工作："玉皇大帝最近见大帅您工作过于繁忙，特意派了一位上仙前来辅佐，对天上来的钦差，当然得侍候好了，大帅如果希望把这位神仙留下来，不妨在人间给他安排一个重要职务。"

诸葛殷果然不愧是吕用之的老乡，也是一个能用三寸不烂之舌口吐莲花的侃爷，他与高骈初见面，高骈养的几条宠物狗闻见他身上脓疮发出的血腥味，围着他摇头摆尾。反应迅速的诸葛殷马上笑着"回忆"说："我几百年前曾在玉帝跟前见过它们，没承想都这么久了，它们还记得我！"

高骈有洁癖，来访的宾客通常都要沐浴、更衣，然后他才接见，并且从来不允许旁人甚至子侄坐在自己的旁边。但对于指甲里还流着脓水的诸葛殷，高大帅一见如故，与他促膝同席，共用餐具。左右都觉得奇怪，高骈解释说："你们懂什么，这是神仙故意装成这个样子，来试探凡人的求道之心诚不诚。"为了表明自己的心是很诚的，高骈把自己管辖下最大的肥缺，负责盐铁专卖的总监署一职，授予了诸葛殷。

还有一位叫萧胜的同道中人也向吕用之贿赂了大笔的金钱，希望能当上盐城监（盐城即今江苏盐城市，顾名思义，是淮南最主要的产盐区）。吕用之初次推荐时，高骈不太乐意，于是吕"仙人"就用"仙话"忽悠说："我最近收到一封仙书，说盐城的井中有一柄仙剑，必须要一位仙官才能取到。萧胜系萧史（传说中秦穆公的女婿，擅吹箫，后带着穆公的女儿弄玉公主一同乘龙上天，即成语'乘龙快婿'的出处）下凡，在天上是上仙左右的心腹，现在让他去盐城，只是为了给大帅取剑。"

神仙的事无小事，高骈自然同意了。几个月后，萧胜不知从哪个卖假古董的人手中弄到一把铜匕首，精心装饰后送到扬州，吕用之一见之下，"惊喜"地祝贺说："这是北方玄武大帝所佩带的法宝啊！有了它，可在百里之内，不受五兵（指五种兵器，具体哪五种，说法不一）侵犯！"

这样，就在高骈喜滋滋地将"玄武大帝的法宝"镶嵌上金玉，郑重其事地佩带在身上时，淮南盐业的产、供、销一条龙产业链，都已落入吕用之党羽的掌握之中了。

权和钱都有了之后，吕用之接下来的工作重点，自然是保卫和享用他的胜利果实。他先是施展手腕，让高骈解除了梁缵的兵权，屠灭陈珙一家，疏远冯绶、董瑾等人，把高骈原先信任的这些老将全部挤成板凳队员。

排除上层干扰后，吕用之又建议高骈成立了特务机关"巡察司"，由自己担任巡察使，招募了一百多名唤作"察子"的特务，对淮南实施高压恐怖统治。有了这个得心应手的工具，吕用之一旦发现有谁不满意，或看谁不顺眼，或谁家太有钱招人眼红，都可以秘密将这些人抓捕，带回巡察司苦刑拷问，打出一个个"谋反大案"，然后再顺理成章地满门抄斩、抄没家产！他们的工作很积极，短短几年内，就有数百户人家被灭门，甚至连高骈的左右侍从，只要对吕用之的行为稍稍显露出一丝不满，都难逃这张罗网的捕杀！

吕"仙人"劝别人修身养性，自己却娶了一百多个妻妾，享尽人间艳福；吕"仙人"在评论时政时，对贪腐行为抨击不已，自己却随意截留、挪用各道上缴中央的税金（高骈身兼盐铁转运使，有权管理各道的盐铁税收）。但在这种高压控制下，高骈听到的，仍全是对吕用之的赞颂，因此他对吕用之越来越言听计从，几乎变成了吕"仙人"手中的提线木偶。

吕用之说了："江阳后土庙（吕用之初到扬州避风头时借宿的地方）的神仙特别灵验。"

高骈立即出巨资，调集工匠和木材，扩建庙宇。以后凡有大事，都要去那里占一卦（不知去东塘野营，是不是在这里占卦的结果）。

吕用之说了："神仙喜欢住在高处。"

高骈立即投资十五万贯，兴建了迎仙楼和延和阁，据说高达八丈，相当于今天的八九层居民楼，在当时的技术条件下，是难度很高的工程。

吕用之说了："神仙本来是不难请到的，只是凡人不能隔绝世俗的牵累，所以神仙才不屑来访。"

于是，高骈几乎不再接见宾客，也很少与这几位"神仙"以外的其他部下见面，他躲进内宅，像千金小姐一样大门不出，二门不迈，将全部身心都投入修道成仙的事业中，甚至连他的妻妾都很难再见到他了……

吕用之说："玉帝因为大帅您修仙心诚，功德显著，打算安排您当天界的高级仙人。估计过不了多久，就会有仙鹤驾临，迎接您上天成仙！届时，我们几个下放人间接受再教育的期限也满了，将和您一道回归上清！"

高骈大喜过望，让人雕了一只巨大的木鹤，搬进内宅。高骈一有空闲，便穿着道士的羽衣骑上木鹤，预先对上天用的交通工具进行适应性训练……

南朝时的作家殷芸，曾在他的《殷芸小说》中，用一句话总结了古人对幸福生活的终极理想——腰缠十万贯，骑鹤上扬州！如今进化成了"宅男"的高大帅，已经全部达成甚至超额达成了，他正在成仙前的巨大喜悦中，幸福地活着……

第七章

黄巢败亡

唐僖宗

黄巢

李晋王

朱温

朱温降唐

两位都统，郑畋已经被免职了，而高骈又把着茅坑不方便，根本指望不上，"进剿"黄巢的各路藩镇军队因而变成了一盘散沙，各打各的小算盘，与齐军的交战败多胜少。显然，如果不重建一个司令部，协调指挥各路唐军，要改变目前的僵局，是不大容易的。

已经逃到成都，官复原职的老宰相王铎可能是受到老同事郑畋建功的激励，也多次"噫呜流涕"地向皇帝李儇上表：自己愿意担当这个艰巨的重任，为国解难，为皇上分忧！

虽然王铎上次担任"总司令"的表现并不让人满意，但李儇身边，一时好像也没有更像样、更有权威的人物了。于是，中和二年（882）正月初八，朝廷正式下诏，加授王铎中书令，充任诸道行营都统，同时免去高骈的都统之职。二十八日，在王铎的建议下，朝廷又抛出了一大堆官帽子，大部分送给了正在与齐军作战的各路藩镇节帅，以换取他们勤王的忠心：任命忠武节度使周岌、河中节度使王重荣为都都统左右司马，以河阳节度使诸葛爽、宣武节度使康实为左右先锋使，感化节度使时溥为催遣纲运租赋防遏使，以右神策军观军容使西门思恭为诸道行营都监，以义武节度使王处存、保大节度使李孝昌（七月后改为东方逵）、定难节度使拓跋思恭分别担任京师北、东、西三面都统。

王铎的这些激励政策，还是起到了一定成效，至四月间，关中战场上的各路唐军由于实现了协调作战，加上他们总体实力较齐军有优势，只要不出乱子，便自然而然地重新夺回了战略主动权。

王铎本人率领着从西川、东川、山南西道三镇抽出来的军队进至富平灵感寺，泾原军到达长安西郊，义武、河中两镇的特遣兵团进驻渭北，邠宁、凤翔两军驻守兴平，保大、定难两镇联军再次到达东渭桥，杨复光所率的"忠武八都"驻扎于武功。这态势酷似一年前，唐军再次从东、西、北三面威胁长安，大齐朝号令通行之地，只有长安和同、华二州。

如果从龙尾陂之战算起，关中地区不间断的混战已经持续了一年多，从上次长安之战的经过，我们可以发现，从普通老百姓的角度来说，参战的不论是齐军还是唐军，几乎就没有一支不是强盗！为躲避战乱，京畿一带的民众，只要能逃走的，差不多都逃进了周围的高山深谷之间，筑起一个个山寨自保。渭河平原上，那些曾经孕育了秦汉大帝国的肥沃农田因为一整年的抛荒，几近绝收，关中百年未遇的大饥荒，合情合理地到来了。

长安城中一斗米（大约六千克）的价钱涨到了三十贯（三万文铜钱，唐代后期的平均米价在每斗二百文左右，这是正常米价的一百五十倍，为李唐王朝建立以来的最高纪录，可悲的是，这个纪录不久后还会被刷新）！

据说，随着粮食越来越少，人肉交易开始在两军之间兴起，当然不是指红灯区，而是真正的食品批发市场。市场上的主要"货物"，就是被抓来当肉卖的活人，主要来源有山寨乡民和长安市民，价钱以人的肥瘦论，据说肉最多的可以卖到数百贯！从这个价钱来看，人肉不便宜，绝大部分平民是"消费"不起的，他们的最终结局，仍然只有饿死和被吃两项。

相对而言，唐军能从关中以外的地区得到一定补给，情况稍好，完全没有外援的齐军就惨了，以至于在外界略带夸张的传说中，已经到"尚让厨中食木皮，黄巢机上刲人肉"的程度了。

虽然在下很怀疑这些传说的真实性，但黄巢与尚让等大齐朝的决策者，肯定感受到了越来越严重的粮食危机。打破封锁，夺取饷源地，成为大齐帝国决策层的共识。现在大齐控制区的周边，最富庶的地方莫过于河中，那么驻地紧靠河中的同州刺史朱温，自然就担当了头号抢粮重任。

早在中和二年（882）二月，就在朱温攻占同州后没几天，便发兵东进攻向河中。此时河中节度使王重荣有兵三万多，实力差不多是朱温所部的十倍，本人也非无能之将，并据黄河之险，严密设防，因此朱温率齐军才一伸头，便撞上了铁壁，碰了个头破血流，只得撤回同州。朱温与王重荣的第二次交战，因兵力不敌，再告败绩。

三个月后，齐帝黄巢策划发动了一次大规模的反攻，以大军进逼兴平，唐泾原、邠宁、凤翔三镇兵马迎击不利，被迫退守奉天。黄巢一击得手，随后命尚让率齐军主力进攻占据东渭桥的保大、定难两军。六月，在尚让攻击下，差不多已经沦为齐军出气筒的保大、定难两军，水平发挥很稳定，像以往一样不堪一击。他们一面仓皇北撤，一面向灵感寺的王铎求援。

如果要喊"跟我上"，王铎还真没那个胆儿，但如果换成"给我上"，就难不倒王铎了。对了，河阳节度使诸葛爽的人不是到潼关了吗？要证明你还有忠心的话，就给我上吧！

于是，在王铎的严令下，朱温的老相识诸葛爽率河阳军西出潼关，牵制齐军行动。作为对应措施，黄巢也急命朱温南下截击诸葛爽，保护尚让大军的侧翼。两军交战于潼关以西，老滑头诸葛爽不敌朱温，败进潼关闭门不出，同时紧急向河中王重荣求救。

王重荣还是很讲义气的，在得到诸葛爽的急报后，立即抽出了几千骑兵，前往救援。他与诸葛爽商定：河中骑兵将西渡黄河，绕到朱温部之后，与河阳军东西对进，灭掉齐军这员悍将！没承想，朱温的反应更快，他分出一小队人马，虚张声势，将诸葛爽吓阻于潼关之内，自率其余军队设伏于黄河渡口。等河中军渡过一半时，朱温伏兵突起，王重荣战败，只得撤回河中。这次会战，朱温超水平发挥，以微弱的兵力连败河阳、河中两军，使尚让大军东顾无忧，有力地策应了齐军主力的行动，也在与王重荣的交手中扳回一局。

尚让乘机一路北上，唐军节节败退，齐军一直追击到宜君寨。然而，转折也在此刻不可思议地发生了。据史书说，882 年的第一场雪，来得比以往早一些，时值六月盛夏，就突然降临在了陕北高原，不但早，而且大，短短几天内，积雪厚达尺余，完全没有做好防寒准备的尚让大军大批冻死、冻伤，减员达到百分之三十，丧失了进攻能力，只好匆匆撤回长安。齐军的这次大反攻只得半途而废。

好几百年前，汉朝有位痴情的小姑娘，对情郎赌咒发誓说："上邪！我欲与君相知，长命无绝衰。山无陵，江水为竭，冬雷震震，夏雨雪，天地合，乃敢与君绝！"把夏天下雪，当作绝对不可能发生的五种自然事件之一。如果她的情郎知道 882 年下的雪，不知还会不会信她的真诚。

在下不懂气象学，不知道这种异常气候究竟有没有发生的可能性，而且面对突如其来的严寒，唐军为何没有冻死、冻伤的记录？但也不像是王铎打了胜仗，那样的话，一定会在史册中大书特书。总之，这是一个难解的谜，只是史书既然这样记了，姑且这样说。

由于西线唐军乘齐军北上受挫，再次攻抵长安郊外，长安的齐军略经休整之后，黄巢又将打击矛头对准了西线，头痛医头，脚痛医脚。七月，齐军与凤翔军大战于京西涝水河畔，凤翔节度使李昌言战败西撤，齐军推进至武功。王铎急命常败之师保大、定难两镇赴援（这俩娃命咋这么苦呢？），但新任保大节度使东方逵（李孝昌已从史书中消失了，具体经过不详）拒不从命，定难的拓跋思恭的态度稍好，率部一万八千人出发，一路拼命磨蹭，拖延时间。

不过，齐军的攻势虽然表面凌厉，其实已难以为继，粮饷不足，是其硬伤。这时，同州的朱温，侦知河中一批粮船运粮到夏阳渡口（今陕西合阳东南四十里黄河西岸），立即出兵袭击，一举夺取粮船三十艘。王重荣闻报，亲率大军赶来救援，朱温来不及将粮食搬回，兵力也不敌，只得将粮船凿沉，退回同州。

等王重荣赶到夏阳渡口，朱温已不见踪影，只能看见河上漂着的少许木屑和粮袋，勃然大怒。王重荣终于下定决心，要不惜代价，拔掉这枚眼中钉，他集中了河中军三万人，围攻同州，不克不休。

王重荣一认真，朱温麻烦就大了，他兵力太弱，无力打退河中军进攻，只得上表向长安的大齐皇帝请求增援。

一封告急表章送了出去，如石沉大海，杳无音信。朱温急忙又送出了第二封、第三封……旬月之间，朱温十上表章，但没能向长安要来一兵一卒。而在王重荣方面，却迎来诸道行营都监杨复光所率的"忠武八都"，以及荆南等路援军一万余人，同州齐军的处境越来越困难。

朱温这次真急了，他通过信使一打听，原来他的表章全让大齐中央分管军事的左仆射孟楷给扣下了，根本没让日渐昏庸的黄巢知道！不但如此，孟楷一来二去，发现扣压表章是件很安全的事后，还带着恶意的快感，乘机狠狠批判了朱温不努力、找借口。你朱温不是很能干吗？要想解围就靠自己吧！

不管是谁处于大齐朝同州刺史的位置，都得让孟楷孟仆射逼疯了，何况现在这位朱刺史也绝不是郭汾阳、岳武穆一类可以忍辱负重，宁君负臣而臣不负君的忠良。他气得大骂孟楷不是东西，对大齐朝渐生二心。

此时，朱温手下有两个和他想到一块的心腹。一个名胡真，原为江陵县吏，在黄巢军克江陵时投入朱三帐下，因其体貌雄壮，精通骑射被朱温提拔为小校；另一个名谢瞳，福州人，原是屡试不中而滞留长安的举子，黄巢入京后投齐，当了朱温的谋士（如果他投齐晚一点儿，也许已经是尚让刀下的冤鬼了）。

如果不是碰上天下大乱，这两人的社会地位都会比朱温高，属于饿不着也冻不着的小康阶层。他们参加齐军本属无奈，也不看好齐朝的前景，现在见老大似有降唐之意，便极力为他鼓劲打气，争取从黄家跳槽到李家，搏一个更好的前程。谢瞳作为文化人，更为朱温提供了降唐的理论依据："如今将军虽力战于外，只要庸人制之于内，岂能有所成就？当年章邯就是出于这种原因而背秦降楚的。"

还有一个劝朱温降唐的主要人物，是朱温的最爱，决断大事常常比朱温更准确的张夫人。张夫人出身官宦之家，政治观点属于天然的大唐保皇党，不管是出于感情，还是出于理智，她都不愿意夫君继续做"贼"，故而也连忙抓住这个良机，劝他及早和黄巢脱离关系，回归"正道"。而朱温对张夫人的话，多数时候都是言听计从的。

差不多与此同时，在城外的唐军大营中，颇具远见卓识的唐都监军杨复光，分析战局之后，也发觉朱温有可能被劝降，便通过王重荣遣使秘密招安。

有了孟楷的"推"，杨复光、王重荣的"拉"，以及胡真、谢瞳、张夫人等人的劝诫，在这三个方面的共同作用下，本来就不是忠良的朱温，终于下定决心，做出了一次对他此生影响巨大，对之后的大唐帝国影响更大的选择。

打进同州后的第七个月，九月十七日，朱温召集将校开会，他先以"沉痛"的心情向大家阐述了目前强敌环攻、内无粮草、外无救兵的危险处境。虽然这些情况众将校也是心知肚明，但现在见主帅这么直白地说出来，越觉前途黯淡，意志消沉。朱温见铺垫的功夫已经做足，突然话锋一转，声泪俱下地发表了一通对大齐朝而言极不和谐的大爆料，将孟楷的公报私仇和黄巢的昏庸无道着实一番控诉，声明除非倒戈降唐，别无活路！众将校闻言一惊，没等他们反应过来，下边做托儿的胡真、谢瞳已高声响应："黄王不仁，不能怪大帅不义！我们永远听大帅的！"

后知后觉的监军宦官严实这才发现风头不对，但已来不及做什么反应，便被朱温下令拿下，当即处斩。其余诸将校，如朱珍、庞师古、丁会、邓季筠等人，多是朱温亲自提拔，跟随多日的亲信，除了一个马恭不愿投降被杀外，都很识时务地跟随朱温倒戈。

随后，朱温大开城门，率谢瞳等人携降表和严实的脑袋，出城叩见王重荣。因为朱温的母亲也姓王，这个很会讨巧的前大齐同州刺史当即便认和他毫无血缘关系的王重荣为舅父，恭敬有加。

王重荣也是个不经捧的人，他与朱温交手过多次，深知其骁勇善战，得到朱温的归降本已有几分心喜，见朱温对自己还如此尊敬，口口声声以外甥自居，更是喜出望外，早把当初的陷城之仇和夺粮之恨都抛到九霄云外去了，只顾将这一特大"喜讯"上报王铎。

王铎也很高兴，这毕竟是自他就任以来，最拿得出手的一项成绩，当然得大肆渲染一下，当即便以天子的名义，将同州、华州（此时还在齐军手中）划为同华镇，任命朱温为同华节度使。同时，命谢瞳带上表章前往成都，好让天子李儇也分享一下前方的好消息：贼军中最能打的大将已经归顺我大唐了。

可能是自离开长安以来经历了太多的失望，李儇对朱温归降这个突然到来的实质性胜利大感惊喜。再加上谢瞳讲故事的水平很高，要放在今天，定然笑傲单田芳，不让田连元。他在面君之时，将朱温早年如何胸怀大志却怀才不遇，发下金吾之叹到奋然宋州投军，大义觉迷一朝悔悟，终于浪子回头等事迹细述了一遍，声情并茂，感人至深，把"泼朱三"的前半生说成了一部成功的励志剧本。李儇完全听得入了角色，一时兴起，很慷慨地下诏：授朱温右金吾大将军之职（正三品，当初唐朝招安王仙芝、黄巢时都没出过这么高的开价）兼河中行营招讨副使，并赐名为"朱全忠"（本书叙述仍用朱温原名）。

据说，就在这份诏书下发后不久，有人秘密向李儇进言这个赐名不妥：全者，人之王也，忠者，中之心也，让一降将以人之王居于中之心，非国家之福！

李儇听后，据说也有几分后悔，但觉得诏书已下，不便更改。但据在下看，这位轻浮的天子更可能是根本没把这类宣扬"封建迷信"的文字游戏当回事，还指望着"全忠"能够忠心为国，给他带来新的好消息呢。

但谁能料到，"封建迷信"有时也是很灵验的，二十五年后，"人之王居于中之心"的预言终于应验，李唐王朝遭遇到了灭顶之灾。只是李儇比较幸运，他看不到了……

"飞虎"归来

朱温降唐的影响，很快就传染到了距离同州很近的华州。

大齐朝的华州刺史李详，原本便与朱温友善，对大齐朝的前景也不看好，见朱温归降后大唐待他不薄，不由得怦然心动，也秘密遣使到唐营，与杨复光、王重荣等谈判投降条件。可惜一来因为李详做事不够缜密，二来因为有严实的脑袋为前车之鉴，华州的监军宦官警惕性非常高，工作态度格外敬业。李详的降唐计划，八字还没画完一撇，就让监军察觉到，然后马上向上级告密。黄巢得到密报，立斩李详，然后任命自己的弟弟黄邺为华州刺史，挫败了这次未遂兵变。

王重荣本来指望着通过复制同州模式来夺取华州，但李详被杀，让他的计划落了空。不仅如此，据各种情报显示，黄巢震怒于朱温的背叛及东线出现的新危机，很可能即将把齐军的主要打击目标指向东线，已经授权尚让，集结重兵，准备对同州和河中军进行一次力度空前的打击。

王重荣不久前因为认了一个干外甥带来的好心情又被破坏了：一想到兵力仍很强大的齐军已经将血红的眼睛盯上了自己，过不了多久，满山遍野的齐军白旗就要冲着河中方向杀将过来，他就感到了压力。

怎么办？正好王铎也来到河中，王重荣便用带着点儿夸张的口吻，对着王铎与杨复光诉苦说："如今这事情可真是难办了！若是投降黄巢吧，辜负了国家的大恩，但要和黄巢干仗，我这点儿兵力又不够贼兵塞牙缝！"

听了这段牢骚后王铎的反应，史书中没有记载，以他平日的水准，如果发挥正常，估计也就说了些勉励的套话，说了和没说一样。

但杨复光就不同了，他一开口，就提出了一条重要建议："雁门的李仆射，向来以雄才武略威震代北，当年他的父亲和我的养父曾在一起共事，结成深交。李仆射为人耿直，忠不顾难，死义如己，自黄巢作乱以来，忧心国事，颇有勤王赴难的决心！未能成行，只是让河东节度使郑从谠给挡了道。如果让朝廷下一道旨意给郑从谠，诏书一到，他的军队即刻可至，那时剿灭黄巢便指日可待，甚至都用不着我们动手了！"

那么，在杨复光口中，那位"忠不顾难，死义如己"的李仆射是何许人呢？说来大家也不陌生，就是在几年前，天下第二大反唐军的领袖，沙陀人的"飞虎子"李克用！这段话中的形容词用在此前的李克用身上，怎么看怎么像是讽刺，但如果用来比喻此后的李克用，却不算太离谱，杨复光真有点儿未卜先知的味道了。

其实，最早提出赦免李克用，让沙陀叛将来对付造反盐贩这一建议的大唐高官，并不是杨复光。早在广明元年十一月，黄巢还没有攻破长安，岌岌可危的大唐朝廷就任命河东监军宦官陈景思为代北起军使，让他尽快从民风彪悍的代北地区征发出一支军队，救援京城。

陈景思的工作效率还是挺快的，再加上自李克用叛军被打散后，一大批以沙陀人为主，涵盖了代北各族的骁勇猛士，兵源充足，所以陈景思只用了一个月时间，就拉起了五千骑兵，由李克用的族叔降将李友金指挥，南下长安。

李友金进军可没有陈景思征兵这么"急躁"，他率军于广明元年十二月从今天山西北部的雁门出发，到中和元年二月，才慢吞吞地走到绛州（今山西新绛），花了两个多月，还没有走出一个山西省，而长安早已经变成大齐的都城了。于是，李友金借口齐军势大，我方兵力太少，难以济事，一转马头，又回到雁门。

李友金回师之后，陈景思和他大力募兵，没用太长时间，就将兵力扩充三万余人。没想这些人来自北方各部，很多是李国昌、李克用旧部，虽然勇猛异常，但又凶悍难制，不用说对陈景思根本不买账，就是同为沙陀人的李友金也指挥不动。他们小不如意就闹事抢劫，要是大不如意，已经有段文楚这个先例了。

眼看这种情况，陈景思也被吓得心悬悬的，李友金乘机游说他："要兴大众，成大事，总得有一个威望足够高的人当头才行。现在虽然勉强凑起了三万大军，但没有一个合格的统帅，纵然出战，也不会有什么战功，军队不哗变就已经谢天谢地了。我的老哥李司徒父子，虽然去年获罪于国家，寄身于鞑靼，但他们的雄武之略，一向被代北之人敬服。如果朝廷肯将他们赦罪召还，则代北之军可一麾响应，黄巢那几个草贼可以轻松摆平！"

七百多年后，明末清初的大学者王夫之根据这一段历史，断定这是一起发生在唐末的无间道事件，李友金就是李克用安排下的卧底，所以他才会拐弯抹角，想方设法地替李克用父子脱罪。不过，陈景思陈大人现在如同爬上热锅的蚂蚁，根本没心思去探寻李友金的动机是否纯正，除了听从，哪还能有别的主意？于是，李友金的意思，便以陈景思的名义上奏给了正在逃难的大唐朝廷。

应该说李友金很聪明，他清楚地认识到，对方越是缺少本钱，越是有求于你，就越容易砍价。果然，被黄巢赶出长安的李儇这次非常大方，马上宣布既往不咎，同意了对不久前的两位"贼首"李克用父子的赦罪和征召。

接到叔父李友金给他带来的好消息，李克用并没有急匆匆南下，毕竟南边的情况还不是太清晰，就这么孤身回去太不稳当。

于是，李克用在鞑靼人的部落里登高一呼：凡是想建功立业、升官发财，离开穷嗖嗖的塞北，见识见识汉地繁华的纯爷们儿，都跟我来吧！

有了充满诱惑力的广告词，又有在鞑靼人心目中威名赫赫的"李克用"这三个字做品牌保证，没花几天工夫，便有一万余粗犷好斗的塞北汉子，带着用别人家财发家致富的美好愿望，聚集到了李氏父子的麾下。随后，李克用率这一万大军南下至蔚州（今山西灵丘），与李友金的三万人马会合，总兵力达到四万余人，挤进了军队密度已经非常高的代北之地。

别看李克用这几万大军全是临时赶工造出来的速成品，但因为其骨干人员多出自骁勇善战的原沙陀军人集团，他们当初只是被打散，并没有被消灭，现在乘着有利时机，又重新会集在一起。在这些人中，不但有李存璋、康君立、薛志勤、盖寓等在大同兵变时就拥戴李克用的老将，更有李存孝、李嗣源、李嗣昭、李承嗣等在未来岁月里大放异彩的将星。总之，由于原材料的质量非常过硬，这是一支真正的虎狼之师。

卢龙李可举、大同赫连铎、振武契必璋及河东郑从谠等，这些与李克用父子恶战数年的北方诸藩镇，不得不痛苦地发现，那个曾搅得大家不得安生、闻之色变的沙陀"飞虎子"，又回来了。

尤其对于卢龙、大同、振武这几个已经事实独立的藩镇来说，如果黄巢得了天下，大不了我们换面旗子，可如果让李克用在代北重新站稳脚跟，那么我们哥几个还有好日子过吗？

有对头自远方来，不亦脑大乎？同样的烦恼给了这些藩镇同样的选择：既然暂时不方便公开与中央作对，那我们就联合起来，对李克用集团采取不合作的抵制。李克用虽然有了四万大军，却还没有为这支大军提供补给所需的足够的地盘，也不可能得到中央拨款，坚持不了太久。一旦他耐不住性子劫掠地方，就怪不得我们不按朝廷指示办事了，到时候大家一齐动手，再次把"独眼小李"赶回去。明白了这一点，接下来发生的事就顺理成章了。

中和元年（881）五月，差不多与高骈宣布出兵勤王，前往东塘野营的同时，李克用也在代北誓师南下。果然，囊中羞涩的李克用为了给他的大军筹饷，给河东节度使郑从谠发去一份公文，宣称自己奉朝廷之命南下讨黄巢，现已出动大军五万人（略微夸张了，可能李克用想借这个数字多领点儿），请沿途各地方官府准备好粮草补给、各种物资，以及运输车辆，积极配合勤王大军的行动。

虽然李克用的愿望很丰满，但河东回应的现实很骨感：节度使郑从谠不但没有主动提供军粮，反而命沿途紧闭城门，像防贼一样严防李克用的勤王军，甚至在石岭关（今山西阳曲东北）集结重兵，公然阻断了李克用的进军大路。李克用极为郁闷，但暂时还不愿与郑从谠撕破脸皮，便亲自率领精兵一万，从偏僻小道绕过石岭关，到达汾水东岸，扎营于太原（太原府，治所晋阳县，也可以叫晋阳城）城郊，并再次致书郑从谠，要求给个解释。马上，河东的回信送到沙陀军营：所需军饷正在筹措中。李克用又耐着性子等了几天，却不见太原城中有丝毫准备发粮的迹象。

五月十六日，实在忍不住的李克用亲自来到城下，对着城头大声呼喊，要求郑从谠出来见面。郑从谠出来了，这位早在会昌二年（842）就荣登进士第的四朝元老口才了得，玩忽悠，李克用完全不是对手，说得那叫"情真意切"："将军父子二人，从咸通年间以来奋激忠义，为国血战，屡立奇功，天下之人谁不感念将军父子的功德……如今国家多难，正是李仆射你建功立业的大好时机！只恨老夫受命守藩，不敢擅离职守，不能陪将军一起出征了……有这样的好机会改过自新，李仆射你可一定要自重自爱啊！"

心眼儿不那么多的李克用听了郑老爷子这番"肺腑之言"，一时间颇受感动，正打算拜谢告辞，突然一琢磨：不对啊，正事还没提！我军的军饷怎么办？

哦，那事啊，不用急，没问题！

第二天，河东筹措的军饷终于送到李克用军营，共有钱一千贯、米一千斛。按李克用部四万人计算，平均每人能分到二十五个铜板、三斤米，不用问，这就是传说中的打发叫花子。

李克用大怒，郑从说可以把他当成乞丐，但自己不把自己当成丐帮帮主啊！这几万将士可是带着极高的期望值来投奔自己的，岂能用几个铜板、几斤米来打发？没办法，不让用合法途径谋生存，只有用非法途径取富贵了。沙陀军大掠汾东，河东军民大震，这下子，正中北方诸镇之下怀。

郑从说一面派将军王蟾、薛威出师抵御，一面紧急求救于振武镇，心有灵犀的节度使契苾璋反应神速，居然第二天就赶到太原（以当时的交通与通信条件，如果没有预谋准备，这是不可想象的），并连破沙陀军两个营寨，遭受意外小挫的李克用挥军反击，打败振武与河东联军，契苾璋等只得退入太原死守。经历过造反失败的李克用，并不想把事情弄得不可收拾，便不攻太原，转而抢劫阳曲、榆次，饱掠一番后，北上攻陷忻州（今山西忻州）、代州（今山西代县），然后暂时以此二州为家，自称忻代留后。

好极了，这下"独眼小李"的二次谋反算是坐实了。至少李克用的对头是这样想的。振武节度使契苾璋、大同防御使赫连铎、天德军防御使（不知道是谁）联名上表，愿共讨李克用，由河东郑从说提供后勤支援。

不过吃喝归吃喝，行动归行动，这几个二流藩镇并没有马上动手，而是等待着李克用的另一个仇家，军力最强大的卢龙军表态。果然，卢龙节度使李可举对李克用重现代北，也坐不住了，他率师西进，与大同赫连铎会师，进攻忻、代。中和二年（882）四月，两军交战，反沙陀联盟中最强大的卢龙、大同联军被李克用击败。这个结果让加盟诸藩镇颇为泄气，虽然赶走李克用仍是大家共同的心愿，但谁也不愿意冒险冲锋在前了，而李克用除了时不时到别人的地盘抢点东西发军饷，也不想进一步扩大事端。于是，北方诸藩镇第二次讨伐李克用的战争，便进入不战不和的僵持阶段。这显然对大家都没有好处，各方都盼望着，能有一个让大家都下得去的台阶。

这一等又是好几个月。眼看关中战局久拖不决，杨复光终于来搭梯子了。中和二年十月，在杨复光策划下，王铎以皇帝的名义拟了两道圣旨，一份给郑从谠，请他抛弃前嫌，给李克用让出一条道；另一份给李克用，征召沙陀军南下勤王。当然也不是白征，唐朝将已被李克用占领的忻、代二州从河东镇中划出，成立雁门镇，以李克用为节度使。至于沙陀军的军饷，主要由王重荣承担，反正河中不差钱，而且李克用前来，首先也是救他的危难。

接到正式诏书，知道自己终于成为合法的一方诸侯时，李克用深深地舒了一口气。想想这几年来，从大同兵变，杀段文楚，然后四面对敌，连番恶战，到兵败蔚州，亡命塞北，经历了多少艰险？可见造反这种事实在做不得啊！

李克用的为人，虽然有不少缺点，但也有一个突出的优点，"性直鲁，少它肠"，知恩图报。对于大唐朝廷这次赦罪封官，授予节帅的圣旨感激颇深，下定决心，一定要创建大功以报国恩，而且自此以后，李克用将他对唐朝的忠诚保持了一生。

十一月，李克用留五千人守卫忻、代，命其余沙陀军分两批出师勤王。为了避免不必要的麻烦，他们避开经过河东首府太原的大道，从岚、石二州绕路，南下河中。李克用本人单独率骑兵数百，以最友好的姿态前往太原，拜会郑从谠。这次郑从谠也没有再难为他，赠予名马、金银，双方终告和解。

十二月底，三万五千多名彪悍的沙陀军终于在李克用的率领下，抵达河中，参加大唐诸镇讨齐战争。他们全部身着黑衣黑甲，宛如一片裹挟着雷暴的乌云卷过原野，散发出逼人的气势。

李克用的弟弟李克修是大军的先头，他率五百铁骑第一批渡过黄河，与一支齐军相遇，立即发生了冲突。接下来的过程很简单，沙陀军一阵突击之后，这支齐军就被毫无悬念地彻底打败了。

尽管这只是一次规模很小的遭遇战，但行家一伸手，便知有没有，在经过这次小小的，但完全没有还手之力的失败后，齐军中开始盛传，这些穿黑衣披黑甲仿佛乱葬岗乌鸦的代北军队，有多么可怕："李克用的鸦儿军来了，要想多活几天的，就设法避一避吧！"

避？往哪儿避啊？已经是皇帝的黄巢和他的开国元老，在体验过高档的贵族生活之后，大多不想再过当年那种风餐露宿、颠沛流离的日子了。何况要对付这位几年前同样是大唐反对派武装领袖的李克用，黄巢觉得自己并不是一点儿办法都没有。

当月底，黄巢将曾参与谋杀李克用之弟李克让的十余名南山寺和尚逮捕，当作见面礼，送到李克用军营，向这位沙陀统帅示好。同时送到的，还有价值不菲的大批金银珠宝，光芒闪耀，足够让这些来自代北贫寒之地，从没见过大钱的汉子两眼发直。

跟在两枚裹满厚厚糖衣的炮弹后面的，是大齐帝国的使臣浑进通，他原是李克让的仆从，当初大难不死，而后投降了黄巢。浑进通带来了大齐皇帝言辞恳切的和解信：你也是唐朝的敌人，我也是唐朝的敌人，咱们是一家人啊，何必自相残杀？不如携起手一起干吧！

如今李克用早就学聪明了，知道什么叫贼船，要我上，当我傻啊？他一点儿没犹豫，用极致的实用主义处理了此事。

一、下令将这些和尚全部处决，然后设奠哭悼李克让。

二、将黄巢送来的珠宝全部收下，分赐给手下众将。

三、将黄巢的御笔书信一把火烧了，打发浑进通回去报告大齐皇帝：你送来的珠宝很不错，我收下了，但你寄来的书信犯忌讳，我可不能收，以后只要送珠宝就可以了！

随后，李克用亲率的沙陀军主力从夏阳渡口（今陕西合阳东南）渡过黄河，进驻同州，做好了开打的准备。和解？那是不可能的，你还是洗干净脖子，好好等着吧！

"百都大战"

中和三年（883）正月初一，李克用命部将李存贞率军出击沙苑，破坏了这个日子本该具有的喜庆祥和。防守沙苑的齐军主将黄揆，是黄巢的亲弟、大齐朝的亲王，他率部迎战，让李存贞打得大败，沙苑易手。

沙苑告捷，令王铎大喜，他担任"剿匪总司令"快一年了，今天终于看到胜利的曙光，看来用不了太长时间，自己就可以收复长安，成就不世功勋了！他立即以皇帝的名义拟旨，任命李克用为东面行营都统，期待沙陀军再接再厉，再建新功。

可惜王大人没想到，美梦从来易醒：连你王铎都能看出胜利在望，别人还会发现不了？你想居功，别人就不想吗？

正月八日，正好是王总司令上任一周年，李儇根据"阿父"田公公的建议，解除王铎的都都统之职，调任义成节度使，看起来唾手可得的丰功伟绩，和王铎说拜拜了。

田公公说了，王铎担任都都统很久了，却未建尺寸之功，仅是尸位素餐而已。所有成功举措，如招降朱温、征召李克用，都是杨复光的主意。

应该说，田公公这次弹劾的内容，很难得地基本属实，所以李儇也像以往一样，对"阿父"言听计从。王铎虽然非常不满，但他不是高骈，麾下军队都来自各藩镇，自己并没有可靠的直辖武力，不可能抗拒中央的命令，只好灰心丧气地到滑州上任去了，临行前，顺便用笔杆子发了发牢骚：

> 用军何事敢迁延，恩重才轻分使然。
> 黜诏已闻来阙下，檄书犹未遍军前。
> 腰间尽解苏秦印，波上虚迎范蠡船。
> 正会星辰扶北极，却驱戈甲镇南燕。
> 三尘上相逢明主，九合诸侯愧昔贤。
> 看却中兴扶大业，杀身无路好归田。

田公公是个没有把精明用到正处的聪明人，他和王铎虽谈不上有交情，可也没什么仇，给王相国穿小鞋，是有自己的深远考虑的。

首先，田公公要在大难之后重塑宦官团体的正面形象，保护大唐中期以来北司压倒南司的现象。败坏王铎这位目前的文臣领袖的声誉（虽然王相国的实际表现也确实平常），可以在自己那位皇帝干儿子心里树立一项"正确"观念：看见了吧，一到关键时刻，那些只会玩笔杆子、弄嘴皮子的朝官就要掉链子，真正靠得住的，还是咱们这些内臣。

其次，杨复光的崛起，也让田公公分外揪心。虽然大家都是宦官，但杨复光与田令孜从来就不是一条道上的人，说他们是政敌毫不为过。由于机缘，在讨伐黄巢的这一系列战争中表现出色，杨复光现在不但重兵在握（这是他与王铎的最大不同之处，有一支直辖的可靠武力），而且在诸道藩镇中树立了很高的威望。田公公无奈地发现：要靠继续打压（他以前就是这么干的）来阻止这个竞争对手的异军突起，已经不可能了。

如果你无法消灭你的对手，那不妨换个思路，设法与他做朋友，也不失为一个明智的选择。因此，拿掉王铎，让杨复光专功，也是田氏宦官集团向杨氏宦官集团伸出的橄榄枝。

当然，田公公同时意识到，无论如何也不能让杨复光的影响力超过自己，即使在藩镇那里做不到，至少要在李儇面前，保持自己第一功臣的光辉形象。

于是，差不多在罢免王铎和表彰杨复光的同时，朝中宰相和三川的各地方官员突然联名上表，历数了田公公自黄巢作乱以来的一项项丰功伟绩：建议并亲自护送皇帝巡幸巴蜀，挽救朝廷于危亡；保护了传国玉玺和历代先帝绘像，使它们免遭"草贼"的蹂躏；带头捐出家产以纾国难！总之，对于田公公这种对朝廷做出特别贡献的盖世忠良，朝廷如果不给予特别表彰，委以非常重任，那简直是伤害了大家的心。

见此情此景，李儇决定尊重大家的意见，授予田公公一个新创造的职务，十军兼十二卫观军容使。也就是说，田公公今后就是所有中央禁军的总指挥了。可惜这暂时只是个虚名，因为中央禁军也没几个人了。为此，田公公决定在三川开始征兵，扩充禁军，他的这个行动，在不知不觉间，为朝廷未来的一次大难埋下了伏笔……

后话暂且不提，现在还是让我们掉转镜头，看看另一方。此时，在长安城中的大齐皇帝黄巢，可能比默默离开的王铎更加痛苦。浑进通的回报、沙苑的败报，还有不久前华州王遇兵变，赶走了皇弟黄邺，投降唐朝的报告，一起送到了大明宫的案头，让齐帝黄巢又怒又惊，真是山雨欲来风满楼啊，这场暴风骤雨，看样子是躲不过了。

不过黄巢毕竟是纵横天下多年的百战老江湖，不是吓大的，明知山有虎，偏向虎山行！为挽回败局，大齐皇帝斟酌一番，做出了一个挺爷们儿的决定：集中所有能集中的兵力，与李克用、王重荣、杨复光、朱温等唐东线诸军，进行一次一举定生死的大决战。

于是，双方都竭尽全力向同华地区增兵，至二月十五日，齐唐两军分别集结完毕，阵容均极强大。

齐军精锐共十五万之众，驻防于华州以西三十里的梁田陂（今陕西华阴西南），主帅为太尉中书令尚让，副帅侍中赵璋，另外功臣军使林言、京兆尹王璠及两位亲王黄邺、黄揆都参与征战。

与之对垒的东线诸路唐军驻扎于沙苑之西的乾坑（今陕西大荔西），有李克用部三万五千，王重荣部三万，杨复光统率的忠武、荆南两部超过一万，朱温部数千，以及数量不详的义武军，估计总兵力接近十万，数量应该比齐军少，但因为有沙陀军在，平均战斗素质要超过齐军。

二月十六日，由李克用打头，唐军主动发起进攻。齐军除了黄揆、黄邺引一支偏师去袭击华州外，超过十万人的主力大军全部结阵迎敌，以王璠、林言指挥左翼，尚让、赵璋指挥右翼，与李克用等诸路唐军展开殊死搏斗，自黄巢起兵以来，最大的一次会战——梁田陂大战打响。

这次会战从中午一直打到了傍晚，齐军终于支持不住，全军崩溃，败兵遭到唐军的追杀，横尸近三十里，被斩俘达数万之众，这其中还包括齐朝的第三号人物侍中赵璋。齐军真正输到家了。

不过，齐军主力在梁田陂大败的同时，黄揆、黄邺的偏师袭击华州却获胜，打败叛将王遇，重新夺回了华州。

黄家兄弟没能轻松几天，二月二十七日，梁田陂大战后的第十一天，完成休整的李克用大军包围华州，将黄邺、黄揆困在城中。两位齐朝的亲王一面固守，一面向兄长求救。

长安的大齐皇帝黄巢，见形势越来越不妙，正在做两手准备。他一面派兵三万进驻蓝田，保住东南面这条逃命通道，一面再命尚让为主帅，重整败兵救援华州。李克用闻讯，采取围点打援之策，留少数部队继续包围华州，自己则率主力会同王重荣河中军，挥师西进，迎击来援齐军。三月六日，李克用、王重荣猛击齐军于零口（位于长安之东九十五里，今陕西临潼东北），尚让败军之将不言勇，再次让李克用打得大败，只能率残兵仓皇逃入长安。李克用乘胜追击，大军进驻东渭桥，并分兵进占渭北。

这时，唐军已经推进到长安近郊，为了给黄巢添堵，李克用命康君立、薛志勤两将组织精锐的特种小分队，利用夜晚潜进长安城展开不间断的骚扰性袭击。于是，城中齐军的粮库、军械库时时失火，落单的齐朝官员和士兵频频遭暗杀，全城人心惶惶，不可终日。

三月二十七日，在唐军围城一个月之后，孤立无援的华州被攻克，黄巢的两个弟弟弃城逃走（另一说黄邺被唐军生擒），齐帝国第三次缩小成了长安城邦，而且面临处境远比上两次更加绝望。

四月初，感到大反攻时机已经成熟的唐军京东行营统帅部（此时的事实统帅应是杨复光）下令，对长安发起了全面进攻。自然，在这次进攻中打头阵的军队还是李克用和他的沙陀军，部分忠武军与河中军也参与进来，配合李克用作战，义成（现任节度使即王铎）军和义武（节度使王处存，是李克用的亲家）军随后跟进，连原先那些出工不出力的藩镇，见形势大好，不愿错过打落水狗和发战争财的良机，也纷纷发兵参战。

面对内外交困、强敌压境的恶劣局面，黄巢仍不愿意退出这座事实上已经无法防守的危城。为了保住齐朝最后一丝"正统"的象征，黄巢在长安近郊构筑了数条防线，督促齐军拼死抵抗，战况极为激烈。仅在一天之内，唐、齐两军就发生了三次会战，齐军三战三败，城外防线瓦解。

四月五日（也可能是八日或十日，各史书记载不一致），唐军各部集中了一百个都的庞大兵力（按正常编制应为十万人，考虑到太平时军官倾向于不满编，好吃空饷，战乱时军阀倾向于超编，用于争霸，所以唐军参战人数可能超过十万）发动了总攻。我们可以将唐军第二次收复长安的这一系列交战，称作"百都大战"。

攻城开始，李克用一如既往，冲锋在前，犹如一柄尖刀率先突破光泰门（长安禁苑东面北起第二门），攻入了大明宫旁边的皇家禁苑。禁苑，位于长安城之北，范围广大，"东距浐，北枕渭，西包汉长安城，南接都城，东西二十七里，南北二十三里，周一百二十里"，但其精确范围，今天尚不能确定，还有待考古学家的研究，但我们可以肯定的是，如果黄巢的听力没有问题的话，他应该已经能够听见东边沙陀军的喊杀声了。看来李克用攻城，也是利用了唐大明宫突出于主城外的特点，试图来次斩首行动。

飞矢流箭越过高墙，已经安居深宫近两年，未曾上过前线的齐帝黄巢知道危险迫在眉睫，也急红了眼，亲自撸起袖子，指挥齐军布阵于皇家宫阙的琼楼玉宇间，利用每一间殿堂、每一条御道的有利地形，与突入的李克用军展开激烈的巷战。但今天的长安，不是两年多前的潼关，他的"御驾亲征"也无法挽回败局了。

从卯时（5：00至7：00）激战到申时（15：00至17：00），李克用军的先头部队已占领望春宫升阳殿（位于大明宫正东），齐军在禁苑的防御再次溃败。虽心有不甘，但黄巢也只能重重地叹了口气：长安，我的帝都，终于还是要和你说再见了。随后，黄巢下令放火焚烧大明宫和周边禁苑，全军撤出长安，向蓝田方向突围。从广明元年十二月初到现在，黄巢占据长安共计两年零四个月。

从两军主要交战情况来看，黄巢在皇宫纵火的主要目的，应该还是利用大火阻挡追兵。当然也不排除他有"我得不到的东西，也不留给别人"这种恶劣想法，但可能性不是太大，因为位于长安主城墙内的太极宫、兴庆宫等未受波及，从黄巢逃亡方向推断，他应该要路过兴庆宫。

而冲进城的各路藩镇军队，也同样军纪败坏，抢掠、奸淫、烧杀这些传统保留节目，也不厌其烦地一再上演。想想看，一个完好的皇宫有什么用？只供皇帝一人享乐罢了，于我们有何干？于是，为了在抢夺皇宫的珍宝和美女之后毁灭罪证，攻进皇宫的各藩军队也乐于见到大火蔓延。没有一支打着大唐旗号的军队来拯救大唐的皇宫，甚至有人帮忙多添几把火，让它烧得更有效率。美丽的皇家园林，完全被烈焰与浓烟掩盖……

黄巢起事以来，空前激烈的"百都大战"结束了，明眼人都能清楚看出：输家是大齐，但赢家绝不是大唐。

齐军逃离了长安，大明宫还在燃烧，这座已经度过了二百多年风霜雨雪的华丽宫城，这座规模比明清紫禁城大四倍的巨大皇宫，这座曾见证过"万国衣冠拜冕旒"之盛世繁华的巍峨殿宇，就这样在熊熊的祝融之焰中大部分化为灰烬，给后世留下的，只是断壁残垣和野草漫漫。

如日之升，则曰大明，当这个名字象征着无限荣光的建筑群消逝于世间，大唐皇朝曾经的辉煌与荣耀，也如西落的夕阳，确凿无疑地逝去了……

日落长安，暮色苍茫，前路漫漫，来日苦长，闻者惊心，言者心伤，皇皇大唐，殒逝远方，群魔共舞，貔貅嚣张，生灵涂炭，神州血染，何求彝鼎，祭我国殇！

陈州之围

当各路唐军再一次涌进长安，迫不及待地享受胜利果实之时，黄巢正在逃往蓝田的路上。他回望西北，见雄伟的长安城郭越来越小，最终消失无影，难免潸然泪下，但他终于还是坚强地转过马头，一挥手，走！毕竟伤心总是难免的，又何必一往情深？长安没了，命还在，保住它才是目前最最重要的。

因此，黄巢下令，将军中所有值钱的东西，以及车辆辎重沿路抛弃，使出了曾多次让他绝处逢生的必杀技：银弹攻击。果然，尾追而来的唐军见有财可发，便纷纷动手捡拾争抢，追击行动如儿戏般半途而废。

没有追兵，黄巢得以平平安安地入蓝田，翻越商洛山，出武关，再次回到了河南。虽然经过了关中的惨败，但此时黄巢的部众据说仍有十五万之众，这个数字也许有所夸张，但其实力较之河南的任意单个藩镇，仍算得一个庞然大物。

黄巢以老将孟楷为先锋，率一万精兵开道，进攻的第一个重镇，便是原忠武叛将，现任奉国节度使秦宗权的大本营蔡州。

从秦宗权以往蚕食淮南的业绩，以及将来扫荡中原的表现来看，秦宗权的蔡州军还是很有战斗力的，实力不容小视，应该是块硬骨头。但谁知万事常有例外，偏偏这回老秦也不知是有意放水还是意外掉链子，他率军迎战孟楷失利，接着就干干脆脆地开城请降，向黄巢称臣了。

黄巢很意外地得到了实力不俗的蔡州军相助，让齐军的声势有所振作，便命孟楷乘胜东进，进攻陈州（今河南淮阳）。他们没有料到，在那个地方，有个对他们很熟悉的旧交早就等着他们了，这个人便是现任陈州刺史赵犨。

赵犨，出身陈州一个颇具影响力的军人世家，上推三代都是军官。大概受到家风的影响，赵犨在童年时，便是一帮男孩儿中的孩子王，打斗游戏中的大将军，邻里群童个个听其号令，不敢有违。王仙芝、黄巢初战中原时，赵犨已承父祖旧职，成为忠武军中一名中级军官，并曾率步骑数千奇袭，击败过王、黄的"草军"。等黄巢进长安，李儇逃山南，天下进入无序时代，陈州地方乘此机会组织了数百人，前往许州拜见忠武节度使周岌，要求任命赵犨为陈州地区的军政主管官员。已经让蔡州秦宗权折腾得没了脾气的周岌，见无法控制陈州，自然也不想得罪陈州赵家，便顺水推舟，表奏赵犨为陈州刺史。

这个世界既然有人鼠目寸光，自然也有人思虑长远，比如这位上任不久的陈州赵刺史。早在他上任之初，黄巢雄霸京都、笑傲江湖之时，赵犨就对身边的人说出了他对时局演变的判断："这一次黄巢如果不死在长安的话，他一定会向东逃窜，陈州必当其冲。何况黄巢与我们忠武军几经恶战，早已结下不容化解的深仇大恨（这一条其实不太客观，同样系出忠武军的秦宗权，与黄巢的合作不也蛮愉快的？），我们不能不早做准备。"

赵犨是个干实事的人，说到就要做到，在他的调配指挥下，陈州军民进行了全面的备战工作。一、动员民工，重新加固修整了城墙，并将护城河挖深挖宽。二、扩建兵工作坊，制作兵器，修缮铠甲。三、预先通过各种手段，在城中集中储备了大量粮食、草料，同时对城外实施坚壁清野，陈州周边六十里内，稍有余粮的人家，都要强制迁入城内。四、将青壮男丁组织起来，由弟弟赵昶、赵玼和儿子赵麓、赵霖（后改名赵岩）分别统领训练，编成一支赵家军，扩充陈州的武力。经过这一番艰苦努力，到黄巢逃离关中，降服秦宗权之时，陈州已经面目全新，被赵犨打造成一个异常坚固的军事要塞，远非寻常州县可比。

可惜这些情况，曾经挤跑了朱温的孟楷将军并不知道，可能也不屑于派人去打探一下。也许在孟将军看来，咱们虽然打不过李克用，但要对付其他藩镇，还不是绰绰有余？既然连强大的秦宗权都禁不住我轻轻一击，何况弱小的陈州赵犨呢？

孟楷率军继续前进，兵临项城（今河南沈丘）。在这里，他遇上了赵犨派来迎击的陈州军。孟楷阵前一端详，嗬，敢情这些陈州兵老弱掺杂，且器械不精，衣甲不整，更加确信了自己判断的"正确"性。于是，孟楷毫不在意，下令攻击。陈州兵一触即退，孟楷立即追击，干净利落地冲进了赵犨设下的伏击圈，将尚让曾经在龙尾陂犯过的错误，又重犯了一遍。只不过，孟楷的运气更悲惨一点儿，齐军大败之际，他逃跑未遂，被陈州兵生擒，随后又被赵犨下令斩首。

正等待着捷报的黄巢，突然听到前锋覆没、孟楷身亡的消息，勃然震怒，发誓要不惜一切代价，踏平陈州，让姓赵的血债血偿。

黄巢率领全军进驻溵水，进逼陈州，并向秦宗权征调军队参战。由于兵力过于悬殊，赵犨没有轻率出击，将陈州军全部收缩进城，严防死守。六月，黄巢与秦宗权联军将陈州团团包围。为了防止赵犨突围逃走，以及外地军队来援，黄巢下足了功夫，他围绕着陈州城外围，足足挖掘了五道壕沟，让一只耗子也难以进出，然后倚仗兵多，从四面八方同时发起猛攻。

面对齐军如此气势汹汹的大规模进攻，要说陈州人不怕，那是扯谎：可不是，捅马蜂窝了。咱们赵刺史也是，打这么积极干吗？这下把杀人不眨眼的齐军全惹上身了。

赵犨见众人有所动摇，忙给大家打气说："忠武军可一向以忠义闻名于世（那城外的秦宗权是怎么回事？），咱们陈州人更是出了名的骁勇善战，还怕黄巢的乌合之众吗？我赵家人数世食陈州俸禄，我早已誓死与陈州共存亡，生为大丈夫，就应当于死中求生，方显英雄本色！即使不能成功，必求成仁，为国而死，也比活着当盗匪的臣子好！"他不但有言，也有行，组织精锐的小队，多次潜出城袭击齐军，竟连连取胜。这下子，黄巢更加恼火，他干脆在城北大营修筑宫殿官署，以示打不下就不收兵的决心。

于是，黄巢在没有可靠根据地的情况下，完全放弃了他最拿手的流动作战，死围陈州，同赵犨耗上了。大齐皇帝为何如此执着呢，他不知道自己正在犯兵家大忌吗？诚然，孟楷是最早追随黄巢打天下的盐帮老兄弟之一，是大齐朝的开国元勋、大齐皇帝的铁杆心腹，他这么简单就没了，是值得黄巢怒一怒的。

不过，即使对同样的事件，人的愤怒情绪也是可以根据愤怒对象的不同，时大时小的。如果孟楷是死在沙陀军手里，估计黄巢也没这么大的脾气：毕竟咱技不如人。所以当梁田陂之役战败，比孟楷官更大的赵璋被擒时，大齐皇帝的表现也很淡定，绝没有嚷嚷着非要找李克用单挑不可。

但你陈州赵犨算个什么东西？就凭你，也配折我大齐军马，杀我大齐名将吗？一个猎人，遇上老虎时逃跑不算耻辱，要是碰上只野猫也跑路的话，他还能在这行当混吗？正因为小小的陈州看起来很好欺负，所以黄巢觉得自己有足够的本钱冲冠一怒为老孟：为了我大齐的军威，为了我堂堂大齐皇帝的面子，在李克用那里丢失的自尊，至少得从赵犨身上找回来！

虽然黄巢的想法很有尊严，但他的武力并不足以为他的尊严埋单。陈州虽小，却像一枚硬核桃，让齐军啃不动，也咬不碎。别忘了，赵犫早已将方圆六十里内的粮食搜刮一空了，时间稍久，十几万齐军的补给会成大问题。

虽然困难巨大，但发了狠心的黄巢不管：我不要存粮数字，我只要陈州，外加赵犫的脑袋。

齐军不可能坐等饿死，他们分出大量征粮小队四出侵扰，像无数蝗虫团队，在今天豫、鲁、苏、皖数省的广大地域内往来剽掠，然后将抢来的物资源源送往大营，维持对陈州的围攻。这一打，竟然持续了将近一年。在此期间，一则即使放在杀人如割草的唐末乱世，也格外骇人听闻的传言被记录到了史册上。

《新唐书》《旧唐书》和《资治通鉴》都不约而同地记载，齐军在围攻陈州期间，由于关东的饥荒仍在继续，田野里没有禾苗，只有些饥民苟延残喘于残垣断壁之间，黄巢无法用正常方式为他的大军寻求补给，便干脆命士兵俘人而食。他们制作了一种特大号的石臼，直接将活人扔进臼中，连骨头一并捣成肉糊食用，还将这些加工点称作"舂磨寨"。

这些记载真的那么可靠吗？

疑点一样来自正史的记载，黄巢军在围攻陈州期间的缺粮程度，远没有困守长安那么严重："巢益怒，将必屠之，乃起八仙营于州左，僭象宫阙，列百官曹署，储粮为持久计。"（《新唐书·赵犫传》）

那么黄巢储粮的实际效果又如何呢？"巢于郡北三四里起八仙营，如宫阙之状，又修百司廨署，储蓄山峙，蔡人济以甲胄，军无所阙焉。"（《旧五代史·赵犫传》）而且，直到黄巢被李克用、朱温等击败，从陈州逃走时，李克用缴获的物资中，食物仍然不算少，"获所俘男女五万口，牛马万余"（《旧唐书·僖宗纪》）。

当然，如果认为有饭吃的人就不会吃人，那也过于武断了，古往今来，反例多见。仅拿唐末五代来说，就有李克用的变兵剐食段文楚、赵思绾畅谈吃活人胆的滋补作用等多个实例。

因此，个人认为，关于黄巢军大规模食人的记载，最不合理的地方不在于他们的缺粮程度并不严重，而在于疑点二：他们对人肉的吃法。

请大家设身处地想象一下，假如我们往那些传说中用于舂活人的特大号石臼中，投入一头无辜的活猪，它拼命挣扎，但无处可逃。随着巨大的石杵不断落下，凄厉的嚎叫很快消失，不过一会儿，活猪便化为石臼底部一摊模糊的肉糜。里面的成分，除了猪肉之外，还有猪骨、猪毛，以及猪粪、猪尿，散发着难闻的恶臭。老实说，我认为这不是在加工食品，而是在糟蹋食材。

在浩如烟海的历史典籍中，吃人的事例并不罕见，但像黄巢军在围攻陈州期间，采用如此不科学的吃法，仅此一例。稍后秦宗权的军队吃人方法，可是把人用盐腌制成肉干，其"合理"与"卫生"的程度超过"黄巢牌人肉糊"百倍。

好吧，你可以说，黄巢就是个超级大变态，他的手下也是一群超级变态，人家有粮不吃，偏要吃人不说，还放着华夏饮食文化形成的众多烹饪方法不用，偏要吃那种让人作呕的人肉糊，你管得着吗？

是啊，在下管不着，但即便如此，这种超不卫生的吃法，也必然会在短期内引发大面积疫病，让黄巢的军队迅速丧失战斗力，他对陈州的围攻就不可能维持三百多天，而他的失败也用不着等到李克用再次南下了。

综上所述，在下认为，关于黄巢军在陈州会战期间吃人的记载，过分不合理，但要把这些记录仅仅说成"地主阶级对农民起义的污蔑"，也无法解释古史也曾记载黄巢军一度秋毫无犯的事实。所以在下猜想，这些记录可能出自当时产生的讹传。

真相也许是这样的。

据记载，黄巢在围攻陈州期间，倒驴不倒架，仍然要摆皇帝的排场。比如，黄巢军围攻陈州期间，黄巢在城北设立"八仙营"，竟不顾局势艰危，大建楼堂馆所，从大齐皇帝的行宫到三省六部长官的衙门，一个都不能少！另外，因陈州一地的粮秣不可能满足大军的补给需要，齐军四出强征粮草，其劫掠范围遍及河南，包括洛阳、许、汝、唐、邓、孟、郑、汴、曹、濮、徐、兖等十多个州府，才使得黄巢军"稍有刍粟"。

毫无疑问，不管是修楼盖房，还是输送粮草辎重，都是需要动员大批劳动力才能做到的，要干这些事，黄巢不可能只依靠自己的军队（否则他就别打仗了，如在淮海战役期间，为了支援六十万解放军作战，动员了民夫五百多万），必然强征了大量的民夫当苦力，这比当食物更要紧。同时，黄巢虽搞到了一些粮食，但他肯定要优先保证军队的供应，战乱时代不比和平时啊，地主家也没余粮，如果让民夫都吃上饭，估计也就剩不下什么了。

所以，我们不难想见，那些被齐军大兵从家乡强行绑走的民夫，干的牛马活，却未必吃得上猪狗食。如果有机会，他们不逃跑才叫怪事。

再来看史书描述的那种巨型石臼，它们虽然并不适合加工肉食，但假如就是用来杀人的，则明显透出残忍、高效等"优越性"。在下怀疑黄巢确实将这种东西造出来了，但目的不是吃人，而是杀人，用这种恐怖的杀戮方式来恐吓那些企图逃跑的民夫（可能还有见大齐军中想散伙回家的军人，因为黄巢军征兵最快的阶段就是在河南完成的，这里离他们的家不太远）：敢逃跑的，肉酱就是下场。

虽然齐军没必要，也不大可能把那些肮脏的肉酱当成食物，但别忘了，黄巢大营中还有大量挣扎于死亡线上的饥饿民夫，他们是很有可能不顾一切地去争食那些捣碎的人肉糊，以求延长数天性命的。齐军在陈州开设人肉加工厂的讹传可能就这样产生了。

但即便如此，它也是一幕浸透了血泪的人间惨剧。

看到这里，大家可能也发现一个问题了：在不久前收复长安的会战中，大败黄巢，表现得生龙活虎的各路唐军，如今死哪儿去啦？为何不再接再厉，将黄巢彻底消灭，反而在大半年内毫无作为，甚至坐视陈州危难呢？

一个主要原因，是长安之战各路唐军的事实统帅，左骁卫上将军杨复光，突然在河中军营中去世。

没有任何证据能证明杨复光的死与某个阴谋相关，但他正好在田公公最希望他死的时候死掉了，难免让心思不阳光的在下有所遐想。大喜过望的田公公立即有恃无恐地将杨复光之兄杨复恭，由"四贵"之一的枢密使贬为飞龙使（负责管理皇家马厩，相当于弼马温），重新稳固了自己宦官老大的位置。

就总体而言，唐代的宦官集团是一个祸国殃民的罪恶团体，但凡事常有例外，咱们不能一竿子打翻一船人，事实上，到大唐王朝的末年，宦官集团终于还是为帝国奉献出了两个杰出人物，其中之一，便是杨复光。

在与黄巢较量过的唐军历任主帅中，杨复光可能是最强的一个：劝周岌反正，败朱温于邓州，显示出他的忠义与能力不亚于郑畋；在许州和蔡州空手套白狼，杀王淑，重整军，把"忠武八都"变成自己的私人军队，表明他的宦官生涯也没白过，还多了些郑畋不具备的厚黑手腕。较之年老昏聩的宋威、自大自私的高骈和平庸无能的王铎，杨复光更胜出得多了。

在整个关中对峙阶段，杨复光是唯一一个实现了让各路唐军积极协调、奋力作战的唐军主帅。现在，没有了杨复光做黏合剂的各藩镇军马，马上又恢复了一盘散沙的常态，各打各的小算盘，积极致力于争功论赏，互争雄长。一种聪明的想法像流感一样传遍多数藩镇长官心中：如果现在黄巢已经威胁不到我，其他藩镇如果不动手，我主动打齐军却不一定取胜，说不定还会让别的藩镇渔翁得利，那我们干吗傻积极？

当然了，也不是所有藩镇都始终那么"聪明"，其中最突出的"笨蛋"，是两位在藩镇中入行不久的小字辈，未来的两大巨星。

作为长安之战中冲锋陷阵的绝对主力，二十八岁的李克用在所有节帅级的首长中年纪最小，功劳却最大，手中又握有一支人见人怕的强悍武装，理所当然地迎来了自己的丰收季节。首先，唐廷将雁门镇重新并入河东镇，李克用的雁门节度使之职自然被免除了，但却得到了一大堆显赫的新职："检校司空、同平章事，兼太原尹、北京留守，充河东节度使、管内观察处置等使！"其中检校司空是荣誉虚衔，虽有同平章事的职衔也只是名誉宰相，最实惠的职务还是河东节度使。

随着原河东节度使郑从谠被调回中央任职，李克用成功入主太原，他的兵力很快就扩充到了五万以上，据地九州（太原、代、忻、岚、石、汾、仪、沁、朔），在天下诸藩镇中，实力仅次于淮南高骈。

从此以后数十年间，河东这块大唐帝国的龙兴之地，黄河以北最强的两大藩镇之一（另一个为卢龙），反李克用联盟曾经的总部，被李克用打造成了沙陀军政集团最牢固的大本营。只是李克用消化河东这个过程还需要一段时间，所以在此之前，黄巢还能在陈州城外维持一段称孤道寡、杀人越货的"幸福"时光。

另一位，就是齐朝曾经的同州刺史，因倒戈一度大红大紫，但很快又被李克用抢去明星光环的朱温。此时论出身、论功绩、论实力，他都大大逊色于这位小自己三岁的沙陀军首领，所以得到的报酬也要差一些。

与雁门镇一样，临时军区同华镇也被撤销了，朱温得到的新地盘是宣武镇。初看起来，这也是个蛮不错的地方，总部汴州（今河南开封，它在今天能够名列中华"八大古都"之一，在很大程度上缘于朱温接到的这次任命），是沟通大运河与黄河的水运枢纽，商贸较发达，另辖宋、亳、颍三州，他的老家砀山也包含其中，"泼朱三"可以衣锦还乡了。

但如果考虑一下时空背景，情况就不那么美妙了。朱温上任于中和三年七月，正是他的老领导黄巢开始围攻陈州一个月之后，紧邻陈州的宣武镇全境均受波及，抢粮抢钱的齐军正往来穿梭于宣武各州，如同漫步于自家后院。由于受到齐军的重点"照顾"，大运河航运中断，原本富庶的汴、宋二州发生了饥荒，公私仓库都空空如也。与全境战事不断相对应，朱温可依靠的却只有亲兵数千，宣武原有的旧兵骄横难制，不堪驱使。而且，现在人人都看得出，只要黄巢拿下陈州，宣武必受杀人不眨眼的齐军主力攻击，汴、宋军民都在末日临近的惶恐之中，度日如年。

这些情况，大概才是大唐朝廷肯把宣武这样一个原先的富镇，交给一位齐军降将的原因吧。反正你朱温已经和黄巢结下了死仇，除了拼死一战，别无他路可走，你胜了固然好，败了也没人心疼！不过，朱温并没有让困难吓住，行走江湖这些年，他早已明确了一个道理，挑战的背后，往往就是迈向成功的机遇，因此越发斗志昂扬。不管是为了进取，还是为了活命，他都必须与老东家决一生死。

得益于赵犨的坚守，朱温在他刚到汴州的最微弱时刻，幸运地避开了齐军主力的攻击，度过危险期，甚至忙里偷闲，将老母王氏和刘崇的母亲接到汴州以尽孝道。

五个月后，也就是中和三年十二月，初步站稳脚跟的朱温收到了赵犨送来的求救文书，经过这几个月的战况，朱温也已发现赵犨有勇有谋，是个人物，何况他还干掉了孟楷，为自己除掉了昔日的眼中钉，值得深交啊！何况保住了陈州，也就等于保护了汴州，于是朱温决定出兵相助。

朱温此时的兵力还太弱，所以他又派人邀请忠武节度使周岌和感化节度使时溥共同出兵，以壮声势。

朱温看得挺准，这两位同样以造反派身份上台的节度使，也是不得不来的。

从理论上来说，陈州本就属于忠武镇，周岌是守土有责，陈州不保，他的许州也有危险。时溥的徐州也同样受到黄巢军队的攻击，而且他刚刚被唐中央加授讨伐黄巢东面兵马都统，于公于私都有出兵的必要。三镇一起行动，相互声援，胆子好像也壮了不少。

最先取得成果的还是朱温，他挥军南下，在鹿邑（属亳州，地处陈州东北百余里）击败齐军，斩首两千余。借着此役的胜利，朱温打破齐军封锁，收复亳州。然后，三位大帅会晤，商议军情，一致认为，即使三镇联兵，仍不是齐军对手，于是联名写信，请求河东李克用出兵支援。

狼虎谷

汾河之侧，名城太原，新主人李克用收到了中原朱温、周岌、时溥三位节度使的联名来信。在信中，朱温等人堆砌了满纸的恭维话，其言语之恳切，就像狂热的少女"粉丝"举着标牌站在路旁等待贝克汉姆。性格直率，心机不那么深沉的代北汉子很吃这一套：看来没了我李克用，光靠你们几个还是玩不转啊！他只觉得自己的自尊心得到了极大的满足，于是一挥大手，出兵！

李大帅啊，你想过没有：朱温、周岌、时溥和黄巢打，那是生死攸关，你李克用去参战，那纯粹就是助人为乐了。时而凶狠暴虐，时而古道热肠的代北汉子不以为然。

中和四年（884）二月，李克用集结各部族混合军团共五万余人，南下越过天井关（今山西晋城市南），准备从河阳借道渡黄河南下。谁知刚进入河阳镇境内，就发现大批河阳军驻扎于万善（今河南沁阳北），结结实实地堵住大路，同时，他收到了河阳节度使诸葛爽的一封回复函。

在回复函中，诸葛爽说，非常不巧，黄河上的河阳大桥不知何故突然损坏了，现正在加紧抢修中，故河阳国道暂时不能通行，对由此给您带来的不便致以十二万分的歉意。您放心，对于这次严重的工程事故，我们一定会严查事故责任人，狠抓施工质量……

诸葛爽忽悠来忽悠去，中心思想其实就一句话：此路不通。

作为"聪明"藩镇中的一员，未受到齐军直接威胁的诸葛爽，比起黄巢是否被剿灭，更担心的是：李克用会不会用假道伐虢之计，吞并自己的河阳镇？

这可不是杞人忧天，就在四个月前，李克用借昭义（辖区包括潞、泽、邢、洺、磁五州）节度使孟方立与监军祁审诲不和的机会，一举出兵肢解了昭义镇，夺取了太行山以西的潞（今山西长治）、泽（今山西晋城）二州，随后又向朝廷推荐自己的弟弟李克修当昭义节度使。于是，孟方立和李克修各自成为半个昭义的节帅，诸葛爽也被迫和李克用成了邻居，前车可鉴啊！更何况自己曾是讨伐李克用的副帅，彼此"交情"深厚！想想都让人不寒而栗。

不想直肠子的李克用此时一门心思要助人为乐，虽被诸葛爽兜头浇了一瓢冷水，也没有发作，而是掉头向西，进入河中。河阳危机便有惊无险地渡过了，未酿成严重后果。不过从这件小事也看得出，此时李克用在周边诸藩镇中的人缘，大多不太好。

好在河中王重荣是个例外，他与李克用和朱温的关系都不错，李克用曾出兵救过他的急难，而朱温是他的干外甥，虽然他事不关己，也不肯出兵，但借条道帮助一下两位熟人还是不难。李克用遂从河中与陕州顺利渡河南下，再转头向东，在地图上画了一个大大的字母"C"，于中和四年四月初与忠武（周岌）、宣武（朱温）、感化（时溥）、泰宁（齐克让）四镇军队会师于陈州外围。

在此之前，朱温等数镇兵力虽弱于齐、蔡联军，但也已与齐军交战四十余次，胜多败少，并攻陷瓦子寨，显示齐军已成强弩之末。此时李克用到达，齐军要想打赢陈州之战基本已不可能，但黄巢仍将主力置于久攻不下的陈州城下，不肯转移。在大齐皇帝的拙劣战略指导之下，齐王朝的生命终于进入倒计时。

四月三日，由李克用打头阵，唐五镇联军进攻齐军北线据点太康，一举陷城，大败齐军守将尚让，而后又转攻陈州之西的西华。西华守将为另一位齐军老将，黄巢之弟黄邺，面对来势汹汹的数镇唐军，他不敢迎战，只图死守。

俗话说得好，会咬人的狗不叫。那反过来说，不咬人的狗常常叫得欢。黄邺命手下一个大嗓门，登上城楼高处，亮开嗓子大骂李克用和朱温，摆出一副动口不动手的"君子风度"。骂街明显不是李克用的强项，但他大概认为亲自动手有点跌份，只命身边侍从放箭射之，不想这帮侍卫竟一个也不给他长脸，屡射不中。李克用正待发作，却见朱温身后闪出一个少年，一箭射去，城头上恼人的骂声立时终止。城头的齐兵大惊，城下唐军则一片欢呼。

李克用个性豪爽，又是出了名的顶级射手，见此少年射手出手不凡，大为赞赏。他也不会去考虑朱温的人射中，是否折了沙陀军的面子，当即取下自己的良弓和箭矢百枚赏给这一少年（关于这一事件的具体时间和地点，不同的史书上有分歧，《旧五代史》认为它发生在一年多前李克用、朱温进攻华州期间）。

此少年姓朱，名友裕，字端夫，为朱温的长子，其生母失载。据说朱友裕在少年时就追随其父征战，尤善射御，个性宽厚，颇得士心，尽管如此，他似乎仍不太得父亲的喜爱。

李克用赏过弓箭，立即挥动军马一齐攻城。已成惊弓之鸟的齐军招架不住，再次大败，黄邺单骑逃往"八仙营"，投靠兄长黄巢。他前脚刚入营，以朱温为首的数镇联军也紧跟而至（李克用似未参加这一行动）。已经困守城池近一年的陈州军民，见援军大至，无比兴奋，也乘机杀出，对黄巢主营展开内外夹击。

黄巢见本部大军节节败退，终于难得地恢复了一点儿理智，传令全军撤去包围，烧毁营帐，全军向北退往故阳里（今河南淮阳县北）。齐军猛将李唐宾、王虔裕撤退不及，又看到黄巢已难回天，便率本部人向昔日同僚朱温投降，陈州解围。

大胜之后，朱温率部进入陈州，刺史赵犨很感念朱温积极救援陈州的恩情，亲率城中大小官员前往迎接。朱、赵两人的这次会面对双方都产生了重大的影响，朱温得到了自己的第一个，也是最坚定的一个盟友。而赵犨则更加认定朱温必非凡人，比自己名义上的顶头上司周岌强得多，要保住陈州的安全，最好的办法就是甘当朱温小弟。从此以后，但凡汴梁方面征兵调粮，赵犨无不积极响应，甚至还在陈州给朱温建了生祠，不时让人焚香礼拜（看过明史的朋友是不是觉得眼熟）。

这次会晤的时间其实很短，因为还没等宾主双方把板凳坐热，最新的军报已经传来：黄巢已命尚让为先锋，率兵五千，正在向朱温的大本营汴州进军。朱温不敢耽搁，立即率军离开陈州，抢在黄巢之前，回师汴梁。

五月初，北撤途中，已经屋漏的黄巢偏偏又遇上了连夜雨，这不是形容词，而是真的下大雨，平地水深三尺，将大齐皇帝的御营泡成了水寨，粮食辎重大半被水冲走。在野地里被雨淋的滋味估计大家都体会过，因此黄巢急需找一个歇脚的地方给疲惫的士卒稍作休养，便率军直扑汴梁。

五月三日，黄巢攻陷尉氏（今河南尉氏县），前锋尚让所率的五千精骑一直打到薄台（今河南开封繁塔，禹王台西侧，北距当时的汴州城墙只有约一公里，今已属于开封市区）。朱温手下将领朱珍、庞师古出城奋力迎战，终于在这里将尚让击退。由于此时黄巢的兵力仍然比朱温强大得多，朱温再次派出使者，向李克用求救。

李克用在西华之战取胜后，便移军许州（今河南许昌）休整。五月六

207

日，接到朱温告急的李克用立即叫上忠武监军田从异，联兵出动，从许州北上汴梁，同时邀约感化节度使时溥出兵，准备东西并举，歼黄巢余部于汴州城下。

黄巢得知李克用将至，不敢再攻汴州，移师向西，准备从中牟渡汴河（大运河的一段，即通济渠，今已湮废）北上，躲开李克用的追击。黄巢的想法不能说没有道理，可惜他对时间的判断不够准确。

五月八日，黄巢军主力在王满渡（汴河上的重要渡口，在今河南中牟县城以北十二公里）开始渡河，当大军刚渡过一半的时候，突然响起了一阵暴风骤雨般的急促马蹄声。伴着这种恐怖音响，南方突然又出现了乌压压一大片黑色在快速移动！自长安之战以来，黄巢对这种音响和这种色彩已经太熟悉了，那差不多就意味着死神的降临。在他的身旁，所有齐军士卒都已经感觉到自己的心脏同大地一齐颤抖，不由得全变了脸色。

半渡之时遭到袭击，这是古代军事家公认的最糟糕情况之一：大批兵力因河流阻拦，不但派不上用场，还有可能引发溃逃，正面对敌的士卒容易有求生之意，而无死战之心，尤其当士气低落之时，更加致命。面对沙陀军的齐军正是如此，谁也不想去当断后的替死鬼，汴河上不多的几条渡船成了大家争夺的焦点。为了夺一个船位，平日亲密的战友举刀相向，如同陌路的敌人，南岸的齐军完全陷入自相践踏的严重混乱之中。人人都明白，谁要先登上船，谁生的概率就多一分。

挤公交车的经历告诉我们，上车的时候越是争抢，则上人的效率越低！汴河上几条渡船还在争抢中寸步难行之际，黑衣黑甲的沙陀铁骑已经冲进了南岸齐军的混乱队形之中，像快刀切豆腐，齐军大溃，汴河上下，伏尸无数！

王满渡之战，是黄巢遭受的最后一次真正意义上的惨败，此后他连"惨败"的资格都没有了。此战齐军阵亡达一万余人，但更重要的是，他手下的大部分将帅分崩离析，各奔东西：二把手尚让率所部向时溥投降；将军临晋人李谠，曲周人霍存，甄城人葛从周，冤句人张归霸、张归厚、张归弁兄弟等投降了朱温；不太著名的许州人王贤投降了李克用。另外，也可能正在此役或稍前的陈州战役中，齐朝的吏部尚书张言也悄悄逃亡，投靠诸葛爽。总之，在这次对大齐王朝破产清算的抄底盛宴中，朱温依仗原有的人脉得到的最多，而出力最多的李克用得到的却最少。

黄巢本人逃过了汴河，率已经不多的残众继续北逃。这时，还在跟随黄巢的齐军将领，只剩下清一色的黄家人，外加一个外甥林言。

五月九日，王满渡之战后的第二天，李克用的骑兵在汴州以北七十里的封丘追上了黄巢，再次将其打败。五月十日，沙陀军冒着大雨继续穷追齐军，经胙城（今河南延津东北）、匡城（今河南长垣西南），一路追杀，齐兵残兵基本被杀散。黄巢收集残兵败将，只剩下一千余人，向东北方，逃向自己的故乡冤句（今山东菏泽牡丹区西南）。

九年前，黄巢正是在这里，带着数千冤句子弟起兵反唐。九年后，他又回到了这里，余众仅千余人，冤句子弟，还有几人尚存？我们不知道，看着故乡熟悉的山水草木，黄巢心头可曾有过狐死首丘的悲凉，但我们知道，不解风情的李克用没有留给他太多的感慨时间。

五月十一日，李克用追至冤句，黄巢在自己的家乡父老面前再次战败，连自己的小儿子都被俘虏。另外，大齐皇帝的御用车辆、器物、皇袍和玉玺都被沙陀军缴获（都什么时候了，黄巢居然还带着这些东西，当皇帝的瘾真大）。

不过，早在当年做盐贩时就练就了一身飞毛腿神功的黄巢，再一次逃脱了，而李克用的沙陀骑兵由于长途奔袭，连日作战，也人困马乏，还跑得动的骑兵不过数百，只得回师休整。已如风中残烛的黄巢暂时又得以缓了一口气。

但只是一小口气，因为感化节度使时溥，已经命部将李师悦、陈景瑜等出兵"剿杀"黄巢，并让降将尚让充当向导。只是黄巢虚弱至极，仅余百余人流窜于齐鲁，因此感化军这次出动，与其视作军事行动，不如看成追捕行动。

六月十五日，追捕大队在瑕丘遭遇了黄巢残部，黄巢残众毫无悬念地再败，"其众殆尽"，人马的数量级再由"百"降为"十"。黄巢带着剩下的很少的人继续逃亡，六月十七日，逃进泰山东南麓，一个叫作狼虎谷（在今山东莱芜西南，牛泉镇祥沟村）的地方。一段血腥传奇，即将走向终结。

不过，这个终点，总像躲在一层毛玻璃背后，显得模糊不清。

最生动的记述来自北宋文学家兼史学家欧阳修所著的《新唐书》。

当一路疲于奔命的黄巢逃进狼虎谷时，身边已经不剩几个人了，几乎全是他的亲属。望着身旁目光惨淡、精疲力竭的自家兄弟和两侧莽莽密林间隐约传来的虎啸狼嚎，黄巢终于清醒地意识到：自己的人生旅途，已至尽头。

他异常平静地唤过自己的外甥，齐朝的功臣军使林言，对他说："我和王仙芝在乾符年兴起义兵，本意不过是想为国除奸，清除朝堂上的污秽。无奈一入江湖，身不由己，纵成事业，不能急流勇退，终于酿成了今日之祸。仙芝已经先我数年归天，我能在之后风光数年，也算死而无憾了。我横行天下十年，还当了三年多的大齐皇帝，如此经历，试问天下及得上我的，能有几人？今逢绝境，我不可死于敌手，你不是我黄家人，还有活下去的机会，就取了我的头，献与朝廷，还可保你后半生的平安富贵，这个好处就不要落到别人手里啦！"

说罢，他便将手中的剑递与林言。林言跪在舅舅面前，泣不成声，不忍下手。黄巢见状，又取剑在手，挥剑自刎，颈血喷涌，一时尚未气绝，林言只得复砍一剑，将黄巢的头取下。然后，林言又杀了黄巢的妻子和黄邺、黄揆等七个兄弟，将人头全部用布包好，带着黄巢的姬妾和最后几名残卒走出了狼虎谷。

没走多远，林言一行人遇到了一支唐军，他们向林言问清情况，发现这是一项唾手可得的奇功，干脆连林言的人头也一齐砍下，进献给正在搜捕黄巢的感化节度使时溥（正史上说，这支部队是沙陀博野军，但这条记载有点儿奇怪。博野是属于成德镇深州下辖的一个县，以民风强悍闻名。宪宗元和年间曾从博野征兵入卫京师，后成德兵变，博野军遂长期滞留京畿，变成一支没有中央禁军名义的中央禁军。所以如果是沙陀军，就不应是博野军；如果是博野军，就不应是沙陀军。也许是沙陀和博野的混合部队吧，但他们得到黄巢的首级后，为何不献给老大李克用或直接上缴朝廷，反而交给与他们并无隶属关系的时溥，让人起疑。在下学识浅薄，弄不明白这是怎么回事）。黄巢的最后一个愿望，即自己的脑袋不能便宜外人，也落空了。

不过，由于黄巢和林言都死了，这段记录的源头，只可能来自听过林言自述的唐军士兵或黄巢的姬妾（她们也没多活几天），或从狼虎谷出来的齐军残卒，已经是第三甚至第四手资料，何况他们中间有文化人的概率不高。因此，这段记录越是详细，越是活灵活现得如同电影剧本，其真实性就越让人怀疑（甚至也不排除系后人杜撰）。

鉴于这种传说过高的文学价值和不那么靠谱的史学价值，在《旧唐书》《资治通鉴》《北梦琐言》《册府元龟》等其他史书中，对这一段特写全都做了"马赛克"处理，只称黄巢及其兄弟为外甥林言所杀。反正不管狼虎谷杀人事件的动机和详细经过如何，黄巢的脑袋被林言拎了出来，这点总是没错的。

黄巢兄弟和林言的首级先是被送到了徐州，一同到来的，还有黄巢的姬妾和在追捕黄巢行动中立下了功勋的前大齐太尉兼中书令尚让。端详着前任老大经过防腐处理的脑袋，前太尉大人也许还在暗自庆幸：幸亏我及时降了，不然咱脖子上这颗好头颅估计也已被盐腌着了！功名富贵不过梦一场，只要还能回家抱着老婆孩子，平平安安度过余生，于愿足矣！

但他的新长官时溥不这么想，在时大帅看来，尚让已经犯了两条必死之罪。一、谁让你在黄巢手下官做得这么大？二、谁让你娶这么漂亮的一个老婆，让大帅我心痒难耐？于是，背叛了旧主的前大齐太尉，在旧主死后没几天，便让新主子给杀了，他的妻子刘氏，变成时溥宠爱的小妾。

七月二十四日，黄巢的首级和姬妾再次被送到成都，向天子献捷。据说黄巢的样子，原本就长得对不起观众，何况已经死了一个多月，李儇害怕晚上做噩梦，没有多看。但黄巢的姬妾就不同了，个个婀娜多姿、赏心悦目，李儇想让她们服软，然后收入后宫，便问道："你们都是名门望族之女，世受国恩，奈何从贼？"不想为首一女回答说："黄巢猖獗之时，朝廷出动百万大军都挡不住，陛下您连宗庙社稷都不能保，只能逃亡山南。陛下现在却将不能抗拒盗匪的罪名加于弱女子之身，请问满朝文武，又该当何罪？"

这记耳光抽得太响亮，把李儇说得面子全无，他不由得恼羞成怒，立即下令：将众女全部斩首！齐朝的嫔妃，只比齐朝的皇帝多活了四十七天。

只是，这个数字，仍然不敢说是百分之百的准确。

因为在两宋之际，民间一直相传黄巢其实没有死。他败至狼虎谷，自知已无东山再起的可能，便让林言杀死一个替身冒充自己，待残众出降之际，他本人悄悄削发改装，绕小道向西出逃。黄巢的目标是东都洛阳，因为据他判断，在已经取得安身之地的旧部中，至少有一个人，不会害他。那个人过去的名字叫张言，现在叫张全义……

之后的故事，便众说纷纭了。有人说黄巢在洛阳龙门南禅寺出家，法号翠微禅师，并有舍利塔存世，曾作诗云："犹忆当年草上飞，铁衣脱尽挂僧衣。天津桥上无人识，独倚阑干看落晖。"（这首诗的版本很多，个别字词有偏差，其中的天津桥是建于洛水之上，沟通洛阳南北城的石桥，与今天的天津市毫无关系。）

也有人说，黄巢后至明州（今浙江宁波）雪窦寺（位于今浙江奉化溪口镇西北，距蒋介石故居不远）出家，号雪窦禅师，以佛法修为精深为众僧敬服，真是放下屠刀，立地成佛了。雪窦禅师临入寂之时，手指脚下，众僧视之，乃"黄巢"二字。众人葬其于雪窦山，其墓地到宋时仍年年有人祭祀。

那么，在这么多种传说中，究竟哪一种是真相呢？在下也不知道，就是真正的专家，今天估计也不大可能完全搞清楚了。

不过，这并不重要。因为不管黄巢是已经丧生于林言剑下，传首千里，还是在很多年后，迎着夕阳独自走上天津桥头，慨叹沧海桑田，笑谈无常世事，他对历史的直接影响，都已在狼虎谷画上了句号……

遗臭流芳

比黄巢早几百年的东晋权臣桓温，曾说过一句名言：大丈夫倘若不能流芳百世，也要拼他个遗臭万年！说归说，桓温没能流芳百世，也没能遗臭万年。而黄巢，以一种戏剧性的方式，竟然把两者都做到了。

作为打破了晚唐死气沉沉的黑暗平衡，开启了五代血腥乱世的关键人物，黄巢在其死后的评价，经历了一个由低到高再到低的过程，就如同一条抛物线。

传统古史中对黄巢的评价，口径是比较统一的，"巢贼""巨寇""盗匪""鼍茸微人，雚蒲贱类"等大同小异的贬义词，就是他们授予黄巢的头衔。不过，这似乎主要是官方意见，远未一统天下，民间还是存在不同看法。比如元末明初的老愤青施耐庵，就借宋江之口，写出了部分人士对黄巢所建业绩的羡慕与憧憬："他时若逐凌云志，敢笑黄巢不丈夫！"黄巢的形象，在这两者的并存中，度过了千年。

如今，人们对历史的研究总体渐趋理性，但局部有所偏差，如对黄巢、李自成等"农民起义领袖"的评价，矫枉常常过正。现今一些朋友似乎认为，只要离教科书宣扬的东西越远，就显得自己越有见识！他们将各种史料中，提到过的黄巢军队暴行，全部不加甄别地一一罗列出来，个别的地方甚至添砖加瓦（如将长安被毁的责任全推给黄巢，"计算"出他的军队在陈州吃掉三十万人等），然后得出了带有时尚恐怖元素的新结论：黄巢是个无恶不作的"变态杀人狂"，是个旷古少有的"超级食人魔"。

今天的爱好历史的朋友都已经看清楚，位于抛物线顶端的黄巢形象，是经过了历史美容院整容后的结果，但似乎没有意识到，在抛物线两端低点的黄巢，同样不是他的真容。

在下曾设想过，假如黄巢最终没有失败，而是让大齐王朝一统天下（当然了，以他的能力和当时的条件，实际上不可能），那么他得到的评价，将会与现在恰恰相反，成为一条"U"形线。

在二十四史中会增加一部《齐史》，上面一开篇会用造神的笔调吹捧之：太祖神文圣武孝皇帝，讳巢，性仁厚，深沉有大略……

虽然历史总会根据后人的需要而被刻意打扮，尤其是像黄巢之类，后世用得着的人物，但在下还是想洗去他面目上的油彩，即使看不到素颜，至少能找一个淡妆吧。

学者金观涛、刘青峰在代表作《兴盛与危机》中总结，秦以后的中国历代王朝，由于在其和平时期，无组织力量（书中定义，指原体系在维系自身稳定的调节过程中所释放出来的，对原有结构起瓦解作用，其本身又不代表新结构的力量。直观来看包括三个方面，即政治上官僚机构的膨胀与腐化；经济上的土地兼并、贫富分化；意识形态上王朝威信和号召力的下降）总会不可避免地正向积累，最终超越王朝的控制能力，从而引起规模巨大的周期性大动乱。这种周期受王朝建立初期无组织力量的大小，以及王朝统治者在统治期间应对得当与否的影响，或长或短，但其上限大致就在三百年左右。

曾经辉煌一时的大唐王朝，到了懿宗、僖宗时代，基本上已经进入了周期的末端，各种亡国之象已现，势难持久。绝不会像某些文章认为的那样，只要唐朝的科考官员多录取一名叫黄巢的考生，就能化险为夷。就算历史上不曾有过黄巢这个人，打破唐末脆弱平衡的事也必然会有其他造反者来完成，当时这样的候选人很多，黄巢并不是其中最有能力的一个，只是运气比较好的一个而已。

虽然反唐大潮的涌起是时势必然，但将这潮头引向何方，就是其领袖的责任了，黄巢干得如何呢？个人认为，并不太成功，他基本上只起到了破坏旧体系的作用，对新体系的建设没有任何建树。

虽说不破不立，但黄巢的"破"也太狠了点儿。作为一位起义领袖，黄巢有一个较突出的缺陷，果于杀戮，就像他在诗作中的声言："我花开后百花杀！"其所作所为，尤其当他声势越衰时，越加残暴，让人不由得从心底透出一股寒气。后世甚至出现了"黄巢杀人八百万"的谚语，数字虽然不可能确切，但可见古时的多数人对他就没什么好印象。

不过，残暴并不是黄巢失败的根本原因。

一来黄巢的暴行明显被夸大了。黄巢军队制造的最著名的三大血案中，只有长安"洗城"较为可信，广州的大屠杀和陈州的人肉加工厂则疑点重重，破绽百出，其实经不起推敲。而且，正如柏杨先生评论的那样："在那个时代，无论政府军和变民军，无一不是盗匪，所以他不能单独承担盗匪的责任。"

二来黄巢军的大部分暴行，是在他败局已定，无力回天时的疯狂之举。在事业最顺利的阶段，黄巢军一度秋毫无犯。假如他的事业一直顺利下去，甚至一统天下，那黄巢在开国帝王中的杀人数量，估计只算中等。

三来历史已经提供过例证，比黄巢更残暴，杀人更多的人，同样有可能成功。

所以，在下认为，黄巢不能成事，根本原因还是他能力不足以应付他面临的难题。比起刘邦、朱元璋之类成功的起义领袖，黄巢差距明显。他本身缺少大局观念，长着一双度数很高的战略近视眼。同时，他缺乏识人之明，虽然后来的历史证明，他手下不乏能人，但这些人在跟随他的时候大多默默无闻，而他最为重用的尚让、孟楷、林言等，俱是平庸之辈。再加上他心胸狭隘，不能容人，使他始终没能找到一个合格的智囊来弥补自身的重大缺陷，其作为只能停留在"流贼"或"守虏"这样的水平上。

他在攻入长安之前的成功，大半源于对手的无能和自身的运气，拿得出手的实绩不多。等攻入长安，他所做的重大决策几乎全是昏着，将上天赋予他的机会和百姓对他的期望，全部丢得干干净净。虽然唐廷也不高明，但毕竟远比他底子厚，从长安到狼虎谷的历程，几乎是他必然的结局。

不过，事后评论自然容易，真正做事要难得多，黄巢毕竟还是干了件惊天动地的大事，在给华夏带来巨大灾难的同时，也打破了窒息民族活力的桎梏，为新时代的来临开启了第一扇大门。"试问天下及我者，能有几人？"敢理直气壮地发出此问者，终究不是凡夫。

一分文士，二分商人，三分豪杰，四分暴徒，如果把这些加起来，也许就很接近一个十分的黄巢了。

第八章

淘汰英雄

唐僖宗

黄巢

李晋王

朱温

上源驿

当黄巢的时代在狼虎谷画下休止符之前一个月零三天，在距狼虎谷西南方数百里外的地方，发生了一起导致数百人丧生的特大谋杀案，从某种意义上说，真正的五代乱世，正是从这起谋杀案开始的。

血腥的事件，不一定一开始就露出满目的狰狞，比如这起案件，开端就非常和谐。

五月十四日，从冤句回师的李克用到达汴州郊外，在城北扎下行营，让连续作战多日、已经十分疲惫的军士稍加休整。他们刚到，汴州便城门大开，只见节度使朱温身着盛装，率领宣武文武官员出城相迎，带着一脸"粉丝"般的虔诚，极为殷勤地邀请李克用入城一叙。

李克用自觉有恩于朱温，又见宣武将佐态度诚恳，盛情难却，也不推辞，便与监军陈景思及薛志勤、史敬思、李嗣源等数百名亲兵亲将进城。

这组镜头，与不久前在陈州出现的场面差不多，只是朱温的身份由客人换成了主人，不过朱温毕竟不是赵犨，同样的开始不意味着同样的结局。

在朱温的安排下，主管官员早已将上源驿——汴州城中一处最豪华的驿站清空，作为李克用一行在汴州休养期间的下榻之地。

当天下午，朱温在馆驿设下盛大的酒宴，以最高规格款待李克用一行。餐桌上精美的餐具、色味俱佳的菜肴、醇香扑鼻的美酒，廊下助兴的乐队、婀娜的舞姬，还有身旁谄媚的笑脸和飘飘欲仙的马屁，同时交汇在一起，迸发出最大的能量，让人晕乎乎的，浑身舒畅，如坠云端。李克用心中高兴，在朱温的殷勤劝酒下，一杯接一杯，不多时便已酩酊大醉。

在酒精的作用下，李克用的头脑开始变得不灵光了，他得意地大笑起来，仗着酒兴，对陪在自己身旁，大自己三岁的朱温说出了一段语惊四座的话："……"

请原谅在下使用了省略号，因为这段话虽然很重要，却没有在任何一部史书中留下它的确切记载，所以在下也不知道李克用究竟说了些什么。按常理推测，他很可能当面讥讽了朱温原系"贼将"的老底。也许出于酸葡萄心理，他还顺带嘲笑了在座的如李唐宾、葛从周、张归霸等宣武将佐：这些人几天前还被自己追得到处逃窜，现在却赔着笑脸，和自己一起喝酒了。

顿时，场面几乎僵住了，连朱温被醇酒染红的脸色都在刹那间变得灰白。但朱温的脸，很可能是用变色龙的皮制作的，居然在顷刻间又恢复了正常，继续打哈哈，赔笑脸。对此，已经醉眼迷离的李克用浑然不觉，继续红着脸，满口酒气地撒他的酒疯，直到酒劲上头，完全醉倒为止。

掌灯时分，宴席终于结束了，朱温回到节度使府衙，一同返回的宣武众将大多愤愤不平：这个独眼龙，太狂妄自大，太不把我们当人了！朱温在宴席上一直压制在心头的火气也重新爆发出来：没错，我朱温的确原系"贼将"，可你李克用还原系"贼首"呢！论历史问题，谁比谁干净啊？

朱温本来就是一个无法无天之辈，一时怒从心头起，不由恶向胆边生，一个凶狠的念头突然涌现于脑海：杀了他！

没错，杀了李克用，这样，一来可以出出这口恶气；二来不论田公公当政的朝廷，还是北方多数藩镇，都对沙陀李氏的崛起心存畏惧，李克用要是死了，他们可能偷笑都来不及，不会对宣武大打出手；三来嘛，从长远看，大唐气数将近，群雄逐鹿之势已显端倪，天下藩镇以碌碌之辈居多，真正堪为大敌者，也就是这个李克用，现在他在我掌中，这种机会可是常有？不杀白不杀。

想至此，朱温吩咐众将退出，独召部将杨彦洪入内室密议。杨彦洪，不知何许人，在史书上露脸的时间不超过十二个小时，但在朱温决定如此要命大事的时候，没有找胡真、谢瞳、朱珍这些众所周知的铁杆班底，却偏偏找了他，如果不是极得信任器重，焉能如此？也许他身为替罪羔羊，之前的历史被一笔勾销了吧。

一番密议之后，朱温与杨彦洪定下了具体的杀人方案：用车辆装载大木头堵塞上源驿周围的街道，以防李克用逃走，然后派兵围攻，诛之于驿馆；如果一时不能得手的话，就纵火烧掉驿馆，给沙陀人来一次集体火葬。

杨彦洪想了想，觉得计划仍可能有破绽，又向朱温建议说："万一那些胡人突破了封锁，一定会纵马狂奔，大帅可在第二线布置，见有骑马奔驰者，放箭射杀！"

漆黑的夜空就像涂了墨，不见一丝亮光，仿佛连星星都睡着了，身处上源驿的李克用，大醉之后正酣睡于床，随同他一道来的几百名亲兵也大多进入了梦乡，只有薛志勤、史敬思等十多名不敢多喝酒的亲将还保持着清醒。

突然，他们似乎听到周围寂静的街巷中传来一些奇怪的声音，警惕性很高的薛志勤立即封住大门，以防不测。片刻之后，喊杀之声四起，飞矢流箭像雨点般射进上源驿，与此同时，杨彦洪指挥的宣武士卒开始冲击上源驿的大门。薛志勤、史敬思等十余名亲随拼死抵抗，与汴州人马激烈对射，沙陀军的战斗力到底不是浪得虚名，竟连杀数十人，暂时将杨彦洪的人牢牢挡在了大门之外。

李克用的侍从郭景铢冲进李克用的卧室，先吹灭灯火，然后冲着李克用大声呼喊，奈何这位大帅酒喝得太多，竟怎么也叫不醒！眼见不断有流箭射进卧室，情急之下的郭景铢一把将李克用拖到床下，以避箭伤，然后舀了一瓢冷水，兜头浇下，才总算将李大帅叫醒。惊醒后的李克用问明缘由，方知祸生肘腋，急忙爬出床底，拿起弓箭，准备突围，但因酒劲未过，仍然头昏眼花，手脚酸软。

此时，不但驿内的李克用着急，驿外杨彦洪的焦急程度也不亚于沙陀统帅，他见攻不入驿站，担心驿站内李克用的几百亲兵要是都醒过来，更难有胜算！于是下令，执行第二号方案，暂停进攻，将车辆上的木头搬来，堆砌在上源驿四面墙外，纵火烧驿！刹那间，熊熊烈火腾空而起，裹着浓烟从四面八方向驿馆内蔓延，李克用一行人，眼看就要性命不保！

正当危急之时，忽听得天空中一声惊雷，紧接着蚕豆大的雨点便如断了线的珠子，铺天盖地砸落下来，打得青石台阶噼啪作响，连周遭的喊杀之声都被压制下去不少。如果大家还记得之前李克用"追剿"黄巢的经历，就不难发现：河南地区这些天一定让副热带高压控制了，降雨不断。朱温与杨彦洪在定计时竟没有考虑这个问题，实在是失误啊！

人工放的火，到底敌不过大自然降的雨，不多时便被浇得气息全无，天地间恢复一片黑暗，伸手不见五指。乘着这个双方谁也看不见谁的机会，薛志勤、史敬思、李嗣源等亲随扶着李克用，从上源驿的侧面翻过院墙，混过汴州兵的封锁，突围而出。他们利用每次闪电的亮光，辨别方向，寻找出城的路径。也不知是他们有意，还是不熟悉城中地理，他们没有走最短的路径到城北，而是往城南奔去。

当然雷雨闪电也并不总是站在李克用这边，他们在途经一座桥时，天地一闪，终于被守桥的汴州兵发现了，双方立即展开一场恶斗。薛志勤护卫着李克用，李嗣源等拼死冲杀，终于杀出一条血路，奔往城南，为阻止汴州兵追杀，史敬思留在桥头断后，英勇战死。

在另一头，杨彦洪终于冲进了一片狼藉的上源驿，一阵大砍大杀之后，他惊愕地发现：李克用不见了！这事非同小可，要是让那个沙陀独眼龙逃出城去，别说自己，就是朱大帅也得吃不了兜着走！情急之下，杨彦洪顾不了许多，连忙骑上快马，奔向城北，他认为李克用最可能逃亡的方向急追。在那个方向，朱温正严阵以待。

这可能是朱温生平最紧张的一个晚上，他很清楚，这是一场豪赌，倘若输了，后果不堪设想！自雷雨声响起，朱温的心猛地抽紧了，不用说，放火行动肯定要黄了，想到此，握着弓的手也不禁微微抖了一下，眼睛更加专注地盯着前面那一片混沌的无边雨幕。

不知过了多久，一道闪电划过天际，四下里在瞬间被照得一片雪亮，就着这亮光，朱温发现远处有一骑正朝这边狂奔而来，他毫不迟疑，立即拉开大弓，嗖的一声，一箭已如流星飞出。

真是好箭法！弦音未绝，只见那人已应声落马。朱温立即率军士冲过去，扶起一看，竟然是杨彦洪。而且一箭穿胸，已经没气了。朱温好不懊丧，但转念一想：如果李克用未死的话，这具尸体还可以"废物利用"。

李克用当然没死，他已在亲随的保护下爬上了汴州城南的尉氏门，左右又用绳索将他缒下城墙，脱离了险境。

"上源驿之变"，在入城的河东人马中，包括河东监军陈景思在内的三百余人均命丧汴梁，侥幸逃出城的仅有十余人，而且大多挂了彩，据说只有李克用的义子李嗣源一路冲杀在前，竟毫发无损，被视为奇迹。

逃出城也不代表肯定安全了，比如第一位出城的沙陀士兵。史书不屑于记录这种小人物的名字，只知道他并没有和李克用、薛志勤、李嗣源他们一道逃生，我们也不知道他经历了怎样的惊险，逃命的效率竟然比那几位以骁勇驰名的猛将还要高。只知道他一出城，立即奔往河东军大营，报告噩耗。

由于李克用和陈景思两个大人物都不在，营中暂时管事的人是李克用的正妻刘夫人，一个理智、沉着到了冷酷级的女人。第一位逃出的士兵扑通一声跪倒在刘夫人面前，泣不成声地说出他以为的情况："不好了！挨千刀的汴州人忘恩负义，袭击我们，大帅、陈监军，还有几百名弟兄，全都被他们杀害了！"

危难当头，刘夫人尽显御姐本色，不管如何震惊，脸上神色不变，而且立即在心中评估了应该采取何种对策，以及由此带来的成败得失。待盘算一定，刘夫人平静地吩咐这名士兵先退下去休息，待他一转身，立即一剑刺出，让他永远"休息"，避免他将李克用"已死"的消息散播出去。

随后，刘夫人悄悄派人召集留在营中的各位将领议事，告诉他们：大帅有可能已经遇害，但目前禁止外传，否则营中这支因为追剿黄巢而极度疲惫，又远离后方的大军有崩溃的危险。等到明天一早，再全军整队，缓缓撤走。

天色微明时，从城南突围的李克用终于辗转回到了大营。宣武军恩将仇报，几百名亲兵弟兄惨死城中，让李克用怒不可遏。虽然李克用也算不

222

上正人君子，但朱温的腹黑程度仍让他大开了眼界，这姓朱的小子，心咋能这么毒呢！在死里逃生的路上，李克用不知已将朱温的十八代祖宗问候过多少次了，现在，是该将这些问候付诸实施的时候了。他传令：进攻汴州，为死难的兄弟们报仇！

刘夫人见李克用如此行事，情知不妙，因他安全回来而刚刚放下的心又提了起来，忙委婉地提醒丈夫说："夫君这次出兵，本意在为国讨贼，恭行大义，拯救东方各镇于危难。汴州人忘恩负义，竟下毒手要谋害夫君，理屈在先。夫君应该将真相上报于朝廷，让天子处置才是正途。如果不这样做，马上举兵攻打汴州的话，天下人还不知道朱全忠干了什么坏事，却先看见我们干了什么，那时难辨是非曲直，反而让姓朱的有话可说，落一个擅自兴兵的罪名。"

李克用听罢，沉思了片刻，恢复了理智，随即放弃了立刻报仇的念头，退往许州。

李克用为何要退？刘夫人在表面上提出的这段谏言，虽然很光明、很正大，但不大可能是真正的原因。理由很简单，李克用没这么光明正大。当年吃段文楚的老账咱就不说了，可数月前吞并西昭义的事又怎么算？孟方立可没有做过对不起他的事，李克用都毫不客气地"擅自兴兵"了，怎么碰上真正对不起他的朱温，李克用反而仁义无比呢？

在下认为，真正的原因是：现在立即对朱温开战，李克用没有打赢的把握。

虽然目前李克用的兵力大大强于朱温，但在上源驿事件这个时间点上，状态很不好。一是士卒连续作战，已成强弩之末，急需休整。二是携带的军粮差不多已经吃完了，原先还指望朱温提供补给，现在显然不可能了。三是离自身大本营河东太远，周边诸藩镇在暗中大多对李克用怀有敌意。这几条因素加在一起，客场作战的李克用要迅速打下汴州，几乎不可能，更没有打持久战的本钱。这就像一支打光了子弹的 AK47，还不如大刀好使了。

临行前，气愤难平的李克用写了一封信给朱温，大加痛斥。朱温立即毫不脸红地回信说:"昨晚上我也喝高了,完全不知道发生了什么事。等今早彻查,才弄清真相,原来是朝廷密派的使节与杨彦洪阴谋要害李公。我已经将杨彦洪这小子处决,为您报仇了!望李公明察是非,不要错怪我啊。"

李克用知道朱温在扯谎,不过他暂时顾不得了,部下又累又饿,必须找地方休整,AK47得回去添子弹。五月十六日,李克用退至许州郊外的旧营垒,向城中的忠武节度使周岌借粮。

当初周岌之所以和朱温、时溥一齐联名将李克用请来,是因为黄巢强大,现在黄巢军已近于消亡,对周岌而言,李克用当然越早离开越好。于是,周大帅连忙藏好存粮,然后很无辜地回复李克用:虽然我很愿意帮忙,但因为受到黄巢贼兵的破坏,许州也断炊了,现在实在是无粮可借啊!

李克用见周岌也这么滑头,一时无奈,只好让大家把裤腰带再勒紧一点儿,退往陕州。毕竟控制那一带的王重荣、王重盈兄弟对他还是友好的。稍作补给后,李克用再从陕州渡黄河,返回河东,徐图后举。

朱温已经取代了赫连铎、李可举等老熟人,成为李克用必欲报复的头号仇家。只是,可能包括朱温与李克用两位当事人在内,都没有料到,这段仇恨延续的时间之久和影响力之大,会为今后近四十年间的中国历史定下了一个主基调。

在这个基调之外的地方,也是一片混乱。今后,大唐中央虽然还在,但它的意见,不论出自皇帝,还是出自宦官、大臣,都可以扔到九霄云外。藩镇间尔虞我诈的合纵连横和你死我活的玩命搏杀,才是时代不变的主旋律,直到他们中间杀出新的王者!除了朱温、李克用之外,大批潜在的候选人也或先或后,开始走上历史舞台。

这一年,三十八岁的光州人王潮和他的弟弟王审邽、王审知都在屠夫出身的光州刺史王绪手下做事。王潮的职务是军正,主管粮秣。这个差事并不好干,因为王绪作为秦宗权集团中的杂牌部队,让秦宗权当成了一台可以随意透支的自动提款机,时时敲诈,天天勒索。头疼之余,王绪正盘算着:实在应付不了的话,宁可不要光州,也要躲到一个秦宗权的收税官到不了的地方……

这一年，三十七岁的原忠武军都将王建，自去年老长官杨复光去世后，他又与韩建、晋晖、张造、李师泰等人脱离了八都老大鹿晏弘，来到成都，当上了臭名昭著的田公公的干儿子。比起已经发达的"泼朱三"，"贼王八"依旧兵力微弱，身无立锥之地，前途一片迷茫……

这一年，庐州（今安徽合肥）刺史杨行密三十二岁，他乘节度使高骈不作为之机，先后打败了陈儒、吴迥、李本等反唐军，以及秦宗权的一次小规模进犯，悄悄把舒州（今安徽潜山）也纳入自己的地盘，慢慢积蓄着争霸江淮的实力……

这一年，杭州都知兵马使钱镠也是三十二岁，他由于指挥杭州八都联军，连续四次以少胜多，大败企图侵吞杭州的义胜（原浙东镇）节度使、江湖老混混儿刘汉宏而威名大振，声望渐渐超过了他的老板董昌。强仆压主之势一旦形成，按乱世的惯例，是不可能长期维持的，杭、越之主，究竟姓董还是姓钱，迟早要分个明白。

这一年，木匠出身的许州人马殷二十八岁，在秦宗权大将孙儒手下当差，为了秦宗权的霸业转战于河南各地。黄巢失败后，原籍河南的齐军新兵大多转身投靠了原盟友秦宗权，秦宗权的势力不仅没有因为齐朝的覆灭而削弱，反而大大加强。秦宗权在继承了黄巢部分遗产的同时，也将黄巢败亡前的残暴继承下来，抢掠、屠杀甚至吃人，都成了秦家兵的家常便饭！不知道本性还算善良的马殷在这种环境里是否也做了对不起良心的事，但我们知道他后来有过反省。

这一年，汴州富商李七郎的家仆高季昌，认了一个干爷爷，从此摆脱了微贱的人下人地位，开始自己的奋斗历程。事情缘起他的主人主动向新节度使朱温进献了大批财物，朱温大喜，将李七郎收为义子，改名朱友让，从此官商一体，可以垄断经营，大发横财了。为感干爹之恩情，官商朱友让携侍从拜谢朱温，朱温于众仆之中见高季昌面相不俗，当即赐他姓朱，吩咐朱友让认他为义子。此时，高季昌二十六岁，只比干爷爷朱温小六岁。

这一年，十一岁的刘隐与弟弟刘台、刘龚平静地生活在封州（今广东封县），他们父亲的大名要在今天说出来，那也是家喻户晓，名叫刘谦。当然，千年前的这位刘谦不是变魔术的，而是乘黄巢离开广州后留下的战略真空，顺势而起，已拥兵万余的封州刺史。刘家祖籍河南上蔡，经商迁至广州，但也有传说，刘家本是侨居中国的波斯商人之后，或岭南俚僚冒充汉人，总之家世无可夸耀。不过刘隐的母亲出身高贵，来自唐代大士族京兆韦氏、懿宗朝宰相韦宙的侄女。这桩婚事之所以能成功，是因为韦宙已看清了时代的走势："此人非常流也，他日我子孙或可依之。"是啊，在一切都被打乱的新时代，士族的虚名还重要吗？

这一年，十岁的孟知祥住在邢州（今河北邢台），听说当节度使的伯父孟方立最近打了败仗，整天拍桌子训人，害得连父亲孟道每次去衙门上班都惴惴不安。他还听说，打败伯父的那个"坏人"叫李克用。唉，什么时候自己长大，打败这个"坏人"，给伯父出气，也让父亲少挨几句骂。他不会想到，自己的未来，这个"坏人"与他的关系之密切，会远远超过伯父孟方立……

最后，让我们记住，这一年是大唐中和四年，884年，黄巢失败之时，五代乱世的开端。

阡、韩之乱

话说从前，当黄巢还在大明宫中坐龙椅，朱温还在同州衙门新娶妻，李克用还在塞上草原跃马蹄时，西川成都附近，也发生了一次不小的民众暴动，差点儿影响到成都马球场上，天子李儇玩球的雅兴。

事情的起因，还得从田公公的兄长、西川节度使陈敬瑄说起。昔日的卖饼小贩陈三郎，虽然仗着老弟的提携和马球赛冠军的头衔，平步青云，成为大唐的高级官员，但就像历史上不少出身卑微的大人物一样，心底深藏的自卑总会让他对周围的一切充满怀疑，总生活在被害妄想中。陈敬瑄知道，他那位权势熏天的兄弟在外边名声并不好，那么自己呢？萦绕在眼前的一张张谄媚的笑脸的背后，会不会是一句轻蔑的冷笑："这个沐猴而冠的小人，总有一天同你老弟一道，不得好死！"

缺少安全感的陈敬瑄为了创造安全感，想出了一个和淮南吕用之异曲同工的好主意：建立特务机关，全面监视民众的一举一动。所不同的是特务人员的职称，在淮南叫"察子"，在西川叫"寻事人"。在下觉得陈敬瑄取的名字比吕用之那边起得好，直白，一看就知道是以"寻衅滋事为业"的小人。

"寻事人"可以通过向陈敬瑄告密的方式，轻松祸害西川地面上他们想祸害的任何人，合法伤害权在手，因而牛气冲天，所过之处，敲诈勒索，无恶不作。自然，也没人敢拒绝他们的敲诈。

可是有一天，发生了一起奇怪的意外事件。有两个相貌陌生，举止张狂，怎么看怎么像"寻事人"的家伙路过资阳（今四川资阳），竟然没有向当地官员索要一文钱，不正常啊！

于是，当地的最高负责官员、镇将谢弘让忙设下大宴，殷勤邀请这两人赏脸赴宴。酒桌是和床铺并列的，解决难题的最佳途径之一，这是中国人自古以来的传统智慧了。谁知传统智慧也有失灵的时候，这两人拒绝赴宴，径自离开了资阳，谢弘让不由得大惊失色！

谢镇将知道，在大唐的官场上，最可怕的不是被索贿，而是被剥夺了行贿权！到了连送钱都没人要的时候，差不多也就意味着你已经死定了！虽然在思来想去之后，谢弘让还是想不出自己在什么地方犯了错误，但他不敢停留，当天晚上就弃职逃亡，躲进山中避难。

一个镇将无故弃职逃亡的事件惊动了成都，负责重案调查的杨迁，派人给谢弘让传话，表示知道他的冤屈，只要他出来自首，一定为他伸张正义！于是，虽然不知道自己有什么罪，谢弘让还是决定出来自首。但他刚一出现，立即被杨迁逮捕，押送到节度使衙门。杨迁还声称，这是自己调动官兵搜寻山林，费了好大力气才抓住的凶残惯犯！

对于"犯罪嫌疑人"，陈敬瑄历来是"疾恶如仇"！他根本不问青红皂白，就下令将谢弘让重打二十棍，然后钉到了西城的城墙上。这还不算完，行刑的人又用滚烫的沸油浇在谢弘让身上，等他的身体上全是可怕的燎泡时，又用胶黏的麻刺将燎泡擦烂，让凄厉的惨叫声不时在成都西城响起。

谢弘让整整被折磨了十四天才断气，他无意中用自己的惨死，告诉了和他有相似处境的人：千万不要轻信官家的承诺，如果你还想多活两天，那就造反吧！

就在距离成都不过一百六十里的邛州（今四川邛崃），有一个叫阡能的小公务员，因为未能及时处理完公务，也弃职逃亡了。不久前，他也收到了杨迁的密信，保证他只要出来自首，就肯定不会受惩处。阡能心动了，只要能回家，谁愿意留在深山里当野人？但就在他准备动身前往成都时，传来了谢弘让被残酷处死的消息，阡能气得大骂杨迁无信：既然不肯给我们留条活路，那么我也豁出去了，大干一场吧！

阡能果然还是有两下子的，没过多久，他手下就聚起了罗浑擎、句胡僧、罗夫子、韩求"四大金刚"，横行于邛、雅（今四川雅安）、蜀（今四川崇州）三州之间。阡能军征兵的办法比较简单高效，直接闯进民家，抓住家中的成年男丁，然后问："跟不跟我们去发财？不跟杀你全家！"而对这道选择题，多数人只敢选第一项，偶尔有胆大的人选第二项时，阡能的征兵队都很讲信用地将人家满门抄斩了！因此，阡能的队伍竟在很短的时间内扩充到了数万人之多，只是士气、战斗力，那就很难说了。不过，这还要看他的对手如何。

地方糜烂，国税收不上来，陈敬瑄当然不能坐视不管，于是便派牙将杨行迁、胡洪略、莫匡时统军七千，进剿阡能。没想到几仗打下来，杨、胡、莫三将竟屡战屡败，只得连连向成都请求支援。西川军的主力和精华已经调到关中和黄巢对垒去了，陈敬瑄只得下令：所有勤杂人员都要从军，增援杨行迁。

中和二年（882）六月，西川军与阡能军大战于乾溪（今四川成都双流区境内），杨行迁等人又打了败仗，为逃避罪责，他们大量掳掠无辜村民，谎称是在战场上俘虏的阡能部众。陈敬瑄仍像处理谢弘让案件时一样

"英明"，不做任何调查审问，就将这些所谓的"贼兵"全部公开斩首！

观看斩首的成都百姓有些奇怪，阡能的"贼兵"中怎么会有如此多的妇女、儿童，悄悄问他们怎么回事，这些人回答："我们正在村里种田、绩麻，突然官兵就闯进来，把我们抓到这里，不知道犯了什么罪。"

显然，以杨行迁这样的方式来进剿阡能，阡能的势力要想不壮大都难，随着阡能军越来越靠近成都，陈敬瑄真急了：现在李儇就住在成都，虽然田公公那里消息封锁工作做得很到位，皇上没有怪罪，但假如阡能的军队真打了进来，难道让皇上从成都再出逃一次吗？思来想去，陈敬瑄决定将在关中战场屡立战功的牙将高仁厚调回来。

高仁厚，早在欧阳修写《新唐书》的时候，就已经查不到他的出身履历，以至于在下想简述一下他的生平，也不可能了，估计家世比较寒微吧，要升为大将，只能靠自身能力加乱世机遇了。他一到成都，立即被陈敬瑄任命为都招讨指挥使，接替杨行迁，进讨阡能。于是，唐末一段短暂而另类的英雄战记，正式拉开了序幕。

在高仁厚准备出发的前一天，成都行营的巡逻兵发现了一个不正常现象。有一名过度敬业的卖面条小贩，他不管生意如何，也不顾大兵的驱赶，仅仅在一个上午就反复出入闲人免进的军营达四次之多！巡逻兵感到很可疑，立即将他逮捕。

这次真让他们抓对了，还没等用刑，这个小贩就招了。

面条小贩，像煮熟的面条一样，跪倒在高仁厚面前，哭诉说："我只是某个村庄的平常农夫，阡能把我的父母妻儿都抓了起来，吩咐我说：'你给我去探听官军的情报，如果探来的情报确实，就放了你的父母妻儿，如果探听不到，就杀你全家！'我本来是不想做这事的。"

高仁厚听罢，命人解开这名非专业间谍身上的绑绳，和颜悦色地对他说："我就知道这不是你的本意，怎能忍心杀你？现在就放你回去，救你的家人。你回去可以对阡能实话实说：'高尚书（高仁厚刚刚被加授检校尚书）明天出发，兵不多，只有五百人。'不过我既然救你，你也应该有所报答吧？你回去要悄悄告诉营寨里的其他人：'陈大帅（陈敬瑄）知道你们都是善良百姓，只不过让盗匪绑架，身不由己，所以派高尚书来救你们。等大军到来，你们只要放下武器，阵前归降，就可以回去重过平安日子了。高尚书要杀的，只是阡能、罗浑擎、句胡僧、罗夫子、韩求五个匪首而已，绝不会滥杀小民。'"

面条小贩大喜，说："营里的人都盼着这一天，如婴儿盼望慈母，大家如果知道大人的话，谁不欢欣鼓舞？大军一到，阡能就成光杆司令了！"

翌日，高仁厚出发，抵达把截使白文现驻守的双流大营。高仁厚绕着设防严密的大营走了一圈，大怒说："阡能不过一个恶棍，所部全是些受胁迫的农夫，我原来很奇怪，为何动用一府之兵，耗时一年之久还不能将他消灭？今天一看，敢情你们把工夫都花在修营地上了，只想躲在里面安稳睡觉，痛快吃喝，根本不想打仗！"他立即下令拆除外围栅栏，除留五百兵外，其余的人随自己出战。

再说阡能，得知高仁厚将至，命大将罗浑擎驻军于双流之西，准备抵御。罗浑擎在双流西南的野桥箐伏兵一千，然后派人前来诈降，打算在高仁厚前来受降之时，与伏兵前后夹击唐军。

计是条好计，但从"面条间谍"案也看得出，阡能军队的专业素质如何，因此，这次埋伏轻易就被高仁厚识破了。高仁厚率军将野桥箐团团包围，但并不攻击，只命人换上平民的衣服，进入伏击圈向大家喊话，把昨天对面条小贩宣布过的政策又说了一遍。已经被围的阡能军大喜过望，争着丢盔弃甲，向官军投降！高仁厚全部接受，厚加安抚，命人在他们衣服背后写上"归顺"二字，叫他们前往罗浑擎军营，告诉留在营中的同伴出来投降。结果，这批人一到营外，营中人争先恐后出营投降，罗浑擎发现已经完全指挥不动部下，连忙翻墙出逃，却让部下活捉，押送给了高仁厚。于是，阡能军罗浑擎部在几个小时内就全军覆没了，而且没有死一个人。

第二天一早，高仁厚集合投降的阡能士卒，对他们说："我本来想让你们马上回家，但只怕前面阡能各营的人还不清楚我的本意，可能会心存忧惧，所以想请你们当我的先锋，见到阡能的兵时不用打仗，只要把你们背上的'归顺'字样指给他们看就行了。等走到延贡（今四川大邑东南），就让你们回家！"

于是，降卒出发了，他们倒举着罗浑擎的军旗，一边挥动，一边喊："罗浑擎已经被官军活捉，押往成都了！营寨里的兄弟们，还不赶快和我们一样出来投降，马上就变回良民，再没有危险了！"高仁厚的攻心战再次收到了奇效。阡能大将句胡僧驻守穿口（今四川新津北），未及交战，便被部下生擒。

稍后，阡能军另一大将韩求驻守新津，在高仁厚大军到达时投壕自杀，被部下用铁钩从壕沟中将尸体钩出，砍下了人头。

第四天，高仁厚命双流、穿口的降卒回家，让新津降卒依照前例，前往延贡。驻守延贡的阡能军将领罗夫子见势不妙，孤身逃走，投奔首领阡能，其部又是全部投降。

第五天，逃到阡能大营的罗夫子与首领阡能商议后，认为不能坐守待毙，决定出动剩余全军，与高仁厚决战！傍晚时分，新津的降卒已到达营外，阡能与罗夫子亲自骑着马巡视军营，下令反攻。但命令下达后，竟没有一个人动，阡能也不敢用强。入夜，高仁厚也到达阡能大营之外，沿其周边扎下营盘。

第六天清晨，阡能的士卒发现周围已经全是官军，便争相投降，并高声呼喊着抓捕首领阡能，势从山崩！阡能企图于众目睽睽之下投井，失败，被部下捉住，罗夫子的运气好一点儿，他挥刀自刎，成功，部下只拿住他的人头。等高仁厚出现，无数降卒激动万分地拥着他的马头，感谢他的再生之恩！如此，高仁厚出军仅六天，阡能之乱即被平定，战场所杀，仅罗夫子、韩求二人而已。

阡能、罗浑擎、句胡僧三人被押送成都后，陈敬瑄将他们钉在西城墙上示众七天，再活剐去身上的肉。还有一个叫张荣的不第进士，因充当阡能的谋士而被处死，此外没有再杀人。

阡能被消灭，皇上可以在成都安全地打马球了，但陈敬瑄没能安心多久，因为新的麻烦又出现了。

早在中和二年（882）十月，大唐的涪州（今重庆涪陵）刺史韩秀升，不知出于什么原因，放着好好的刺史不干，与同伴屈行从一道起兵反唐。他们先是挥军南下，击败虚弱的黔中道唐军，一举攻破了黔州（今重庆彭水），俘虏黔中观察使高泰（高骈从子）。如果他们的造反事业到此不再发展，那朝廷也许就对他们割据黔中听之任之了，但韩、屈二人似乎嫌这地方又穷又偏僻，不是安家的地方，所以又回师北上，威胁长江三峡航道。

起初，陈敬瑄没有把这次造反当成重点进剿项目（毕竟阡能离他更近），所以只派了押牙庄梦蝶、胡弘略率三千兵加以征剿。不料四个月后，庄、胡二将都被韩秀升打得大败，只得退入忠州（今重庆忠县）自保，涪州以东的夔（今重庆奉节）、万（今重庆万州区）、忠三州的沿江城池全被韩秀升军控制，三峡航道因此彻底中断！韩秀升乘胜沿江西上，进攻渝州（今重庆市），不能攻克，又退回三峡地区。

与此同时，通往川东的云安（今重庆云阳）、浈井（今重庆珙县）等盐井的道路也被反唐军控制，陆路亦断。

当时成都朝廷的收入，大半仰仗于东南各藩镇，而东南各藩镇送来的税金、漕粮，几乎全部要通过长江水运。水陆通道一断，朝廷立刻穷得叮当响，文武百官的工资只好暂时停发，西川民间开始出现盐荒，怨声四起。

陈敬瑄见情况不妙，只好再次调高仁厚出征，发兵三千，征剿韩秀升。出发前，陈敬瑄接见了高仁厚。陈敬瑄以己之心度人之腹，为了让这个能干的属下尽全力作战，诱以重利："你剿平阡能，已经立了大功，如果再平灭韩秀升，我将禀明天子，把东川节度使的位子授给你！"

当然了，现在东川是有节度使的，而身为西川节度使的陈敬瑄，从理论上讲，也没有权力任免同级的东川节度使。不过高仁厚没有花时间去考虑陈长官的这句承诺，是否存在逻辑上的漏洞，而是迅速整军东下，奔赴川东。

中和三年（883）三月，高仁厚还没有到达前线时，那个名字取得很有诗意的庄梦蝶将军又打败仗了，残兵败将沿着大道拼命向西溃逃。沿途的地方官想阻止这股溃退的兵流，但全让大兵踢到一旁，直到他们遇上了率军前来的高仁厚。高仁厚下令，将一名带头逃跑的都虞候斩首，才让他们停下了脚步，然后又将他们重新整编，加入自己的麾下。

高仁厚继续前进，到达前线，他没有马上行动，而是先找来一些熟悉情况的当地人，详细了解川东一带的山川地形，以及韩秀升、屈行从军队的驻扎情况。在得知韩、屈二人将所有精锐都聚集到战船上，沿江攻掠，将征集到的粮食辎重储存于山寨，只派老弱防守后，喜道："贼兵只重视作战而轻视防御，岂能不败！"

成竹在胸之后，高仁厚出手了，打出了一套漂亮的组合拳。

高仁厚故意率大军从山寨的另一侧进逼长江沿岸，做出即将从正面进攻的样子，把韩秀升、屈行从的主力全部吸引到自己对面。

等韩秀升军都到达自己对岸，高仁厚命坚守不战，从上游放下大批圆木，堵塞江面，使得韩秀升的水军一时动弹不得。与此同时，他暗中挑选擅长攀爬的精兵一千，只带短兵和引火器具，于夜晚从小路偷偷袭击韩、屈二人的山寨。

兵力薄弱、防备松懈的山寨没坚持一会儿，就被高仁厚的突击队攻入，突击队没有半刻耽搁，立即引燃了寨中储存的粮秣，熊熊大火登时腾空而起，在夜色的衬托下分外耀眼！正驻守在江岸、战船之上的韩秀升军主力看见背后远处的山寨起火，无不大惊，急急忙忙分出一大队人马回去救火，但等他们上气不接下气地跑回山寨，高仁厚的突击队已经完成任务撤走，只留下残破的山寨和粮草的灰烬。

长江对岸，高仁厚见韩秀升的军队正离开水营，向山上狂奔，使出了他的第四招：他早已秘密招聘了一批擅长潜游的人，乘着韩军下船的机会，让这些人出动，潜到韩军战船的底下，将它们一一凿沉。

于是，上山的韩军又匆忙往山下跑，在山寨与水营之间的狭窄小道上挤成了一团，人人恐惧，局面已彻底失控。时机成熟，高仁厚使出收官的一招：渡江，截住各道口，竖起招安大旗。

高仁厚在平阡能时不杀人的名声，韩秀升的部众已有耳闻，今见败局已定，自然纷纷投降。韩秀升与屈行从两个首领大惊，挥剑乱砍，企图阻止部众投降，结果反而引起众人的公愤，被一拥而上的部下生擒，献给了高仁厚。

高仁厚见韩、屈二人押到，责问说："你本来是朝廷命官，为何要反叛朝廷？"韩秀升虽然打仗不是高仁厚的对手，但并不畏惧，从容答道："自大中皇帝（唐宣宗李忱）去世，天下再没有公理，人间寻不见公道，朝廷腐朽，纲纪败坏，作乱造反的人，何止我一个？只不过事成，便是'正义'之师，不成，就变成'盗匪'罢了！我今天既然失败，不过砧板上一块肉，要煮、要烹、要剁肉酱，都是你们的事了，还有什么话可说？"高仁厚听罢，脸色沉重，默默无语，他知道韩秀升说的是实话，便吩咐给韩、屈二人戴上枷锁，但在饮食和其他方面要给予优待，不得伤害。

就这样，纵横三峡地区近半的韩秀升武装，仅仅一战就被高仁厚彻底平定，死伤的人数不详，估计没有几个。四月四日（长安"百都大战"开始前一天），韩秀升、屈行从被押到成都，陈敬瑄没有高仁厚那种反省精神，立即将两人斩首了事，至于"公理""正义"这一类东西，陈大人同他兄弟一样，没工夫理会。它们将仍是稀缺品，而且在以后的大多数年代中，都不会有变化。

鸟尽弓藏

韩秀升、屈行从被平定，成都朝廷的文武百官可以重新领到薪饷了，民间也可以重新吃到食盐了，巴蜀各地，皆大欢喜。但是，里面有一个人很不高兴，他就是当年马球赛的亚军、东川节度使杨师立。

杨大人已经听说，自己屁股下这把节度使的宝座，已经让陈敬瑄许给高仁厚了，不由得勃然大怒："大家都是节度使，我又不是你的属下，你怎么能拿我的位子送人？真是无法无天了！"杨大人好像忘了，他能当上东川节度使，完全出自陈敬瑄的弟弟田令孜的提拔，陈敬瑄不能免他的职，田公公却是可以的。

果然，田公公发现自己当年的小跟班杨师立，如今正变得越来越不听话，便操纵李儇下了一道圣旨，调杨师立回中央任尚书右仆射。从级别上讲，尚书右仆射是从二品高官，杨师立升官了。这职务在唐初等于宰相，是一个让无数官员挤破了脑袋的竞争目标，但如今，它只是一个高贵的虚衔罢了。

中和四年（884）二月，杨师立在梓州（今四川三台，东川总部）接到诏书，大怒：升我的官？那是假的！夺我的权，这才是真的！在杨大帅看来，虽然皇帝还是那个皇帝，田公公也还是那个田公公，但成都朝廷的含金量已经远远不如长安朝廷了，自己没有必要听从这个朝廷的圣旨，如果这道圣旨要损害自己利益的话。

这条田公公昔日豢养的走狗已经利令智昏，决定反咬主子一口。他当即将朝廷派来传诏的使节和东川监军宦官一起处死，命东川下辖各州总动员，集结部队，讨伐西川陈敬瑄。部下中有人劝他不可胡来，他立即将劝说的人杀掉，然后亲率东川大军进攻涪城（今四川三台西北），另派部将郝蠲进攻绵州（今四川绵阳），但都没能攻下。他又发公文，要剑州（今四川剑阁）刺史姚卓文出兵与他会师，共同进攻成都，但姚卓文不予理睬。

涪城、绵州、剑州都是东川辖区，杨师立一出兵还要在这些地方打仗，可知他在东川的号召力是有限的。大家谁都不是瞎子，难道不知：有田公公在朝，朝廷的胳膊肘儿自然是向着陈敬瑄那边拐的，跟着杨师立，那就是造反！你一个无才无德的马球赛亚军，有何恩德于我等？值得大伙跟着你造反吗？

果然，二月十五日，朝廷任命陈敬瑄为三川的都指挥、招讨、安抚、处置等一大堆“使”，负责讨伐叛将杨师立。杨师立也不甘示弱，写了一篇气势汹汹的檄文，上面列举了陈敬瑄的十项大罪，以证明自己的行动无比正义，实属替天行道，并声称自己已集结大军五万（此数见《全唐文·数陈敬瑄十罪檄》，《资治通鉴》作“十五万”，依在下估计，五万人可能都是夸大了），将长驱直入，为国家清除罪犯！

这篇雄文写成，除一份上报朝廷外，杨师立还遍发各道，广而告之，让天下的官吏、将士，以及普通百姓都能了解：陈敬瑄是如何浑蛋！

三月三日，接到杨师立檄文的成都朝廷，立即免去杨师立的一切职务，以高仁厚为东川留后接替，并命他为主帅，西川押牙杨茂言为副帅，组织西川的讨伐军，进攻东川，唐末的第一次两川战争开打了。

关于高仁厚讨伐军的兵力，《资治通鉴》称"五千"，过少，与杨师立的"十五万"相比，仅为东川军的三十分之一，似乎不大可能。考虑到西川实力强于东川的事实，以及陈敬瑄在讨伐黄巢期间曾出兵一万七千的记载，《新唐书·高仁厚传》记载的"三万"也许更接近真实数字。因此，两川动员的实际兵力，可能差距并不太大。

战事一起，高仁厚的西川军一路进军，几乎没发生什么大的战斗，便攻抵距离东川大本营梓州（今四川三台）百余里的德阳。杨师立眼看外围各州的非嫡系部队靠不住，而困守孤城是必败之道，决定将自己信得过的东川精锐分成两份，一份随自己守梓州，一份交给手下最得力的大将郑君雄、张士安等，让他们把守德阳之北的鹿头关，据险防御，与梓州成掎角之势。这样一来，如果高仁厚攻梓州，郑君雄攻其侧后；如果高仁厚攻鹿头关，同样杨师立也可以从他背后捅一刀子！

高仁厚指挥作战，最看重的，就是要尽量少死人，他认为只要打掉杨师立，东川其他各军自然不战而溃，所以没有理睬鹿头关的郑君雄，挥军直逼梓州。到梓州城下后，见城上守军尚强，没有投降的打算，便决定围而不攻，环绕梓州修建十二个营寨，断绝梓州的补给，坐待东川军的困乏。

时间稍久，城中守军渐感困乏，至少在此时，对杨师立还算忠心的东川大将郑君雄决定出击。五月十七日（"上源驿之变"后的第三天）郑君雄率东川精兵突然出关，至夜半二更（21：00至23：00）抵达西川军营，奇袭由西川讨伐军副帅杨茂言防守的北面大营。

看过前文，大家可能发现了，除了高仁厚这个异类，陈敬瑄重用的西川其他将领，如杨行迁、庄梦蝶等人的水平也就如此，而此次讨伐军的副帅杨茂言，也可算是他们中间的典型代表，而且今晚他的发挥很正常。因此，杨茂言一击即溃，放弃营寨，带着护卫的亲兵，拨马先逃！

相邻几个营寨的西川士兵，见连杨茂言都逃了，那还卖什么命啊？于是呼啦啦一起逃走！东川军连续击溃西川数营，战果丰硕！郑君雄决定趁热打铁，一举打败高仁厚，锁定胜局，于是传令各军，集中兵力，攻向高仁厚主营。

此时，高仁厚已得知杨茂言把守的北营被打垮了，他毫不慌张，命大开辕门，燃起大量火炬，将营中照得一片雪亮，自己则亲率精兵，在门前大道的左右两翼埋伏，摆了一个"空营计"等待东川军的到来。

片刻之后，郑君雄率东川军攻至，只见辕门大开，营内灯火通明，却看不见几个人。郑君雄为东川名将，也非常谨慎，他看到这种非正常的情况后，担心有埋伏，不敢贸然进入，立即下令撤退。高仁厚乘郑君雄撤令刚下，东川军变队转向之机，让两翼伏兵一起发动，霎时，阵形不整的东川军大为惊慌，人人争先恐后，都想尽快撤走，郑君雄率部分军队撤往鹿头关，另一部分急于躲进安全之地，便干脆退往近在咫尺的梓州。

但在战场上，如果个个都想着"安全第一"，那肯定就一个也安全不了，高仁厚挥军追击，一直冲到城下，由于城门不可能让超负荷的人群同时涌入，大批东川军士卒被挤下关前壕沟，伤亡惨重，高仁厚转败为胜，击破郑君雄。西川军在杀俘了一些东川军后，没有攻城，收兵退回。

回到大营，高仁厚见这一仗中弃营逃跑的士兵太多，担心到了明天一早，不惩处则违背军法，如严格按军法处置，则杀人太多，便吩咐在军中素有忠厚长者之誉的孔目官张韶："你马上派出步探子（军中侦察兵），赶快追上那些逃走的军士，告诉他们说：'东川军已经退了，幸好大帅没有离开自己的本营，不知道你们逃走的事，赶快乘夜回去，明天早上照常参见，就什么事也没有了！'"

于是，到了四更（凌晨1:00至3:00），当夜逃走的官兵已陆续回到自己的军营，只有杨茂言因为逃得早，又跑得快，骑快马的步探子追到张把（今四川三台南）才把他追上，因此回来得最晚，不过也在天亮之前回营了。

第二天一早，众将在主帅大营集合，参见高仁厚。待大家各就各位，处理完一些日常事务，高仁厚突然对坐在副席的杨茂言说："我接到报告，说杨大人您昨晚身先士卒，跑到张把去了，有这回事吗？"

杨茂言大吃一惊，忙掩饰说："昨晚叛军攻击大营，我听左右说，高帅已经离营退走，我忙去追随护卫，后来发现情况不实，所以马上又回来了！"

高仁厚差点儿被他气乐了，正色道："我与公一同接受朝廷任命，讨伐东川叛贼，如果我临阵脱逃，你该做的，不是什么追随护卫，而是把我呵斥下马，明正军法，然后代领大军，最后上报朝廷即可。而现在，你身为副帅却最先逃跑，事情败露后还敢撒谎抵赖！你自己说，该当何罪？"

杨茂言汗流浃背，嗫嚅再三，只得硬着头皮答道："按律当斩……"

高仁厚笑道："你这回总算说对了！"他立即下令将杨茂言推出斩首，昨晚曾出逃的其余将领无不吓得双腿打战，再不敢轻易跑路了。稍后，高仁厚将昨晚俘虏的东川士兵全部释放，郑君雄从回来的士兵口中得知高仁厚的处理后，大惊说："他的军纪如此严明，以后不能轻易与他交战了。"

不过，郑君雄虽然这么说，却没能真正做到。五月二十三日，鉴于十七日夜战险些失败的教训，为消除侧后的威胁，高仁厚决定集中主力，先击破郑君雄部，遂留小部分兵力虚围梓州，以主力北上鹿头关。

梓州被围，郑君雄来了，鹿头关告急，杨师立却坐守梓州，不敢出援。

当天，两川军队大战于鹿头关，高仁厚以诈败设伏之计击败郑君雄，到晚上，郑君雄放弃鹿头关，逃奔梓州。东川军由此失去梓州城外最后一支有生力量，而高仁厚又得到了成都派来的三千援军，便返身杀回，将梓州更加严密地团团包围。

屡战屡败，外援无望，杨师立的战场表现又懦弱无能，城中守兵士气低落，生二心的条件渐渐成熟了。于是，高仁厚写了书信射入城中，招降城上守军："我不忍心看到城破之后，让城中百姓一起玉石俱焚，也想给你们一个立功赎罪的机会，所以特命军队暂停攻城十天。如果十天之后，还没有人将杨师立的人头送出来，那我就将军队分成五批，每批一天，轮番攻城。我的人要做到这一点很容易，而你们受得了五天不眠不休吗？倘若那时城还未破，我将在四面发起总攻，你们将不可能幸免，所以现在还是好好考虑一下吧！"

几天后，心理防线崩溃的大将郑君雄突然在守军中高喊："天子要杀的，不过杨师立一个元凶罢了，和大家没有关系！"早已无心打下去的东川守军顿时高呼万岁，跟着郑君雄一起冲击节度使衙门。

在可怕的撞门声中，众叛亲离的杨师立，终于做出了他这几个月来唯一正确的一次选择：自杀。随后，他那具已经没有痛觉的尸身又让郑君雄将人头砍下，连同他的妻子儿女一起，被呈献给高仁厚，第一次两川战争结束。

六月三日（"狼虎谷事件"发生前十四天），高仁厚的报捷文书及抓获的俘虏送到了成都。钉人钉上瘾的陈敬瑄没有错过这些新标本，虽然神策军时代的老同事、老朋友杨师立已经死了，但他还有儿子在。于是，杨师立的儿子被钉在了成都的北面城墙上（现在知道杨师立自杀的正确性了吧，在下都有点儿怀疑，陈敬瑄以前真是卖饼的吗？没当过木匠？），供人参观。

在众多的参观者中，还包括了陈敬瑄的三个儿子。被钉在城墙上的杨师立之子，本已奄奄一息，但当他看见那几个童年玩伴正身着华服，来欣赏他如何慢慢死去时，突然用尽最后的力气，发出悲愤的长啸："这种事马上就轮到你们了，好好等着吧！"陈敬瑄的三个儿子忙掉转马头逃走了，在他们身后，只留下凄厉的笑声还在城墙上回荡……

正当陈敬瑄在成都，对"杀人时如何实现受刑人痛苦最大化"这一学术问题进行深入研究的时候，高仁厚进入梓州衙门，正式就任东川节度使，成为专制一方的大藩镇。

从地位上讲，高仁厚差不多已经与提拔他的陈敬瑄一样了，不过他的追求与注重保权和享乐的陈敬瑄不太一样。高仁厚检查了东川的监狱系统，实行拨乱反正，释放那些受冤枉或罪过轻微的囚犯；他打开了东川的粮库，赈济饥民，避免他们因遭受战乱而流离失所，与民休息。

韩秀升说过，天下已找不到公理与公道，那好吧，我至少能在东川，尽力把公理与公道找回来。但是，要在这个乱世寻找公理与公道，真有这么容易吗？

一年多后，光启二年（886）三月，原东川降将、遂州刺史郑君雄不知出于什么原因，突然发动兵变，攻陷成都之北的汉州（今四川广汉），进逼成都。陈敬瑄调集重兵反击，兵微将寡的郑君雄战败被杀。

陈敬瑄决定，利用这个机会，干掉高仁厚。

关于陈敬瑄想杀高仁厚的原因，欧阳修所著《新唐书》的说法，是高仁厚当上东川节度使之后，与陈敬瑄断绝了关系，不再把他当长官，使陈敬瑄很恼火。但在《资治通鉴》中，司马光没有提到高仁厚曾有与陈敬瑄断交的事，只说陈敬瑄对这位给自己立下汗马功劳的旧部下深怀猜忌，决计杀之！两者比较，哪一说更接近真实呢？在下认为，欧阳修的说法与随后发生的史实存在逻辑矛盾，故而司马光的说法更为合理。

高仁厚做的不少事确实让陈敬瑄不爽：你凭什么处处不杀人，想彰显我常常滥杀无辜？你凭什么给犯人平反昭雪，想衬托我经常制造冤狱？你凭什么开仓救济饥民，想表现我不顾民众死活，一味搜刮民财？一个时时只想着为自己博取美名，而不惜使领导蒙羞的家伙，哪个领导能够忍受？

不过陈大人毕竟是大人有大量，对高仁厚的种种"不轨"行为还是忍耐了一年多。但到了光启二年春，陈敬瑄发现，自己已经不能再容忍下去了，具体原因倒与高仁厚无关，而是时局发生了骤变：他的弟弟田令孜重建中央权威的努力失败，被迫带着皇帝再次逃出长安。墙倒众人推，那些原先被田公公笼络的、提拔的，被视为田公公死党的藩镇，此时一个个翻脸快过翻书，纷纷倒戈相向。

世态炎凉！陈敬瑄在惊叹寒心之余，不能不把关注的目光投向梓州：一定要抢在高仁厚与自己翻脸之前把他杀掉，晚了就来不及了。

什么，你认为高仁厚是个义士，不至于忘恩负义？你多大了？居然还相信世间有道义？

不相信道义的陈敬瑄借口进剿郑君雄，向维（今四川理县）、茂（今四川茂县）二州的羌人部落征兵，利用这些羌兵突然袭击了梓州。高仁厚对陈敬瑄完全没有防备，被俘，遇害（高仁厚若真与陈敬瑄断绝了关系，还有可能这么轻易被杀吗？）。

高仁厚输给了平庸之极的陈敬瑄，输得如此轻描淡写、了无痕迹，只给后人留下沉重的一声叹息。他死了，像一颗明亮的流星，突然出现，在一瞬间带着耀眼的光彩，划过漆黑的天际，又迅速消失在了无边的阴霾之中。

在他短短的军政生涯中，表现出来的才华已经令人赞叹，而他的人格魅力，在当时群魔乱舞、暴徒横行的大背景下，更显得那样出类拔萃！如果换一个时代，他有成为郭汾阳、岳武穆一级中兴名将的潜力，但无序的乱世使他没有机会走那么远……

高仁厚对五代历史主线的影响微乎其微，在后世也没什么名声，在下特别花一个章节来讲述他的故事，除了个人对他比较欣赏和惋惜外，也是想透过高仁厚的故事来探讨另一个问题：有人认为唐末没有英雄，其实不是，只是这种英雄不能适应那个年代，已经被淘汰了。